DIREITO DO TRABALHO
NO STF

20

GEORGENOR DE SOUSA FRANCO FILHO

*Desembargador Federal do Trabalho do Tribunal Regional do Trabalho da 8ª Região.
Doutor em Direito pela Faculdade de Direito da Universidade de São Paulo.
Doutor Honoris Causa e professor titular de Direito Internacional e de
Direito do Trabalho da Universidade da Amazônia. Presidente Honorário da Academia
Brasileira de Direito do Trabalho. Membro da Academia Paraense de Letras.*

DIREITO DO TRABALHO NO STF

20

EDITORA LTDA.

© Todos os direitos reservados

Rua Jaguaribe, 571
CEP 01224-003
São Paulo, SP — Brasil
Fone (11) 2167-1101
www.ltr.com.br
Junho, 2017

Produção Gráfica e Editoração Eletrônica: GRAPHIEN DIAGRAMAÇÃO E ARTE
Projeto de Capa: FABIO GIGLIO
Impressão: GRÁFICA PAYM

versão impressa — LTr 5767.5 — ISBN 978-85-361-9223-9
versão digital — LTr 9170.0 — ISBN 978-85-361-9295-6

Dados Internacionais de Catalogação na Publicação (CIP)
(Câmara Brasileira do Livro, SP, Brasil)

Franco Filho, Georgenor de Sousa
    Direito do trabalho no STF, 20 / Georgenor de Sousa Franco Filho. — São Paulo : LTr, 2017.

    Bibliografia

    1. Direito do trabalho 2. Direito do trabalho — Brasil 3. Brasil. Supremo Tribunal Federal I. Título.

17-03286   CDU-34:331:347.991(81)

Índices para catálogo sistemático:
    1. Brasil : Direito do trabalho : Supremo Tribunal
        Federal   34:331:347.991(81)

PRINCIPAIS OBRAS DO AUTOR

De autoria exclusiva

1. *Direito do mar.* Belém: Imprensa Oficial do Estado do Pará, 1974 (esgotado).
2. *A proteção internacional aos direitos humanos.* Belém: Imprensa Oficial do Estado do Pará, 1975 (esgotado).
3. *O Pacto Amazônico:* ideias e conceitos. Belém: Falângola, 1979 (esgotado).
4. *Imunidade de jurisdição trabalhista dos entes de direito internacional público* (Prêmio "Oscar Saraiva" do Tribunal Superior do Trabalho). São Paulo: LTr, 1986 (esgotado).
5. *Na vivência do direito internacional.* Belém: Cejup, 1987 (esgotado).
6. *Na Academia:* imortal por destino. Mosaico cultural (em colaboração). Belém: Falângola, 1987 (esgotado).
7. *Guia prático do trabalho doméstico.* Belém: Cejup, 1989 (esgotado).
8. *A arbitragem e os conflitos coletivos de trabalho no Brasil.* São Paulo: LTr, 1990 (esgotado).
9. *Liberdade sindical e direito de greve no direito comparado (lineamentos).* São Paulo: LTr, 1992 (esgotado).
10. *Relações de trabalho na Pan-Amazônia: a circulação de trabalhadores* (Tese de Doutorado na Faculdade de Direito da Universidade de São Paulo). São Paulo: LTr, 1996.
11. *A nova lei de arbitragem e as relações de trabalho.* São Paulo: LTr, 1997.
12. *Globalização & desemprego:* mudanças nas relações de trabalho. São Paulo: LTr, 1998.
13. *Direito do trabalho no STF (1).* São Paulo: LTr, 1998.
14. *Competência Internacional da Justiça do Trabalho.* São Paulo: LTr, 1998.
15. *O servidor público e a reforma administrativa.* São Paulo: LTr, 1998.
16. *Direito do trabalho no STF (2).* São Paulo: LTr, 1999.
17. *Tratados internacionais.* São Paulo: LTr, 1999.
18. *Direito do trabalho no STF (3).* São Paulo: LTr, 2000.
19. *Globalização do trabalho:* rua sem saída. São Paulo: LTr, 2001.
20. *Direito do trabalho no STF (4).* São Paulo: LTr, 2001.
21. *Direito do trabalho no STF (5).* São Paulo: LTr, 2002.
22. *Direito do trabalho no STF (6).* São Paulo: LTr, 2003.
23. *Direito do trabalho no STF (7).* São Paulo: LTr, 2004.
24. *Ética, direito & justiça.* São Paulo: LTr, 2004.
25. *Direito do trabalho no STF (8).* São Paulo: LTr, 2005.
26. *Direito do trabalho no STF (9).* São Paulo: LTr, 2006.
27. *Trabalho na Amazônia:* a questão dos migrantes. Belém: Unama, 2006.
28. *Direito do trabalho no STF (10).* São Paulo: LTr, 2007.
29. *Direito do trabalho no STF (11).* São Paulo: LTr, 2008.

30. *Direito do trabalho no STF (12)*. São Paulo: LTr, 2009.
31. *Avaliando o direito do trabalho*. São Paulo: LTr, 2010.
32. *Direito do trabalho no STF (13)*. São Paulo: LTr, 2010.
33. *Direito do trabalho no STF (14)*. São Paulo: LTr, 2011.
34. *Direito do trabalho no STF (15)*. São Paulo: LTr, 2012.
35. *Direito do trabalho no STF (16)*. São Paulo: LTr, 2013.
36. *Direito do Trabalho no STF (17)*. São Paulo: LTr, 2014.
37. *Curso de direito do trabalho*. São Paulo: LTr, 2015. 2ª ed., 2016. 3ª ed., 2017.
38. *Direito do Trabalho no STF (18)*. São Paulo: LTr, 2015.
39. *Direito do Trabalho no STF (19)*. São Paulo: LTr, 2016.
40. *Intimidade e privacidade do trabalhador (Direito Internacional e Comparado)*. São Paulo: LTr, 2016.

Obras coordenadas

1. *Direito do trabalho e a nova ordem constitucional*. São Paulo: LTr, 1991. Da distinção entre atos de império e de gestão e seus reflexos sobre os contratos de trabalho celebrados com entes de Direito Internacional Público. p. 29-54 — sem ISBN.
2. *Curso de direito coletivo do trabalho (Estudos em homenagem ao Ministro Orlando Teixeira da Costa)*. São Paulo: LTr, 1998. Negociação coletiva transnacional. p. 291-307 — ISBN 85-7322-366-9.
3. *Presente e futuro das relações de trabalho (Estudos em homenagem ao Prof. Roberto Araújo de Oliveira Santos)*. São Paulo: LTr, 2000. Globalização, a Amazônia e as relações de trabalho. p. 242-257 — ISBN 85-7322-858X.
4. *Direito e processo do trabalho em transformação (*em conjunto com os Ministros Ives Gandra da Silva Martins Filho e Maria Cristina Irigoyen Peduzzi e os Drs. Ney Prado e Simone Lahorgue Nunes). São Paulo: Campus/Elsevier, 2007. Relações de trabalho passíveis de apreciação pela Justiça do Trabalho. p. 145-155 — ISBN 978-85-352-2432-0.
5. *Trabalho da mulher (Estudos em homenagem à jurista Alice Monteiro de Barros)*. São Paulo: LTr, 2009. Contratos de trabalho por prazo determinado e garantia de emprego da gestante, p. 177-184. ISBN 978-85-361-1364-7.
6. *Temas atuais de direito*. Rio de Janeiro, GZ, 2013. Deslocalização interna e internacional, p. 29-38. ISBN 978-85-62027-21-5.
7. *As lendas da Amazônia e o direito*. Rio de Janeiro, GZ, 2014. Prefácio explicativo, p. VII-VIII; Lendas, mitos, fábulas e contos populares, p. 1-3. ISBN 978-85-62027-39-0.
8. *Temas atuais de direito* (volume II). Rio de Janeiro, GZ, 2014. Danos ao trabalho e necessidade de reparação. p. 77-96. ISBN 978-85-62027-54-3.
9. *Direito Internacional do Trabalho.* O estado da arte sobre a aplicação das convenções internacionais da OIT no Brasil (co-organizador: Valério de Oliveira Mazzuoli). São Paulo, LTr, 2016. Incorporação e aplicação das convenções internacionais da OIT no Brasil, p. 15-23 (co-autoria: Valério de Oliveira Mazzuoli). ISBN 978-85-361-8711-2

Obras em coautoria

1. *Estudos de direito do trabalho (homenagem ao Prof. Júlio Malhadas)* (Coordenação: Profª Anna Maria de Toledo Coelho). Curitiba: Juruá, 1992. *Imunidade das organizações internacionais. Um aspecto da competência internacional da Justiça do Trabalho.* p. 294-303 — sem ISBN.

2. *Processo do trabalho (homenagem ao Prof. José Augusto Rodrigues Pinto)* (Coordenação: Dr. Rodolfo Pamplona Filho). São Paulo: LTr, 1997. *A nova sistemática do agravo de petição.* p. 369-378 — ISBN 85-7322-305-7.

3. *Estudos de direito do trabalho e processo do trabalho (homenagem ao Prof. J. L. Ferreira Prunes)* (Coordenação: Drs. Juraci Galvão Júnior e Gelson de Azevedo). São Paulo: LTr, 1998. *O princípio da dupla imunidade e a execução do julgado contrário a ente de Direito Internacional Público.* p. 80-92 — ISBN 85-3722-385-5.

4. *Manual de direito do trabalho (homenagem ao Prof. Cássio Mesquita Barros Júnior)* (Coordenação: Dr. Bento Herculano Duarte Neto). São Paulo: LTr, 1998. *Suspensão do Trabalho — Suspensão e interrupção.* p. 325-336 — ISBN 85-7322-380-4.

5. *Direito internacional no Terceiro Milênio (homenagem ao Prof. Vicente Marotta Rangel)* (Coordenação: Profs. Luiz Olavo Baptista e J. R. Franco da Fonseca). São Paulo: LTr, 1998. *Considerações acerca da Convenção Internacional sobre a Proteção do Trabalhador Migrante.* p. 653-665 — ISBN 85-7322-417-7.

6. *Direito do trabalho (homenagem ao Prof. Luiz de Pinho Pedreira da Silva)* (Coordenação: Drs. Lélia Guimarães Carvalho Ribeiro e Rodolfo Pamplona Filho). São Paulo: LTr, 1998. *Importância do direito internacional para o direito do trabalho.* p. 71-77 — ISBN 85-7233-545-9.

7. *Estudos de direito (homenagem ao Prof. Washington Luiz da Trindade)* (Coordenação: Drs. Antônio Carlos de Oliveira e Rodolfo Pamplona Filho). São Paulo: LTr, 1998. *Imunidade de jurisdição dos entes de direito público externo.* p. 448-455 — ISBN 85-7322-539-4.

8. *Direito sindical brasileiro (homenagem ao Prof. Arion Sayão Romita)* (Coordenação: Dr. Ney Prado). São Paulo: LTr, 1998. *Contribuições sindicais e liberdade sindical.* p. 144-152 — ISBN 85-7322-543-2.

9. *Ordem econômica e social (homenagem ao Prof. Ary Brandão de Oliveira)* (Coordenação: Dr. Fernando Facury Scaff). São Paulo: LTr, 1999. *Trabalho infantil.* p. 139-143 — ISBN 85-7322-632-3.

10. *Fundamentos do direito do trabalho (homenagem ao Ministro Milton de Moura França)* (Coordenação: Drs. Francisco Alberto da Motta Peixoto Giordani, Melchíades Rodrigues Martins e Tárcio José Vidotti). São Paulo: LTr, 2000. *Unicidade, unidade e pluralidade sindical. Uma visão do Mercosul.* p. 122-130 — ISBN 85-7322-857-1.

11. *Temas relevantes de direito material e processual do trabalho (homenagem ao Prof. Pedro Paulo Teixeira Manus)* (Coordenação: Drs. Carla Teresa Martins Romar e Otávio Augusto Reis de Sousa). São Paulo: LTr, 2000. *Execução da sentença estrangeira.* p. 66-73 — ISBN 85-7322-883-0.

12. *Os novos paradigmas do direito do trabalho (homenagem ao Prof. Valentin Carrion)* (Coordenação: Drª Rita Maria Silvestre e Prof. Amauri Mascaro Nascimento). São Paulo: Saraiva, 2001. *A legislação trabalhista e os convênios coletivos.* p. 281-287 — ISBN 85-02-03337-9.

13. *O direito do trabalho na sociedade contemporânea* (Coordenação: Dras. Yone Frediani e Jane Granzoto Torres da Silva). São Paulo: Jurídica Brasileira, 2001. *A arbitragem no direito do trabalho.* p. 140-148 — ISBN 85-8627-195-0.

14. *Estudos de direito constitucional (homenagem ao Prof. Paulo Bonavides)* (Coordenação: Dr. José Ronald Cavalcante Soares). São Paulo: LTr, 2001. *Identificação dos direitos humanos.* p. 119-126 — ISBN 85-361-163-6.

15. *O direito do trabalho na sociedade contemporânea (II)* (Coordenação: Profa. Yone Frediani). São Paulo: Jurídica Brasileira, 2003. *A Convenção n. 132 da OIT e seus reflexos nas férias.* p. 66-73 — ISBN 85-7538-026-5.

16. *Constitucionalismo social (homenagem ao Ministro Marco Aurélio Mendes de Farias Mello)* (Coordenação: EMATRA-2ª). São Paulo: LTr, 2003. *Os tratados internacionais e a Constituição de 1988*. p. 171-180 — ISBN 85-3610-394-9.

17. *Recursos trabalhistas (homenagem ao Ministro Vantuil Abdala)* (Coordenação: Drs. Armando Casimiro Costa e Irany Ferrari). São Paulo: LTr, 2003. *Recurso extraordinário*. p. 55-65 — ISBN 85-3610-491-0.

18. *Relações de direito coletivo Brasil-Itália* (Coordenação: Yone Frediani e Domingos Sávio Zainaghi). São Paulo: LTr, 2004. *Organização sindical*. p. 175-180 — ISBN 85-3610-523-2.

19. *As novas faces do direito do trabalho (em homenagem a Gilberto Gomes)* (Coordenação: João Alves Neto). Salvador: Quarteto, 2006. *O triênio de atividade jurídica e a Resolução n. 11 do CNJ*. p. 143-155 — ISBN 85-8724-363-2.

20. *Curso de direito processual do trabalho (em homenagem ao Ministro Pedro Paulo Teixeira Manus, do Tribunal Superior do Trabalho)* (Coordenação: Hamilton Bueno). São Paulo: LTr, 2008. *Recursos trabalhistas*. p. 205-215 — ISBN 97-8853-6111-21.

21. *Jurisdição — crise, efetividade e plenitude institucional (volume 2)* (Coordenação: Luiz Eduardo Günther). Curitiba: Juruá, 2009. *Das imunidades de jurisdição e de execução nas questões trabalhistas*. p. 491-501 — ISBN 978-85-362-275-9.

22. *Direito internacional: estudos em homenagem a Adherbal Meira Mattos* (Coordenação: Paulo Borba Casella e André de Carvalho Ramos). São Paulo: Quartier Latin, 2009. *Os tratados sobre direitos humanos e a regra do art. 5º, § 3º, da Constituição do Brasil*. p. 523-532 — ISBN 85-7674-423-6.

23. *Meio ambiente do trabalho* (Coordenação: Elida Seguin e Guilherme José Purvin de Figueiredo). Rio de Janeiro: GZ, 2010. *Atuação da OIT no meio ambiente do trabalho; a Convenção n. 155*. p. 199-207 — ISBN 978-85-624-9048-4.

24. *Jurisdição — crise, efetividade e plenitude institucional (volume 3)* (Coordenação: Luiz Eduardo Günther, Willians Franklin Lira dos Santos e Noeli Gonçalves Günther). Curitiba: Juruá, 2010. *Prisão do depositário infiel na Justiça do Trabalho*. p. 529-540 — ISBN 978-85-362-3197-6.

25. *Contemporaneidade e trabalho (aspectos materiais e processuais; estudos em homenagem aos 30 anos da Amatra 8)* (Coordenação: Gabriel Velloso e Ney Maranhão). São Paulo: LTr, 2011. *Direito social ao lazer: entretenimento e desportos*. p. 17-23 — ISBN 878-85-361-1640-2.

26. *Atualidades do direito do trabalho (anais da Academia Nacional de Direito do Trabalho)* (Coordenação: Nelson Mannrich et alii). São Paulo: LTr, 2011. *O problema das prestadoras de serviço para financeiras e grupos econômicos bancários*. p. 229-233 — ISBN 978-85-361-2108-6.

27. *Dicionário brasileiro de direito do trabalho* (Coordenação: José Augusto Rodrigues Pinto, Luciano Martinez e Nelson Mannrich). São Paulo, LTr, 2013. Verbetes: *Adicional de penosidade, Auxílio-alimentação, Aviamento, Cônsul, Contrato de trabalho em tempo parcial, Contrato internacional de trabalho, Deslocalização, Direito ao lazer, Direito à felicidade, Direito comparado, Entes de direito internacional público externo, Estrangeiro, Licença-paternidade, Licença-prêmio, Missão diplomática, Missão especial, Organismo internacional, Paternidade, Pejotização, Penosidade, Quarteirização, Repartição consular, Representação comercial estrangeira, Representante diplomático, Salário retido, Serviço militar obrigatório, Termo prefixado, Trabalho em tempo integral, Trabalho em tempo parcial, Trabalho no exterior, Tratado internacional, Vale-transporte*. ISBN: 978-85-381-2589-3.

28. *Conciliação: um caminho para a paz social* (Coordenação: Luiz Eduardo Gunther e Rosemarie Diedrichs Pimpão). Curitiba: Juruá, 2013. *A arbitragem nas relações de trabalho*. p. 457-465. ISBN: 978-85-362-4056-5.

29. *Estudos aprofundados magistratura trabalhista* (Coordenação: Élisson Miessa e Henrique Correia). Salvador: Juspodivm, 2013. *Globalização... E depois???*. p. 115-123 — ISBN 857-76-1688-6.

30. *25 anos da Constituição e o direito do trabalho* (Coodenação: Luiz Eduardo Gunther e Silva Souza Netto Mandalozzo). Curitiba: Juruá, 2013. *Sindicalismo no Brasil*, p. 237-250. ISBN 978-85-362-4460-0.

31. *Direitos fundamentais: questões contemporâneas* (Organização: Frederico Antônio Lima de Oliveira e Jeferson Antônio Fernandes Bacelar). Rio de Janeiro: GZ, 2014. *O direito social à felicidade*. p. 141-155 — ISBN 978-85-62027-44-4.

32. *Estudos aprofundados Magistratura Trabalhista* (volume 2) Coordenação: Élisson Miessa e Henrique Correia). Salvador: Juspodivm, 2014. *Deslocalização interna e internacional*. p. 187-197 — ISBN 854-42-0028-1.

33. *Os desafios jurídicos do século XXI: em homenagem aos 40 anos do curso de direito da UNAMA*. (Coordenação: Cristina Sílvia Alves Lourenço, Frederico Antonio Lima Oliveira e Ricardo Augusto Dias da Silva). São Paulo: PerSe, 2014. Recortes de um mundo globalizado. p. 142-150 — ISBN 978-85-8196-820-9.

34. *Ética e direitos fundamentais* (estudos em memória do Prof. Washington Luís Cardoso da Silva). Rio de Janeiro: LMJ Mundo Jurídico, 2014. Refúgios e refugiados climáticos. p. 137-143 — ISBN 978-85-62027-57-4.

35. *Doutrinas essenciais dano moral* (Vol. I — Teoria do dano moral e direitos da personalidade). (Organizador: Rui Stoco). São Paulo: Revista dos Tribunais, 2015. *O direito de imagem e o novo Código Civil*, p. 315-328 — ISBN 978-85-203-6180-1.

36. *Doutrinas essenciais dano moral* (Vol. IV — Questões diversas sobre dano moral). (Organizador: Rui Stoco). São Paulo: Revista dos Tribunais, 2015. *A prescrição do dano-moral trabalhista*, p. 999-1012 — ISBN 978-85-203-6183-2.

37. *Estudos aprofundados da Magistratura Trabalhista* (volume 2). Coordenação: Élisson Miessa e Henrique Correia). 2. ed. Salvador: Juspodivm, 2015. *Globalização... e depois?* p. 107-114; e *A Emenda Constitucional n. 81/2014 e trabalho forçado no Brasil*. p. 363-375 — ISBN 978-85-442-0527-3.

38. *Direito ambiental do trabalho*. Apontamentos para uma teoria geral (vol. 2) (Coordenadores: Guilherme Guimarães Feliciano, João Urias, Ney Maranhão e Valdete Souto Severo). São Paulo: LTr, 2015. *Greve ambiental trabalhista*, p. 203-209 — ISBN 978-85-361-8600-9.

39. *Principiologia* (estudos em homenagem ao centenário de Luiz de Pinho Pedreira da Silva) (Coordenadores: Rodolfo Pamplona filho e José Augusto Rodrigues Pinto). São Paulo: LTr, 2016. *Princípios de Direito Internacional do Trabalho*, p. 99-104 — ISBN 978-85-361-8998-7.

40. *Direitos humanos e meio ambiente do trabalho* (Coordenação: Luiz Eduardo Gunther e Rúbia Zanotelli de Alvarenga). São Paulo: LTr, 2016. *Greve ambiental trabalhista*, p. 51-55 — ISBN 978-85-361-8827.0

41. *Ciência e interpretação do direito* (homenagem a Daniel Coelho de Souza). (Coordenadores: Zeno Veloso, Frederico A. L. Oliveira e Jeferson A. F. Bacelar). Rio de Janeiro: Lumen Juris, 2016. *Legitimidade das centrais sindicais*, p. 197-209 — ISBN 978-85-8440-836-8.

42. *Direitos humanos dos trabalhadores* (Coordenadora: Rúbia Zanotelli de Alvarenga). São Paulo: LTr, 2016. *Direitos humanos dos trabalhadores*, p. 17-24 — ISBN 978-85-361-9051-8.

Prefácios

1. *Limites do* jus variandi *do empregador*, da professora Simone Crüxen Gonçalves, do Rio Grande do Sul (São Paulo: LTr, 1997).

2. *Poderes do juiz do trabalho: direção e protecionismo processual*, do juiz do Trabalho da 21ª Região Bento Herculano Duarte Neto, do Rio Grande do Norte (São Paulo: LTr, 1999).

3. *O direito do trabalho na sociedade moderna* (obra póstuma), do ministro Orlando Teixeira da Costa, do Tribunal Superior do Trabalho de Brasília (São Paulo: LTr, 1999).

4. *Direito sindical*, do procurador do Trabalho José Claudio Monteiro de Brito Filho, do Pará (São Paulo: LTr, 2000).
5. *As convenções da OIT e o Mercosul*, do professor Marcelo Kümmel, do Rio Grande do Sul (São Paulo: LTr, 2001).
6. *O direito à educação e as Constituições brasileiras*, da professora Eliana de Souza Franco Teixeira, do Pará (Belém: Grapel, 2001).
7. *Energia elétrica: suspensão de fornecimento*, dos professores Raul Luiz Ferraz Filho e Maria do Socorro Patello de Moraes, do Pará (São Paulo: LTr, 2002).
8. *Discriminação no trabalho*, do procurador do Trabalho José Claudio Monteiro de Brito Filho, do Pará (São Paulo: LTr, 2002).
9. *Discriminação estética e contrato de trabalho*, da professora Christiane Marques, de São Paulo (São Paulo: LTr, 2002).
10. *O poeta e seu canto*, do professor Clóvis Silva de Moraes Rego, ex-governador do Estado do Pará (Belém, 2003).
11. *O direito ao trabalho da pessoa portadora de deficiência e o princípio constitucional da igualdade*, do juiz do Trabalho da 11ª Região Sandro Nahmias Mello, do Amazonas (São Paulo: LTr, 2004).
12. *A prova ilícita no processo do trabalho*, do juiz togado do TRT da 8ª Região Luiz José de Jesus Ribeiro, do Pará (São Paulo: LTr, 2004).
13. *Licença-maternidade à mãe adotante: aspectos constitucionais*, da juíza togada do TRT da 2ª Região e professora Yone Frediani, de São Paulo (São Paulo: LTr, 2004).
14. *Ventos mergulhantes,* do poeta paraense Romeu Ferreira dos Santos Neto (Belém: Pakatatu, 2007).
15. *Direito sindical*, 2. ed., do procurador do Trabalho da 8ª Região, prof. dr. José Claudio Monteiro de Brito Filho (São Paulo: LTr, 2007).
16. *A proteção ao trabalho penoso*, da professora Christiani Marques, da PUC de São Paulo (São Paulo: LTr, 2007).
17. *Regime próprio da Previdência Social*, da doutora Maria Lúcia Miranda Alvares, assessora jurídica do TRT da 8ª Região (São Paulo: NDJ, 2007).
18. *Meninas domésticas, infâncias destruídas*, da juíza do Trabalho da 8ª Região e professora Maria Zuíla Lima Dutra (São Paulo: LTr, 2007).
19. *Curso de direito processual do trabalho (em homenagem ao ministro Pedro Paulo Teixeira Manus, do Tribunal Superior do Trabalho)* (Coordenação: Hamilton Bueno). São Paulo: LTr, 2008.
20. *Competências constitucionais ambientais e a proteção da Amazônia*, da professora doutora Luzia do Socorro Silva dos Santos, juíza de Direito do Pará e Professora da Unama (Belém: Unama, 2009).
21. *Extrajudicialização dos conflitos de trabalho*, do professor Fábio Túlio Barroso, da Universidade Federal de Pernambuco (São Paulo: LTr, 2010).
22. *Polêmicas trabalhistas*, de Alexei Almeida Chapper, advogado no Estado do Rio Grande do Sul (São Paulo: LTr, 2010).
23. *Teoria da prescrição das contribuições sociais da decisão judicial trabalhista*, do juiz do Trabalho da 8ª Região Océlio de Jesus Carneiro Morais (São Paulo: LTr, 2013).
24. *Estudos de direitos fundamentais*, obra coletiva organizada pela professora Andreza do Socorro Pantoja de Oliveira Smith (São Paulo: Perse, 2013).
25. *Direito e processo do trabalho contemporâneos*, do Prof. Gustavo Felipe Barbosa Garcia (São Paulo: LTr, 2016).
26. *Direitos humanos dos trabalhadores*, obra coletiva coordenada pela Profª Rúbia Zanotelli de Alvarenga (São Paulo: LTr, 2016)
27. *Direito sindical*, do Prof. José Claudio Monteiro de Brito Filho (6ª ed., São Paulo: LTr, 2017.)

*Dirigir-se a um juiz é dirigir-se à justiça,
pois o juiz ideal é, por assim dizer,
a justiça personificada.
Aristóteles. Ética a Nicômaco.*

(3. ed., São Paulo, Edipro, 2009, p. 155)

*A
Elza,
por tudo,
todo tempo.*

SUMÁRIO

INTRODUÇÃO 15

PARTE I — DIREITOS INDIVIDUAIS 17
    1. Cooperativas de trabalho. Contribuição ao PIS/PASEP 19
    2. Motorista externo. Hora extra 21
    3. Tatuagem. Concurso público. Permissão 28

PARTE II — DIREITOS COLETIVOS 59
    1. Convenções e acordos coletivos. Ultratividade. Súmula n. 277 do TST 61
    2. Greve 117
    3. Norma coletiva. Invalidade. Art. 7º, XXVI, da Constituição .. 156

PARTE III — DIREITO PROCESSUAL 161
    1. Competência. Justiça Federal. Trabalho forçado 163
    2. Correção de débitos trabalhistas . Aplicação da TR 178
    3. CPC. Instrução Normativa n. 39-TST. Inconstitucionalidade.... 184

PARTE IV — SERVIÇO PÚBLICO 187
    1. Advogado Público. Direito a adicional por acumulação 189

PARTE V — PREVIDÊNCIA SOCIAL 193
    1. Abono de permanência. Policial Civil aposentado 195
    2. Aposentadoria 196
    3. Desaposentação. Inviabilidade 222
    4. Licença-maternidade. Critérios diferenciados. Gestante e adotante 224

PARTE VI — OUTROS TEMAS... 227
   1. Suspeição. Desnecessidade de informação das razões. CNJ... 229
   2. Súmulas Vinculantes do STF sobre matéria trabalhista...... 232

Índices 239
Índice geral 241
Índice dos julgados publicados na coletânea 243
Índice dos Ministros do STF — prolatores dos julgados citados... 265
Índice temático 269

INTRODUÇÃO

Quando, em 1997, cheguei na sede da LTr, então na rua Apa, na grande, querida e sempre amada São Paulo, entreguei para a minha dileta amiga Vera Marinho as provas revisadas do meu livro *Globalização & desemprego: mudanças nas relações de trabalho*. Em seguida, entrei na sala onde estavam os saudosos Armando Casimiro Costa e Irany Ferrari. Ali tivemos uma animada conversa. Ao final, Dr. Armando solicitou-me que organizasse o que seria o primeiro volume de Direito do Trabalho no STF.

Vinte anos se passaram. Ao longo dessas duas décadas, da leitura permanente do Diário da Justiça, passei a acompanhar diuturnamente o movimento jurisprudencial da Suprema Corte, examinando todas as suas decisões ao longo de cada ano, selecionando as que reputo mais importantes, comentando os aspectos mais relevantes, transcrevendo, sempre que possível, a íntegra desses variados decisórios.

Dos temas mais rotineiros aos mais complexos, como direitos previdenciários em geral, competência do Judiciário, concurso público, dissídio coletivo, sindicalismo, direito de greve, estabilidade, atuação de Magistrados, salário mínimo, substituição processual, turnos de revezamento, imunidade de jurisdição, dentre tantos outros, foram, nesses vinte anos, aproximadamente oitocentos julgados selecionados, que analisei e comentei sinteticamente, procurando facilitar a todos os interessados em Direito do Trabalho o rápido e compreensível acesso ao entendimento dos Ministros que integram o Excelso Pretório brasileiro nessa área do conhecimento jurídico. E não só o que decidem agora, mas possibilitando a comparação do grau de evolução do pensamento dos membros da mais Alta Corte brasileira.

Tenho esperança que este volume 20 seja, como os demais, bem aceito por todos os que se dedicam ao Direito do Trabalho. Aproveito para renovar meu carinho por minha mulher Elza, a quem renovo meu amor, e a todos os que fazem a LTr Editora, abraçando, com fraternal estima, meus amigos Manuel e Armandinho Casimiro Costa, que há tantos anos me acolhem na casa de todos os que admiram o Direito do Trabalho.

Belém, Janeiro. 2017

Georgenor de Sousa Franco Filho

**PARTE I
DIREITOS INDIVIDUAIS**

1. COOPERATIVAS DE TRABALHO[1]. CONTRIBUIÇÃO AO PIS/PASEP

Julgando, a 18.8.2016, os embargos de declaração apresentados contra acórdão proferido no RE 599.362-RJ[2], o STF fixou tese no sentido de que "a receita auferida pelas cooperativas de trabalho decorrentes dos atos (negócios jurídicos) firmados com terceiros se insere na materialidade da contribuição ao PIS/PASEP". O relator do julgado é o Min. Dias Toffoli e a ementa é a seguinte:

> *Embargos de declaração no recurso extraordinário. Art. 146, III, c, da CF/88. Possibilidade de tributação do ato cooperativo. Cooperativa. Contribuição ao PIS. Receita ou faturamento. Incidência. Fixação de tese restrita ao caso concreto. Embargos acolhidos sem efeitos infringentes.*
>
> *1. A norma do art. 146, III, c, da Constituição, que assegura o adequado tratamento tributário do ato cooperativo, é dirigida, objetivamente, ao ato cooperativo, e não, subjetivamente, à cooperativa.*
>
> *2. O art. 146, III, c, da CF/88, não confere imunidade tributária, não outorga, por si só, direito subjetivo a isenções tributárias relativamente aos atos cooperativos, nem estabelece hipótese de não incidência de tributos, mas sim pressupõe a possibilidade de tributação do ato cooperativo, dispondo que lei complementar estabelecerá a forma adequada para tanto.*

---

[1] Sobre cooperativas de trabalho, v., nesta coletânea, v. 11, p. 29, v. 13, p. 67, v. 16, p. 34 e 110, v. 18, p. 29

[2] RE 599.362 RJ, de 18.8.2016 (UNIWAY — Cooperativa de Profissionais Liberais Ltda. vs. União. Am. Curiae: Organização das Cooperativas Brasileiras (OCB) e Federação Brasileira das Cooperativas dos Anestesiologistas — FEBRACAN) Rel.: Min. Dias Toffoli.

3. O tratamento tributário adequado ao ato cooperativo é uma questão política, devendo ser resolvido na esfera adequada e competente, ou seja, no Congresso Nacional.

4. No contexto das sociedades cooperativas, verifica-se a materialidade da contribuição ao PIS pela constatação da obtenção de receita ou faturamento pela cooperativa, consideradas suas atividades econômicas e seus objetos sociais, e não pelo fato de o ato do qual o faturamento se origina ser ou não qualificado como cooperativo.

5. Como, nos autos do RE n. 672.215/CE, Rel. Min. Roberto Barroso, o tema do adequado tratamento tributário do ato cooperativo será retomado, a fim de se dirimir controvérsia acerca da cobrança de contribuições sociais destinadas à Seguridade Social, incidentes, também, sobre outras materialidades, como o lucro, tendo como foco os conceitos constitucionais de "ato cooperativo", "receita de atividade cooperativa" e "cooperado" e, ainda, a distinção entre "ato cooperado típico" e "ato cooperado atípico", proponho a seguinte tese de repercussão geral para o tema 323, diante da preocupação externada por alguns Ministros no sentido de adotarmos, para o caso concreto, uma tese minimalista:

"A receita ou o faturamento auferidos pelas Cooperativas de Trabalho decorrentes dos atos (negócios jurídicos) firmados com terceiros se inserem na materialidade da contribuição ao PIS/Pasep."

6. Embargos de declaração acolhidos para prestar esses esclarecimentos, mas sem efeitos infringentes.[3]

---

[3] Disponível em: <http://www.stf.jus.br/portal/processo/verProcessoAndamento.asp?incidente=2673369>. Acesso em: 30 nov. 2016.

2. MOTORISTA EXTERNO. HORA EXTRA

O Min. Gilmar Mendes indeferiu, a 9.6.2016, a petição inicial da ADPF 381-DF[1], por meio da qual a Confederação Nacional do Transporte (CNT) questionava 381 decisões do Tribunal Superior do Trabalho (TST) que condenaram empresas ao pagamento de horas extras para motoristas externos, afastando a aplicação do art. 62, I, da CLT, inconformada com a condenação ao pagamento de horas extras, não obstante convenção coletiva prever a impossibilidade de controle de jornada externa de trabalho da categoria. O decisão denegatória da liminar tem o seguinte teor:

> *Trata-se de arguição de descumprimento de preceito fundamental, com pedido de medida liminar, proposta pela Confederação Nacional do Transporte (CNT).*
>
> *A ação tem por objeto decisões do Tribunal Superior do Trabalho e de Tribunais Regionais do Trabalho que violariam os princípios constitucionais da segurança jurídica, da isonomia e da livre iniciativa ao afastarem a incidência do art. 62, I, da Consolidação das Leis do Trabalho para condenar empregadores ao pagamento de horas extras e horas trabalhadas em dias de descanso antes da vigência da Lei Federal n. 12.619/2012, apesar da existência de convenções coletivas pactuadas entre transportadoras e motoristas prevendo a ausência de controle de jornada externa de trabalho.*
>
> *A requerente indica que a Lei n. 12.619/2012 disciplinou os direitos e os deveres dos motoristas profissionais, ao introduzir a Seção IV-A-Do serviço do motorista profissional — na Consolidação*

---

[1] ADPF 381-DF, de 9.6.2016 (Confederação Nacional do Transporte — CNT Intdos.: Tribunal Superior do Trabalho e Tribunais Regionais do Trabalho. Am. Curiae: Associação Nacional dos Magistrados da Justiça do Trabalho — ANAMATRA) Rel.: Min. Gilmar Mendes.

das Leis Trabalhistas. Aponta que, a partir desse diploma legislativo, parcialmente alterado pela Lei n. 13.103/2015, o motorista profissional passou a ter direito à jornada de trabalho fixa e a tempo de direção obrigatoriamente controlado pelo empregador, por meio de diário de bordo, papeleta ou ficha de trabalho externo, nos termos do art. 73, § 3º, CLT.

Narra que, até então, em razão da ausência de meios aptos à fiscalização da jornada de trabalho, motoristas que "conduzissem veículo a uma distância tal do Município da sede ou filial da transportadora, de modo a inviabilizar o controle da jornada de trabalho pelo empregador, estariam submetidos ao art. 62, I, do Código trabalhista, que excluía do regime típico de trabalho empregados que exercem atividade externa incompatível com fixação do horário de trabalho, devendo tal condição ser anotada na Carteira de Trabalho e Previdência Social — (CTPS) e no registro de empregados". (eDOC 2).

Aduz que tal enquadramento foi acordado em negociação coletiva firmada entre sindicatos representativos dos motoristas e das transportadoras. Para tanto, instrui a petição inicial com diversas convenções coletivas nesse sentido.

Informa, ademais, que a jurisprudência da Justiça do Trabalho reconhecia a força normativa das disposições convencionais que determinavam a incidência do art. 62, I, da CLT, aos motoristas profissionais externos, em reiteradas decisões que afastaram condenação do empregador ao pagamento de horas extras.

O requerente aponta que, atualmente, o Tribunal Superior do Trabalho e os Tribunais Regionais do Trabalho passaram a afastar as cláusulas de convenções coletivas que estipulavam a aplicação do art. 62, I, CLT, a fim de condenar as empresas ao pagamento de horas extras e horas de trabalho em dias de descanso, antes mesmo de passar a viger a Lei n. 12.169/2012, sob fundamento de ser possível a fiscalização da jornada de trabalho por dispositivos eletrônicos, como tacógrafo e rastreador, em afronta à Orientação Jurisprudencial n. 332 da Seção de Dissídios Individuais I do TST: "O tacógrafo, por si só, sem a existência de outros elementos, não serve para controlar a jornada de trabalho de empregado que exerce atividade externa.

Nesse contexto, decisões no sentido contrário, relacionadas a período anterior à vigência da Lei n. 12.619/2012, violariam os princípios constitucionais da segurança jurídica, da isonomia e da livre iniciativa.

Por fim, requer a concessão de medida liminar para determinar aos órgãos jurisdicionais das instâncias da Justiça do Trabalho a suspensão do andamento de todos os processos, bem como a suspensão dos efeitos de toda decisão proferida nos autos, em que discutida a validade de cláusula de convenção coletiva que prevê a aplicação do inciso I do art. 62 da CLT para os contratos de trabalho de motoristas externos em razão da impossibilidade de as transportadoras controlarem a jornada de trabalho dos seus empregados antes da entrada em vigência da Lei n. 12.619/2012.

Prestaram informações o Tribunal Superior do Trabalho e os Tribunais Regionais do Trabalho da 3ª, 12ª, 16ª, 23ª e 24ª Região.

Indicaram, basicamente, que a mera condição de motorista externo não é suficiente para tornar incompatível a fixação e o controle de sua jornada de trabalho, ressaltando, nesse aspecto, a importância do princípio da realidade dos fatos. Informaram que não negaram vigência à cláusula de convenção coletiva, mas apenas a interpretaram, de acordo com a realidade fática.

Em 16 de março de 2016, admiti a Associação Nacional dos Magistrados da Justiça do Trabalho (ANAMATRA) como amicus curiae.

Decido.

Ressalto, inicialmente, que a jurisprudência do Supremo Tribunal Federal é no sentido de valorização da autonomia coletiva da vontade e da autocomposição dos conflitos trabalhistas, nos termos do art. 7º, XXVI, Constituição Federal (RE 590.415-RG, Rel. Min. Roberto Barroso).

A presente arguição de descumprimento de preceito fundamental não está fundada, todavia, em negativa de validade de acordo ou convenção coletiva, mas em suposta ofensa à segurança jurídica em virtude de modificação da jurisprudência trabalhista, que, após a edição da lei em questão, teria passado a aplicar a exigibilidade do controle de jornada dos motoristas externos inclusive *aos casos anteriores, em período em que tal controle não seria exigível e em contrariedade ao acordado em convenções coletivas.*

A incerteza gerada por tal alteração de entendimentos, de acordo com a requerente, também traria prejuízos para a livre iniciativa, já que as empresas teriam passado a ser condenadas por situação que, em tese, já estaria resolvida entre as partes e até então não contabilizadas como possíveis prejuízos.

Verifico, contudo, em consulta à jurisprudência do Tribunal Superior do Trabalho, que, mesmo antes da vigência da Lei n. 12.619/2012, havia decisões da Corte no sentido de afastar a aplicação do art. 62, I, CLT, aos trabalhadores externos, por entender que, no caso concreto, seria possível o controle da jornada de trabalho, ainda que a questão tenha sido objeto de convenção coletiva.

Confiram-se, a propósito, os seguintes julgados:

"RECURSO DE REVISTA. MOTORISTA RODOVIÁRIO. HORAS EXTRAS. COMPROVAÇÃO DA EXISTÊNCIA DE CONTROLE DE JORNADA. NORMA COLETIVA. AUSÊNCIA DE VIOLAÇÃO AO ARTIGO 7º, INCISO XXVI DA CONSTITUIÇÃO FEDERAL. RECURSO NÃO CONHECIDO. O que se extrai da decisão regional é que não pode prevalecer a condição prevista em norma coletiva no sentido de estabelecer o pagamento de quarenta horas extras mensais aos motoristas rodoviários, porquanto não submetidos a controle de jornada, sobre a prova contundente, firmada nos autos, de que efetivamente havia controle da jornada do Autor. Nesse contexto, não se vislumbra a alegada violação do artigo 7º, inciso XXVI, da Constituição Federal. Precedentes desta Corte. Recurso de Revista não conhecido." (RR-148600-17.2003.5.03.0044, Data de Julgamento: 18.11.2009, Relatora Ministra: Maria de Assis Calsing, 4ª Turma, Data de Publicação: DEJT 27.11.2009).

"RECURSO DE REVISTA. HORAS EXTRAS. TRABALHO EXTERNO. CONVENÇÃO COLETIVA. ENQUADRAMENTO NO ART. 62, I, DA CLT. CONFISSÃO. A par da discussão quanto à existência ou não de previsão expressa nas Convenções Coletivas de Trabalho de 96/97 e 97/98 referente

aos motoristas interestaduais, o TRT, soberano na análise de provas, concluiu que o reclamante estava enquadrado na exceção do art. 62, I, da CLT, uma vez que os elementos dos autos são plenamente suficientes para comprovar que a natureza e o modo de execução do trabalho eram incompatíveis com a fixação de controle da jornada de trabalho. Incide, assim, a Súmula n. 126 do TST, o que afasta o conhecimento do recurso de revista, por divergência jurisprudencial. Recurso de revista de que não se conhece. (...)" (Processo: RR-90600-12.2001.5.03.0103, Data de Julgamento: 02.02.2011, Relatora Ministra: Kátia Magalhães Arruda, 5ª Turma, Data de Publicação: DEJT 11.02.2011).

"HORAS EXTRAS. MOTORISTA. TRABALHO EXTERNO. CONTROLE DA JORNADA. Uma vez registrada, pela Corte de origem, a existência de controle da jornada do motorista mediante uso de equipamento eletrônico — rastreador — associado a outros elementos de prova, resulta inviável a incidência do comando inserto no inciso I do artigo 62 da Consolidação das Leis do Trabalho. Recurso de revista de que não se conhece. (...)" (RR-483700-91.2008.5.09.0019, Data de Julgamento: 27.10.2010, Relator Ministro: Lelio Bentes Corrêa, 1ª Turma, Data de Publicação: DEJT 12.11.2010).

"RECURSO DE REVISTA. NULIDADE DO V. ACÓRDÃO REGIONAL POR NEGATIVA DE PRESTAÇÃO JURISDICIONAL. Não se verifica a nulidade, bem como a alegada violação dos artigos 93, IX, da Constituição Federal e 832 da CLT, pois, mediante decisão amplamente fundamentada, foi entregue a prestação jurisdicional. Recurso de revista não conhecido. HORAS EXTRAORDINÁRIAS. TRABALHO EXTERNO. MOTORISTA DE CAMINHÃO. CONTROLE DE JORNADA. Diante do quando fático delineado, concluiu o Eg. TRT que o autor possuía controle de horário, ainda que indireto. O art. 62, I, da CLT é claro ao excluir do capítulo da duração do trabalho apenas os empregados que exercem atividade externa incompatível com a fixação de horário de trabalho. A C. SDI deste Tribunal Superior do Trabalho já firmou jurisprudência no sentido de que, em trabalho externo,

mesmo quando se trata de motorista de caminhão, havendo o controle de jornada, não há como aplicar a hipótese do art. 62, I, da CLT. Recurso de revista não conhecido". (Processo: RR-258000-72.2007.5.09.0071, Data de Julgamento: 20.04.2010, Relator Ministro: Aloysio Corrêa da Veiga, 6ª Turma, Data de Publicação: DEJT 30.04.2010)

Constata-se, portanto, que, mesmo antes da vigência da Lei n. 12.619/2012, havia nos tribunais trabalhistas decisões no sentido de afastar dispositivos das convenções coletivas com base no princípio da primazia dos fatos ao verificar-se que, no caso concreto, era possível o controle da jornada de trabalho. Nesse contexto, era plenamente possível às empresas empregadoras ter conhecimento de que dispositivo de convenção coletiva sobre esse tema poderia vir a ser eventualmente desconsiderado pela Justiça trabalhista.

Ademais, a requerente alega que decisões que admitem a possibilidade de controle da jornada de trabalho dos motoristas externos estariam erroneamente embasadas na Orientação Jurisprudencial 332 da Seção de Dissídios Individuais I do TST, que proíbe o uso do tacógrafo para tal verificação.

Da jurisprudência consultada, verifico que diversos pronunciamentos da Justiça trabalhista ressaltam que tal OJ não pode ser utilizada e indicam que o controle em questão foi auferido por outros meios, como pelo uso de tabelas/rotas de viagens, prova testemunhal, etc.

Mencione-se, sobre isso:

"HORAS EXTRAS. MOTORISTA. TRABALHO EXTERNO. CONTROLE DA JORNADA. Uma vez registrada, pela Corte de origem, a existência de controle da jornada do motorista mediante uso de equipamento eletrônico — tacógrafo — associado a outros elementos de prova, resulta inviável a incidência do comando inserto no inciso I do artigo 62 da Consolidação das Leis do Trabalho, não havendo falar em contrariedade à Orientação Jurisprudencial n. 332 da SBDI-I do TST. Embargos de que não se conhece". (Processo: E-RR-763442-85.2001.5.17.5555, Data de Julgamento: 04.03.2010, Relator Ministro: Lelio Bentes Corrêa, Subseção I

Especializada em Dissídios Individuais, Data de Publicação: DEJT 12.03.2010).

Não houve, portanto, nenhuma espécie de alteração jurisprudencial que pudesse eventualmente estar contrária a princípios constitucionais, não existindo controvérsia judicial relevante sobre a aplicação do preceito fundamental que se considera violado.

Nesses termos, indefiro, liminarmente, a petição inicial (Lei n. 9.882/1999, art. 4º) e nego seguimento ao presente pedido de arguição de descumprimento de preceito fundamental por entender que a postulação é manifestamente incabível, nos termos e do art. 21, § 1º do RISTF. Por conseguinte, declaro o prejuízo do pedido de medida liminar postulado.

Publique-se.[2]

---

[2] Disponível em: <jus.br/portal/processo/verProcessoAndamento.asp?incidente=4915149>. Acesso em: 30 nov. 2016.

3. TATUAGEM[1]. CONCURSO PÚBLICO. PERMISSÃO

Acompanhando o relator, Min. Luiz Fux, o STF, por maioria, julgou inconstitucional a proibição de uso de tatuagens a candidatos a cargo público estabelecida em leis e editais de concurso público, ao prover o RE 898.450-SP[2], em 17.8.2016, com repercussão geral reconhecida. A tese fixada registra: "Editais de concurso público não podem estabelecer restrição a pessoas com tatuagem, salvo situações excepcionais, em razão de conteúdo que viole valores constitucionais". É o seguinte o voto do relator:

Senhor Presidente, egrégio Plenário, ilustre representante do Ministério Público, senhores advogados presentes, cumpre analisar, em sede de preliminar, a admissibilidade deste Recurso Extraordinário, para, em seguida, passarmos ao mérito da controvérsia.

I. Preliminar

Admissibilidade do Recurso Extraordinário

Ab initio, reafirmo a admissibilidade deste Recurso Extraordinário submetido à apreciação do Supremo Tribunal Federal.

A controvérsia sub examine consiste em saber, à luz dos arts. 1º, III,[3] 5º, I e II[4] e 37, I e II[5], da Constituição da República, se

---

[1] Sobre tatuagem, v., nesta coletânea, v. 19, p. 138

[2] RE 898.450-SP, de 17.8.2016 (Henrique Lopes Carvalho da Silveira vs. Estado de São Paulo) Relator : Min. Luiz Fux

[3] Art. 1º A República Federativa do Brasil, formada pela união indissolúvel dos Estados e Municípios e do Distrito Federal, constitui-se em Estado Democrático de Direito e tem como fundamentos:

(...)

III — a dignidade da pessoa humana;

o fato de um cidadão ostentar tatuagens em seu corpo, visíveis ou não, é circunstância idônea e proporcional a impedi-lo de concorrer a um cargo ou emprego público, ainda que, eventualmente, o obstáculo esteja previsto em lei.

Em parte, a repercussão geral da matéria decorre da reiterada jurisprudência desta Corte, no sentido da inconstitucionalidade de cláusula editalícia que cria condição ou requisito capaz de restringir o acesso a cargo público, sem que haja previsão legal expressa a fundamentar a exigência (Precedentes: RE 593.198 AgRg, Relator Min. Dias Toffoli, Primeira Turma, julgado em 06.08.2013, DJe 01.10.2013; RE 558.833 AgRg, Relatora Min. Ellen Gracie, Segunda Turma, DJe 25.09.2009; e RE 398567 AgRg, Relator Min. Eros Grau, Primeira Turma, DJ 24.03.2006).

Para além disso, o tema sub judice *reclama uma abordagem de maior envergadura, mormente diante da constatação de uma miríade de leis que criam restrições para o acesso a cargos, empregos e funções por parte de candidatos que possuem tatuagens fora de padrões supostamente aceitáveis pelo Estado.*

Assim, no momento em que a proibição a determinados tipos e tamanhos de tatuagens obsta o direito de um candidato de con-

---

[4] Art. 5º Todos são iguais perante a lei, sem distinção de qualquer natureza, garantindo-se aos brasileiros e aos estrangeiros residentes no País a inviolabilidade do direito à vida, à liberdade, à igualdade, à segurança e à propriedade, nos termos seguintes:

I — homens e mulheres são iguais em direitos e obrigações, nos termos desta Constituição;

II — ninguém será obrigado a fazer ou deixar de fazer alguma coisa senão em virtude de lei;

[5] Art. 37. A administração pública direta e indireta de qualquer dos Poderes da União, dos Estados, do Distrito Federal e dos Municípios obedecerá aos princípios de legalidade, impessoalidade, moralidade, publicidade e eficiência e, também, ao seguinte: *(Redação dada pela Emenda Constitucional 19, de 1998)*

I — os cargos, empregos e funções públicas são acessíveis aos brasileiros que preencham os requisitos estabelecidos em lei, assim como aos estrangeiros, na forma da lei; *(Redação dada pela Emenda Constitucional n. 19, de 1998)*

II — a investidura em cargo ou emprego público depende de aprovação prévia em concurso público de provas ou de provas e títulos, de acordo com a natureza e a complexidade do cargo ou emprego, na forma prevista em lei, ressalvadas as nomeações para cargo em comissão declarado em lei de livre nomeação e exoneração; *(Redação dada pela Emenda Constitucional n. 19, de 1998) correr a uma função pública, ressoa imprescindível a intervenção do Supremo Tribunal Federal para apurar se o citado discrímen encontra amparo constitucional. Essa matéria, mercê de dotada de um nítido efeito multiplicador, é de inequívoca estatura constitucional.*

Sob o enfoque preliminar da admissibilidade recursal, consigno o preenchimento de todos os demais requisitos de admissibilidade do presente recurso, notadamente o da tempestividade, prequestionamento, legitimidade e o do interesse recursal, além do indispensável reconhecimento da repercussão geral da matéria (Tema 838 do Plenário Virtual).

Conheço, pois, do presente recurso extraordinário e passo ao exame de mérito.

II. Mérito

Como salientado, intenta-se, no presente Recurso Extraordinário, perquirir, de um lado, (i) se o edital de concurso para provimento de cargo ou emprego público pode conter restrição dirigida aos candidatos não prevista em lei, e, de outro, (ii) se uma tatuagem, visível ou não, pode obstaculizar a participação em certame para o desempenho de uma função pública, ainda que esse impeditivo esteja contido em lei.

No âmbito militar, é cediço que os padrões de apresentação dos integrantes das Forças Armadas e dos militares estaduais e do Distrito Federal são, deveras, rigorosos. Todavia, no momento em que uma exigência estatal específica interfere incisivamente na liberdade de expressão, bem como no direito ao livre desenvolvimento da personalidade, de modo a impedir um cidadão de trabalhar para o Estado, torna-se possível e, até recomendável, a intervenção judicial para verificar a compatibilidade da referida restrição com o texto constitucional.

*Como premissa inicial, torna-se necessário **REAFIRMAR** a jurisprudência desta Corte, no sentido de que qualquer restrição para o acesso a cargo público constante em editais de concurso depende da sua específica menção em lei formal.*

Nessa linha de entendimento, firmou-se a jurisprudência reiterada do Supremo Tribunal Federal, in verbis:

DIREITO ADMINISTRATIVO. AGRAVO REGIMENTAL EM RECURSO EXTRAORDINÁRIO COM AGRAVO. CONCURSO PÚBLICO. EXIGÊNCIA DE ALTURA MÍNIMA. LIMITAÇÃO IMPOSTA APENAS POR EDITAL. IMPOSSIBILIDADE. PRECEDENTES. 1. **A jurisprudência do Supremo Tribunal Federal possui o entendimento de que a exigência de altura mínima para o cargo de policial militar é válida, desde que prevista em lei em sentido formal e material, bem como no edital que regulamente o concurso***. 2. Na hipótese, apenas o edital do concurso estabelecia a exigência, de modo que tal limitação se mostra ilegítima. Precedentes. 3. Agravo regimental a que se nega provimento. (ARE 906.295 AgR, Relator(a): Min. ROBERTO BARROSO, Primeira Turma, julgado em 24.11.2015, DJe 15.12.2015); (Grifamos)*

Agravo regimental no recurso extraordinário. Administrativo. Concurso público. Policial. Altura mínima. Edital. **Previsão legal. Necessidade.** *Precedentes. 1.* **É pacífica a jurisprudência do Tribunal no sentido de somente ser legítima a cláusula de edital que prevê altura mínima para habilitação para concurso público quando mencionada exigência tiver lastro em lei, em sentido formal e material***. 2. Agravo regimental não provido. (RE 593.198 AgR, Relator(a): Min. DIAS TOFFOLI, Primeira Turma, julgado em 06.08.2013, DJe 01.10.2013); (Grifamos)*

RECURSO EXTRAORDINÁRIO COM AGRAVO (LEI N. 12.322/2010) — CONCURSO PÚBLICO — GUARDA MUNICIPAL — **ALTURA MÍNIMA — EXIGÊNCIA PREVISTA APENAS NO EDITAL — AUSÊNCIA DE PREVISÃO EM LEI FORMAL — OFENSA AOS PRINCÍPIOS CONSTITUCIONAIS DA LEGALIDADE E DA RAZOABILIDADE** *— DECISÃO QUE SE AJUSTA À JURISPRUDÊNCIA PREVALECENTE NO SUPREMO TRIBUNAL FEDERAL — CONSEQUENTE INVIABILIDADE DO RECURSO QUE A IMPUGNA — SUBSISTÊNCIA DOS FUNDAMENTOS QUE DÃO SUPORTE À DECISÃO RECORRIDA — RECURSO DE AGRAVO IMPROVIDO. (ARE 715.061 AgR, Relator(a): Min.*

CELSO DE MELLO, Segunda Turma, julgado em 14.05.2013, ACÓRDÃO ELETRÔNICO DJe-117 DIVULG 18.06.2013 PUBLIC 19.06.2013) (Grifamos)

AGRAVO REGIMENTAL EM RECURSO EXTRAORDINÁRIO. CONSTITUCIONAL. ADMINISTRATIVO. CONCURSO PÚBLICO. POLICIAL MILITAR. ALTURA MÍNIMA. PREVISÃO LEGAL. INEXISTÊNCIA.

Concurso público. Policial militar. Exigência de altura mínima. Previsão legal. Inexistência. Edital de concurso. Restrição. Impossibilidade. Somente lei formal pode impor condições para o preenchimento de cargos, empregos ou funções públicas. Precedentes. Agravo regimental não provido. (RE-AgR 400.754/RO, Rel. Ministro Eros Grau, 1ª Turma — unânime. DJU 04.11.2005).

Essa orientação corrobora o que decidido por esta Corte quando do julgamento do MS 20.973, Relator o saudoso Ministro Paulo Brossard, julgado em 06.12.1989, DJ 24.04.1992, ocasião em que restou assentado que "a acessibilidade aos cargos públicos assegurada tanto pela atual Constituição Federal (artigo 37, inciso I), como pela Carta anteriormente outorgada (artigo 97), exige tão-somente o preenchimento dos requisitos estabelecidos em lei".

Desse modo, em respeito ao artigo 37, I da Constituição da República, que, expressamente, impõe que **"os cargos, empregos e funções públicas são acessíveis aos brasileiros que preencham os requisitos estabelecidos em lei"** (grifo próprio), revela-se inconstitucional toda e qualquer restrição ou requisito estabelecidos em editais, regulamentos, portarias, se não houver lei dispondo sobre a matéria.

Portanto, de plano, voto pela **REAFIRMAÇÃO** da jurisprudência desta Corte, para, desde já, assentar a primeira tese objetiva à luz do caso sub examine:

Os requisitos do edital para o ingresso em cargo, emprego ou função pública devem ter por fundamento lei em sentido formal e material.

Sob outro enfoque, da mera previsão legal do requisito criado pelo Estado, não exsurge o reconhecimento automático de sua juridicidade. O Legislador não pode escudar-se em uma pretensa discricionariedade para criar barreiras arbitrárias para o acesso às funções públicas, de modo a ensejar a sensível diminuição do número de possíveis competidores e a impossibilidade de escolha, pela Administração, daqueles que são os melhores. Assim, são inadmissíveis, porquanto inconstitucionais, restrições ofensivas aos direitos fundamentais, à proporcionalidade ou que se revelem descabidas para o pleno exercício da função pública objeto do certame.

Destarte, toda lei deve respeitar os ditames constitucionais, mormente quando referir-se à tutela ou restrição a direitos fundamentais, o que nos leva à conclusão de que os obstáculos **para o acesso a cargos públicos devem estar estritamente relacionados com a natureza e as atribuições das funções a serem desempenhadas.**

O tema, ressalte-se, ganha relevo quando se observa que, de um modo geral, a Administração Pública brasileira determina nos editais de concursos públicos, especialmente naqueles específicos do âmbito militar, a possibilidade de os candidatos serem considerados inaptos, nos exames médicos, se possuírem tatuagens em seu corpo fora dos padrões estabelecidos pelo Estado.

A melhor compreensão das razões que inspiram a utilização da pigmentação definitiva no corpo humano como fator eliminatório em um concurso público, reclama tecer alguns relevantes comentários acerca de seus antecedentes históricos e sociológicos.

Arte corporal milenar, a tatuagem, introduzida por viajantes e marinheiros no século XVIII, foi associada, no século XIX, a setores "marginais" da sociedade, como prostitutas e prisioneiros, sendo conhecida, por estes últimos, como a "flor do presídio" (GROGNARD, Catherine. Tatouages. Tags à lâme. Paris: Syros Alternatives, 1992). Sua associação à prática de ilícitos e a setores marginais da sociedade não é, assim, fenômeno recente.

Deveras no século XX, a tatuagem teve seu significado expandido, porém sem ser timbrada exclusivamente pelo estigma social de marginalidade. No final da década de 1960, era marca corporal comum entre roqueiros, hippies, punks e motociclistas (LE BRETON, David. Signes didentité. Tatouages, piercings et autres marques corporelles. Paris: Métailié, 2002).

Nesse contexto, e como é de conhecimento geral, o imaginário social a respeito do tema tatuagem foi, inevitavelmente, acompanhado, por mais de um século, da marca de marginalidade e da delinquência. Era, deveras, entrevista como o instrumento que determinados grupos sociais detinham para romper os padrões sociais e se declarar dissidentes das regras de convivência.

No entanto, constata-se, com base em pesquisas como a do professor de Sociologia e Antropologia da Universidade de Strasbourg, na França, David Le Breton (*Antropología del cuerpo y modernidad*. Buenos Aires: Nueva Visión, 1995), que o sentido estigmatizador do uso da tatuagem começou a mudar a partir dos anos 1980.

No Brasil, apenas a partir dos anos 1990 é que começaram a surgir os estúdios de tatuagem, caracterizadores da profissionalização dessa arte, com qualidade artística, que, aos poucos, foi conquistando aceitação social. A expansão da tatuagem se materializou de modo a alcançar os mais diversos e heterogêneos grupos, com as mais diversas idades, e, nesse diapasão, deixou de ser identificada como marca de marginalidade, mas como obra artística (PÉREZ, Andrea Lissett. *A identidade à flor da pele: etnografia da prática da tatuagem na contemporaneidade*).

Vítor Sérgio Ferreira, pós-doutor da Fundação para a Ciência e a Tecnologia no Instituto de Ciências Sociais da Universidade de Lisboa, em artigo intitulado "OS OFÍCIOS DE MARCAR O CORPO: a realização profissional de um projecto identitário", narra o exemplo de Portugal, país em que:

Hoje, as marcas corporais voluntárias saíram da economia marginal e informal onde estavam acantonadas, passando a integrar o mundo altamente competitivo da indústria de design corporal. Praticamente inexistentes há duas décadas atrás em Portugal, os estúdios de tatuagem e *body piercing* proliferaram na paisagem urbana do país a partir da década de 1990, instituindo uma oferta cada vez mais numerosa e profissionalizada, alimentada por uma procura maior e cada vez mais socialmente diversificada

(Fortuna, 2002; Ferreira, 2004a). Se no início dos anos 90 apenas duas casas de tatuagem dividiam a clientela lisboeta ("Bad Bonnes Tatoo" e "El Diablo"), hoje são dezenas os estúdios de tatuagem e body piercing *abertos em Portugal, já não apenas concentrados em Lisboa, mas também dispersos pelos seus arredores, bem como no restante território português.*

Michele Larissa Zini Lise, em substanciosa pesquisa conduzida em sua dissertação de mestrado apresentada junto ao Programa de Pós-Graduação da Pontifícia Universidade Católica do Rio Grande do Sul — PUC — RS (Violência na pele: considerações médicas e legais na tatuagem. 2007. Porto Alegre) traz dados de que, no Reino Unido, estima-se que haja algo superior a 4.000 tatuadores produzindo cerca de um milhão de tatuagens por ano, enquanto na Itália, verbi gratia, o número pode chegar a mais de um milhão de pessoas tatuadas.

No mesmo seguimento, ressoa, deveras, oportuna a constatação oriunda de recente pesquisa ocorrida ao final de 2015 e realizada pelo The Harris Polls — empresa especializada em amostras de vários tópicos —, de que, atualmente, 3 em cada 10 norte-americanos possuem, pelo menos, 1 (uma) tatuagem em seu corpo, o que demonstra, ao lado do expressivo grupo de tatuados nos país, um aumento de mais de 50% se relacionado à mesma pesquisa realizada 3 anos antes em 2012.

Essas comprovações empíricas trazem a certeza de que, hodiernamente, as tatuagens, ou outras formas de marcas permanentes realizadas intencionalmente no corpo do indivíduo por sua livre escolha, passaram por intensa transformação quanto ao seu aceitamento social, de forma que, características que estigmatizavam determinados setores da sociedade, tornaram-se sinais que retratam valores, ideias e sentimentos. Hodiernamente, consistem em autêntica forma de liberdade de expressão de um indivíduo que se expressa por meio de uma marca em seu corpo.

De acordo com a Professora de Antropologia da Universidade Federal de Santa Maria — UFSM, Débora Krischke Leitão (Mudança de significado da tatuagem contemporânea. Cadernos IHU Ideias, São Leopoldo, v. 16, n. 2, mar. 2004. p. 4), quando nos referimos a uma mudança de significado da tatuagem na atualidade, "fala-se *da perda de alguns de seus sinais mais transgressivos e de sua incorporação às possibilidades estéticas socialmente aceitas".*

O atual viés, portanto, corrobora a completa ausência de qualquer ligação objetiva e direta entre o fato de um cidadão possuir tatuagens em seu corpo e uma suposta conduta atentatória à moral, aos bons costumes ou ao ordenamento jurídico. Como anteriormente dito, a opção pela tatuagem relaciona-se, diretamente, com as liberdades de manifestação do pensamento e de expressão (CRFB/88, artigo 5º, IV e IX). Assim, ninguém pode, ressalvadas hipóteses muito excepcionais que mais adiante serão expostas, ser punido por tal fato, sob pena de flagrante ofensa aos mais diversos princípios constitucionais inerentes a um Estado Democrático de Direito.

Nesse ponto, destaca-se a possível vulneração ao princípio da igualdade, insculpido no artigo 5º, caput[6], da Constituição da República, que preconiza a isonomia dos cidadãos sob o crivo do nosso ordenamento jurídico. Tal mandamento, todavia, deve ser interpretado cum grano salis, *mormente porque não se veda ao legislador o tratamento desigual que porventura possa ser empregado a determinada parcela do corpo social,* **mas desde que em situações específicas e absolutamente justificáveis.**

Não é demasiado afirmar que a vida em sociedade, por si, tem o condão de fazer exsurgir condições desiguais entre os indivíduos. Seja por meio de características naturais inerentes a cada ser humano, como as genéticas, que diferem e singularizam cada um de nós, seja em decorrência de fatores históricos, a realidade se apresenta com uma vasta diversidade social. O Constituinte, ao instituir a isonomia como um princípio de nosso Estado Democrático de Direito, teve como objetivo precípuo o implemento de medidas com o escopo de minorar estes fatores discriminatórios.

O fundamento da isonomia tem como destinatário não só a sociedade, como, também, o próprio legislador, uma vez que é vedada a elaboração de norma que estabeleça privilégios ou restrições injustificadas a alguém.

---

[6] Art. 5º Todos são iguais perante a lei, sem distinção de qualquer natureza, garantindo-se aos brasileiros e aos estrangeiros residentes no País a inviolabilidade do direito à vida, à liberdade, à igualdade, à segurança e à propriedade (...)

*O reconhecimento de que este princípio não se resume ao tratamento igualitário em toda e qualquer situação se faz impositivo. Dentro deste preceito, há espaço para tratamento diferenciado entre indivíduos diante da particularidade de situações, **desde que o critério distintivo seja pautado por uma justificativa lógica, objetiva e razoável**. Sobre o tema, assim discorre Manoel Gonçalves (Ferreira Filho, Manoel Gonçalves. Curso de Direito Constitucional. 2001, p. 277):*

O princípio da igualdade não proíbe de modo absoluto as diferenciações de tratamento. Veda apenas aquelas diferenciações arbitrárias. Assim, o princípio da igualdade no fundo comanda que só se façam distinções com critérios objetivos e racionais adequados ao fim visado pela diferenciação.

Consequentemente, o tratamento diferenciado só é justificável, quando destinado a alcançar determinados objetivos para toda uma parcela da sociedade, hipótese em que a desigualação milita em prol da própria isonomia.

É o caso, exempli gratia, da controvérsia jurídica acerca da constitucionalidade de restrições de idade ou de altura mínima e candidatos que concorrem a determinados cargos, empregos ou funções públicas — especialmente daqueles ligados a atividades de segurança pública e militar. A uníssona jurisprudência dessa Corte, recentemente reafirmada no Plenário Virtual, firmou-se no sentido de que, desde que previsto em lei, o estabelecimento de limite de idade para inscrição em concurso público é constitucional quando manifestamente justificado pela natureza das atribuições do cargo.

Nesse sentido, o teor do Enunciado n. 683 da Súmula da jurisprudência dominante neste Pretório Excelso: O limite de idade para a inscrição em concurso público só se legitima em face do art. 7º, XXX, da Constituição, quando possa ser justificado pela natureza das atribuições do cargo a ser preenchido; e a ementa do julgamento da repercussão geral do tema (art. 323-A do RI/STF), verbis:

RECURSO EXTRAORDINÁRIO COM AGRAVO. CONSTITUCIONAL E ADMINISTRATIVO. CONCURSO

PÚBLICO. LIMITAÇÃO DE IDADE FIXADA EM EDITAL. PO-LICIAL CIVIL. ART. 7º, XXX, DA CONSTITUIÇÃO FEDERAL. AGRAVO CONHECIDO PARA NEGAR PROVIMENTO AO RECURSO EXTRAORDINÁRIO. REPERCUSSÃO GERAL RECONHECIDA. REAFIRMAÇÃO DE JURISPRUDÊNCIA. (ARE 678.112 RG, Relator(a): Min. LUIZ FUX, julgado em 25/04/2013, ACÓRDÃO ELETRÔNICO REPERCUSSÃO GERAL — MÉRITO DJe 17.05.2013)

É cediço que há, ainda, restrições à investidura em cargos públicos estampadas na própria Constituição da República, que estabelece, v. g., idade mínima, idade máxima e nacionalidade para a nomeação de determinados agentes políticos (e. g., CRFB/88, art. 14, § 3º), sem que isso ofenda, de maneira alguma, o princípio da isonomia, à luz da unidade da Constituição conquanto regra exegética assentada.

Consectariamente, a lei que restringe o acesso a cargo público somente se revela constitucional, caso plenamente justificável para o pertinente desempenho das atividades do servidor.

A doutrina, nessas hipóteses, apoiada no sistema jurídico vigente, adotou a teoria da chamada **desigualdade justificada***. Para simplificar essa análise, utilizamos os critérios adotados por Celso Antônio Bandeira de Mello (Conteúdo jurídico do princípio da igualdade, 3. ed., São Paulo: Malheiros Editores, 2001, p. 21):*

Tem-se que investigar, de um lado, aquilo que é adotado como critério discriminatório; de outro lado, cumpre verificar se há justificativa racional, isto é, fundamento lógico, para, à vista do traço desigualador acolhido, atribuir o específico tratamento jurídico construído em função da desigualdade proclamada. *Finalmente, impende analisar se a correlação e o fundamento racional abstratamente existente é, in concreto, afinado com os valores prestigiados no sistema normativo constitucional. A dizer: se guarda ou não harmonia com eles. (grifo próprio).*

Segundo esse parâmetro jusfilosófico, cumpre aferir, em primeiro lugar, o denominado fator de desigualação. Esse elemento deve ser passível de reproduzir-se em indivíduos diferentes, ou seja, não pode ser característica que singularize perpetuamente seu destinatário. Quanto mais singularizado, mais próximo à irreprodutividade estará o citado fator.

O primordial deste ponto é que a norma não pode ser específica de forma a direcionar-se a pessoa certa e determinada. Ainda que trate de característica não generalizada, ou seja, voltada a um número inferior de destinatários, é necessário que ostente, de certa forma, uma generalidade, podendo ser atribuída a sujeitos da mesma classe, ainda, desconhecidos.

Impende destacar que o princípio da isonomia veda tanto a perseguição, com a imposição de gravame injustificável a um indivíduo ou grupo determinado, quanto o favorecimento de alguém nessas mesmas circunstâncias.

Outro aspecto relativo ao fator de desigualação é a inadmissibilidade de que este não se encontre na própria pessoa. O objeto do discrímen deve, necessariamente, residir em circunstância fática objetiva alvo da norma. Isso ocorre pelo seguinte motivo: um fator que não acarrete alterações significativas para a situação fática do objeto da diferenciação é incapaz de atrair a necessidade de uma norma diferente das demais. Características tais como o sexo, localização espacial, idade, raça, etc., quando não relacionados diretamente com a razão da distinção, não podem justificar a aplicação de norma específica.

O acima exposto atrai a análise da denominada correlação lógica entre fator de discrímen e a desequiparação procedida. Este ponto é, talvez, o mais importante para a análise de afronta ou não à isonomia. Para a verificação da validade da norma, o relevante é perquirir a justificativa plausível para o regime de tratamento diverso em situações com aparente condições de igualdade.

O tratamento desigual empregado deve estar diretamente associado ao motivo de sua necessidade, sendo certo que sua utilização injustificada é vedada. Neste contexto, trago a colação as diretrizes de Celso Antônio Bandeira de Mello (Conteúdo jurídico do princípio da igualdade, 3. ed., São Paulo: Malheiros Editores, 2001, p. 38), quando afirma que:

> (...) no que atina ao ponto central da matéria abordada procede afirmar: é agredida a igualdade quando o fator diferencial adotado para qualificar os atingidos pela regra não guarda relação de pertinência lógica com a inclusão ou exclusão no benefício deferido ou com a inserção ou arredamento do gravame imposto.

Na sequência, quanto à consonância da discriminação com os interesses protegidos na Constituição se faz necessário compreender que, tendo em vista que nossa Carta Magna tutela a igualdade dos indivíduos, é imprescindível que, nos casos em que incidente a diferenciação dos mesmos, haja uma justificativa, também, acobertada pela Constituição.

A legitimidade de diferenciações jurídicas não exige propriamente uma correlação lógico-formal entre o critério de diferenciação e o tratamento díspar estabelecido, o que se quer, na verdade, é uma adequada correlação valorativa acerca da razoabilidade da medida (substantive due process of law).

Ao fim e ao cabo, serão inconstitucionais as discriminações injustificadas, o que se verifica pela presença de elementos arbitrários no conteúdo intrínseco da norma analisada.

Sobre o tema, atualíssima a doutrina de Hans Kelsen (Teoria pura do Direito. Tradução Ch. Einsenmann. 2. ed., Paris, 1962, p. 190):

> A igualdade dos sujeitos na ordenação jurídica, garantida pela Constituição, não significa que estes devem ser tratados de maneira idêntica nas normas e em particular nas leis expedidas com base na Constituição. A igualdade assim entendida não é concebível: seria absurdo impor a todos os indivíduos exatamente as mesmas obrigações ou lhes conferir exatamente os mesmos direitos sem fazer distinção alguma entre eles (...)

Leciona a Min. Cármen Lúcia (Princípio constitucional da igualdade. Belo Horizonte: Jurídicos Lê, 1990. p. 118), em sede doutrinária, que:

> O que se quer é a igualdade jurídica que embase a realização de todas as desigualdades humanas e as faça suprimento ético de valores poéticos que o homem possa desenvolver. As desigualdades naturais são saudáveis, como são doentes aquelas sociais e econômicas, que não deixam alternativas de caminhos singulares a cada ser humano único.

In casu, evidencia-se a ausência de razoabilidade da restrição dirigida ao candidato de uma função pública pelo simples fato de possuir tatuagem, posto medida flagrantemente discriminatória e carente de qualquer justificativa racional que a ampare. Assim, o fato de uma pessoa possuir tatuagens, visíveis ou não, não pode ser tratado pelo Estado como parâmetro discriminatório quando do deferimento de participação em concursos de provas e títulos para ingresso em uma carreira pública.

É dizer, inexiste a correlação na diferenciação ora sub examine e os ditames constitucionais. Consoante delimitado, a citada restrição, no caso, não se revela amparada por razão lógica e necessária, decorrendo de arbitrariedade administrativa sem qualquer imbricação com as funções desempenhadas, posto não concretizar conduta contrária à imagem e aos valores de instituições públicas, qualquer que seja o conceito que a eles se queira atribuir. Dito de outro modo, inexiste qualquer relação de pertinência entre a proibição de possuir tatuagem e as características e peculiaridades inerentes à função pública a ser desempenhada pelo candidato. Um policial não é melhor ou pior nos seus afazeres públicos por ser tatuado.

Vale destacar que a tatuagem, nos dias presentes, disseminou-se pela sociedade brasileira, sendo extremamente corriqueira entre pessoas das mais diferentes classes, gêneros e profissões. Como salientado linhas acima, ocorreu uma profunda mudança de seu significado em três principais aspectos: **(i)** no passado, os usuários restringiam-se a uma *população marginal e, agora, abrangem todas as classes sociais; (ii) o próprio tatuador, que inicialmente era amador, passa, agora, a ser um profissional altamente especializado e, principalmente; (iii) a percepção da sociedade das pessoas tatuadas, que anteriormente eram discriminadas e execradas pela sociedade, e, hodiernamente, são encaradas como pessoas que exercem o seu direito de se expressar por meio da pigmentação definitiva de seus corpos.*

Mister, portanto, superar a conclusão do antagonismo equivocado entre o fato de ser tatuado e a competência e disponibilidade de produção nos cargos públicos. Não há espaço, atualmente, para a exclusão de um concurso de determinada pessoa que quer e pode exercer sua liberdade de expressão por meio de uma tatuagem.

Nessa linha, resta claro, de plano, que, no contexto da sociedade democrática brasileira pós-88, descentrada, plural e multicultural, a mera circunstância de um candidato possuir tatuagens não pode ser fato que acabe por influir na sua capacidade para o desempenho das atividades de um cargo público, e, a fortiori, *que constitua óbice para o acesso ao serviço público. A hipótese encaixa-se, perfeitamente, nos dizeres de Pimenta Bueno (Direito Público Brasileiro e Análise da Constituição do Império, Rio de Janeiro, 1857, p. 424), verbis: "qualquer especialidade ou prerrogativa que não for fundada só e unicamente em uma razão muito valiosa do bem público, será uma injustiça e poderá ser uma tirania".*

Por isso, não há, numa séria e detida abordagem constitucional calcada nos princípios da liberdade e da igualdade, justificativa para que, em pleno século XXI, a Administração Pública e a sociedade visualizem, em pessoas que possuem tatuagens, marcas de marginalidade e de inaptidão física para exercer determinado cargo público.

Ao mesmo tempo, porém, não se pode admitir uma visão lúdica e dissociada por completo da realidade do thema decidendum.

Com efeito, tatuagens que representem, verbi gratia, *obscenidades, ideologias terroristas, discriminatórias, que preguem a violência e a criminalidade, discriminação de raça, credo, sexo ou origem, temas inegavelmente contrários às instituições democráticas, podem obstaculizar o acesso a uma função pública e, eventual restrição nesse sentido não se afigura desarrazoada ou desproporcional.*

Assim, sem prejuízo de a presença de uma tatuagem não ter aprioristicamente correlação alguma com a capacidade de um cidadão de ocupar um cargo na Administração, é cediço que alguns tipos de pigmentações podem simbolizar ideias, valores e representações inaceitáveis sob uma ótica plural e republicana e serem, pour cause, *capazes de impossibilitar o desempenho de uma determinada função pública.*

A opção do cidadão, exteriorizada de forma livre e deliberada, por tatuar ideias e/ou símbolos largamente repudiados pela sociedade, demonstra uma adesão a ideais totalmente incompatíveis com a própria função pública. Tatuagens que, verbi gratia, *representam formas obscenas, que fazem referência a organizações ou condutas criminosas (v. g., "157", em referência ao crime de roubo; "121", em referência ao tipo do homicídio), ou que denotem condutas inaceitáveis sob o prisma da dignidade humana, como as de incentivo ao ódio, à discriminação, ao racismo e ao sexismo, exorbitam do que é aceitável de quem é remunerado para servir a uma sociedade plural sociedade.*

A máxima de que cada um é feliz à sua maneira deve ser preservada e incentivada em grau máximo pelo Estado, sendo de destaque o papel que incumbe ao Poder Judiciário nessa missão. Por outro lado, a tatuagem reveladora de um simbolismo ilícito e incompatível com o desempenho da função pública pode mostrar-se inaceitável. Um policial não pode exteriorizar sinais corporais, como tatuagens, que conflitem com esta ratio, *como, a título de ilustração, tatuagens de palhaços, que significam, no ambiente marginal, o criminoso que promove o assassinato de policiais.*

Nesses casos, a experiência de outros países permite evidenciar não só a relevância dessa questão, mas, também, que o elemento cultural exerce importante e decisiva influência, como denotam algumas normas oriundas do Direito Comparado.

No sistema norte americano, é amplamente conhecido que a intensa tutela ao direito fundamental à liberdade de expressão foi incorporada em 1791 pela famosa e cultuada Primeira Emenda (Amendment I) da Constituição dos Estados Unidos, que assim dispõe:

O Congresso não deve fazer qualquer lei a respeito de se estabelecer uma religião, ou proibir o seu livre exercício; ou restringir a liberdade de expressão, ou da imprensa; ou o direito das pessoas de se reunirem pacificamente, e de fazerem pedidos ao governo para que sejam feitas reparações por ofensas.[7]

Ocorre que, a despeito do elevado valor atribuído a tal liberdade, o prestígio dispensado à figura do militar e da autoridade policial nos Estados Unidos também é um elemento cultural, deveras, relevante, de sorte que há muito debate acerca do uso de tatuagens por militares e policiais.

O U.S. Army Regulation 670-1 (Section 1.8 Page 3)[8] proíbe, por exemplo, tatuagens na cabeça, no rosto e na parte do pescoço acima do colarinho do uniforme. Além

---

[7] Tradução livre do original: Congress shall make no law respecting an establishment of religion, or prohibiting the free exercise thereof; or abridging the freedom of speech, or of the press; or the right of the people peaceably to assemble, and to petition the Government for a redress of grievances.

[8] Army Regulation 670-1 (Uniform and Insignia — Wear and Appearance of Army) Found in Section 1.8 Page 3

(...)

e. Tattoo policy

(1) Tattoos or brands anywhere on the head, face, and neck above the class A uniform collar are prohibited.

(2) Tattoos or brands that are extremist, indecent, sexist, or racist are prohibited, regardless of location on the body, as they are prejudicial to good order and discipline within units.

(a) Extremist tattoos or brands are those affiliated with, depicting, or symbolizing extremist philosophies, organizations, or activities. Extremist philosophies, organizations, and activities are those which advocate racial, gender or ethnic hatred or intolerance; advocate, create, or engage in illegal discrimination based on race, color, gender, ethnicity, religion, or national origin; or advocate violence or other unlawful means of depriving individual rights under the U.S. Constitution, Federal, or State law (see para 4–12, AR 600–20).

disso, independentemente da parte do corpo, são proibidas tatuagens que prejudiquem a disciplina e a boa ordem, tais como as que sejam referências indecentes, de violência de gênero, racistas e extremistas, bem como as maquiagens ou artifícios que tentem encobrir as tatuagens feitas em partes do corpo não autorizadas. Em mudança recente no regulamento supracitado, operada em 10.04.2015, restou definido que não haveria mais limites quanto ao tamanho e à quantidade de tatuagens que os soldados do Exército poderiam ter nos braços e pernas, desde que elas se mantivessem cobertas pelo uniforme[9].

Por outro lado, em recente atualização de suas regras sobre o tema, ocorrida em 31 de março de 2016, a Marinha norte-americana seguiu a tendência mundial de permitir que seus servidores possuam tatuagens visíveis, continuando a proibir, apenas, tatuagens racistas, sexistas, extremistas, indecentes, preconceituosas ou que atentem contra a Instituição. A novel Instrução[10] (NAVADMIN 082/16), que entrou em vigor em 30 de abril de 2016, permite aos marinheiros uma tatuagem em seu pescoço, além de liberar tatuagens, sem restrição de tamanho ou quantidade, nos braços e nas pernas.

Em comunicado oficial, a Marinha norte-americana apontou, como justificativa para as alterações, que:

(b) Indecent tattoos or brands are those that are grossly offensive to modesty, decency, or propriety; shock the moral sense because of their vulgar, filthy, or disgusting nature or tendency to incite lustful thought; or tend reasonably to corrupt morals or incite libidinous thoughts.

(c) Sexist tattoos or brands are those that advocate a philosophy that degrades or demeans a person based on gender, but that may not meet the same definition of "indecent."

(d) Racist tattoos or brands are those that advocate a philosophy that degrades or demeans a person based on race, ethnicity, or national origin.

(…)

(5) Existing tattoos or brands on the hands that are not extremist, indecent, sexist, or racist, but are visible in the class A uniform (worn with slacks/trousers), are authorized.

(…)

(7) Soldiers may not cover tattoos or brands in order to comply with the tattoo policy.

[9] Disponível em: <https://www.army.mil/article/146268/Revised_uniform_policy_changes_rules_for_tattoos_wear_of_combat_uniform>. Acesso em: 23 jun. 2016.

[10] <http://www.navy.mil/submit/display.asp?story_id=93938>.

"A atualização de nossas políticas é uma resposta ao aumento da popularidade das tatuagens entre os marinheiros e a população da qual a Marinha alista seus recrutas. Também serve para assegurar que a Marinha não perde oportunidades de alistar jovens homens e mulheres talentosos que desejam servir"[11].

Outro exemplo interessante é o caso da Alemanha, em que se verifica a existência de restrições quanto ao ingresso nas forças policiais, tanto no que diz respeito a tatuagens que não sejam cobertas pelos uniformes, tanto em relação as que fazem apologia a ideias discriminatórias ou ofensivas aos valores constitucionais. No âmbito federal, constata-se, nas informações relativas ao processo de recrutamento e admissão da Bundespolizei[12], que, como regra:

Quando vestindo o uniforme — exceto quando estiver praticando esporte no serviço — não deve ter tatuagens visíveis, Mehndis (tatuagens de henna) e similares. Se as tatuagens ou similares não estiverem completamente cobertos pelos uniformes usados, eles devem ser cobertos de forma adequada e discreta[13].

O mesmo se dá em Portugal[14], cujas informações para recrutamento de soldados para o exército assenta que:

Apresentação e atavio

Masculino: (...)

Não são permitidos brincos, "piercings", tatuagens ou outras formas de arte corporal que sejam visíveis, quando uniformizado.

---

[11] Tradução livre do original em inglês: This policy update is being made in response to the increased popularity of tattoos for those currently serving and in the population from which the Navy draws its recruits. It is also meant to ensure the Navy does not miss opportunities to bring in talented young men and women who are willing to serve.

[12] <https://www.komm-zur-bundespolizei.de/bewerben/auswahlverfahren/>.

[13] Tradução livre do original em alemão: Aus diesem Grund gilt: Beim Tragen der Dienstkleidung — ausgenommen beim Dienstsport — dürfen Tätowierungen, Brandings, Mehndis (Henna-Tattoos) und Ähnliches nicht sichtbar sein. Sofern sie durch die getragene Dienstkleidung nicht vollständig verdeckt werden, sind sie in geeigneter und dezenter Weise abzudecken.

[14] <http://www.exercito.pt/sites/recrutamento/Paginas/CidadaoInfoUteis.aspx>.

De volta ao contexto brasileiro, marcado por sua heterogeneidade, é forçoso concluir que o fato de o candidato possuir tatuagens pelo corpo não macula, por si, sua honra pessoal, o profissionalismo, o respeito às Instituições e, muito menos, lhe diminui a competência. Assim, as tatuagens não podem, em uma análise meramente estética, ser inseridas no rol dos critérios para o reconhecimento de uma inaptidão. Cuida-se, na maioria dos casos, de uma idiossincrasia preconceituosa que não encontra amparo na realidade.

Eventual restrição só se justifica, caso seja necessária à finalidade que ela pretende alcançar e à natureza do cargo público. Nesse sentido, o contexto brasileiro, marcado pelo multiculturalismo, apenas aceita a eliminação de candidatos com fundamento na simbologia do desenho e nas finalidades e valores institucionais e constitucionais envolvidos, não sendo justificável estabelecer restrições com amparo na parte do corpo em que a pigmentação se encontra (visível ou invisível em relação ao traje de trabalho), como ocorre em Portugal e na Alemanha.

A tatuagem, desde que não expresse ideologias terroristas, extremistas e contrárias às instituições democráticas, que incitem a violência e a criminalidade, ou incentivem a discriminação ou preconceitos de raça e sexo, ou qualquer outra força de intolerância, é compatível com o exercício de qualquer cargo público.

No ordenamento jurídico pátrio, vale destacar a existência de diversas leis sobre o tema no âmbito das Forças Armadas, direcionadas especificamente para a Marinha[15], Aeronáutica[16] e Exército[17], e que proíbem, apenas, tatuagens ofensivas a determi-

---

[15] Lei n. 11.279/2006 — Art. 11-A, XII: XII — não apresentar tatuagem que, nos termos de detalhamento constante de normas do Comando da Marinha, faça alusão a ideologia terrorista ou extremista contrária às instituições democráticas, a violência, a criminalidade, a ideia ou ato libidinoso, a discriminação ou preconceito de raça, credo, sexo ou origem ou, ainda, a ideia ou ato ofensivo às Forças Armadas;

[16] Lei n. 12.464/2011 — Art. 20, XVII — não apresentar tatuagem no corpo com símbolo ou inscrição que afete a honra pessoal, o pundonor militar ou o decoro exigido aos integrantes das Forças Armadas que faça alusão a: a) ideologia terrorista ou extremista contrária às instituições democráticas ou que pregue a violência ou a criminalidade; b) discriminação ou preconceito de raça, credo, sexo ou origem; c) ideia ou ato libidinoso; e d) ideia ou ato ofensivo às Forças Armadas ou à sociedade;

[17] Lei n. 12.705/2012 — Art. 2º, VIII — não apresentar tatuagens que, nos termos de detalhamento constante de normas do Comando do Exército: a) faça alusão a ideologia terrorista ou extremista contrária às instituições democráticas, a violência, a criminalidade,

nados valores institucionais ou que representem ofensa à ordem pública.

Quanto à lei específica do Exército, Lei n. 12.705/2012, nota-se a existência de veto da Presidência da República ao critério proposto de restrição ao ingresso de candidatos portadores de tatuagens que "pelas suas dimensões ou natureza, prejudiquem a camuflagem e comprometam as operações militares" (Lei n. 12.705/2012, art. 2º, VIII, "b"). Interessante é que a justificação para o veto amparou-se na hodierna orientação de que "quanto à apresentação de tatuagens, o discrímen só se explica se acompanhado de parâmetros razoáveis ou de critérios consistentes para sua aplicação".

De todo modo, não está em jogo a legitimidade da opção individual e livre de cada um de se tatuar, que deve ser respeitada por todos, e, em maior extensão, pelo Estado. Sob outro prisma, diversamente do que ocorre na esfera privada, os agentes públicos se submetem a um conjunto de regras estatutárias e princípios próprios, e, mercê da teoria do órgão, exteriorizam a figura e vontade do Estado.

Em sintonia com a tese, merece transcrição parte do parecer do Ministério Público Federal, que assentou:

O fato de um candidato possuir, na pele, marca ou sinal gravado mediante processo de pigmentação definitivo não inviabiliza nem dificulta minimamente o desempenho de qualquer tipo de função, pública ou privada, manual ou intelectual, de modo a incidir, na hipótese, a vedação expressa no artigo 3º da Constituição Federal. Pensar contrariamente seria o mesmo que admitir que uma mancha ou sinal geneticamente adquirido poderia impedir alguém de seguir a carreira militar.

O que poderia ocorrer, em tese, seria a inadequação do candidato cuja tatuagem implicasse ofensa à lei (e não aos "bons costumes" ou à moral).

---

a ideia ou ato libidinoso, a discriminação ou preconceito de raça, credo, sexo ou origem ou, ainda, a ideia ou ato ofensivo às Forças Armadas; b) (VETADO);

Também nesse sentido, a União, admitida no processo na qualidade de amicus curiae, *trouxe aos autos a seguinte manifestação, verbis:*

Nessa linha, a mera circunstância de um candidato possuir na pele marca ou sinal gravado mediante processo de pigmentação definitiva, por não influir em sua capacidade para o desempenho das atividades do cargo, não pode, a princípio, constituir óbice para o acesso ao serviço público (...)

É necessário, todavia, distinguir, como também o faz a PGR, determinadas hipóteses, nas quais o conteúdo ou a mensagem transmitida pela tatuagem ou marca são manifestamente incompatíveis com os valores éticos e sociais da atividade a ser desempenhada pelo seu detentor.

Conclui-se, portanto, que o critério de exclusão de um certame sob o fundamento da visibilidade de uma tatuagem não possui, por si, qualquer amparo constitucional, na medida em que não cumpre a imperiosa missão de auxiliar na aferição da capacidade de atuação do candidato no cumprimento de seu futuro mister. Apenas justifica-se a restrição, sem prejuízo do inafastável judicial review, *em relação àquelas pigmentações definitivas que façam apologia a ideias discriminatórias ou ofensivas aos valores constitucionais, que expresse ideologias terroristas, extremistas, incitem a violência e a criminalidade, ou incentivem a discriminação de raça e sexo ou qualquer outra força de preconceito, mormente porque evocam ideais e representações diretamente contrárias à Constituição, às leis e às atividades e valores das Instituições.*

Findando os comentários a respeito das teses objetivas deste voto, cumpre relembrar brilhante passagem do memorável filósofo italiano Norberto Bobbio (O terceiro ausente. Tradução de Daniela Beccaccia Versiani. Barueri, SP, 2009, p. 93), quando pontifica que:

O processo de justiça é um processo ora de diversificação do diferente, ora de unificação do idêntico. A igualdade entre todos os seres humanos em relação aos direitos fundamentais é o resultado de um processo de gradual eliminação de discriminações, e portanto de unificação daquilo que ia sendo reconhecido como idêntico: uma natureza comum do homem acima de qualquer diferença de sexo, raça, religião, etc.

O Estado não pode encarar a liberdade de expressão como algo absoluto, porque não o é, mas, também, não está autorizado a impedir que um cidadão exerça uma função pública, mormente quando tiver sido aprovado em um concurso público, pelo fato de ostentar, de forma visível ou não, uma pigmentação definitiva em seu corpo que simbolize alguma ideologia, sentimento, crença ou paixão. Independentemente de ser visível ou do seu tamanho, uma tatuagem não é sinal de inaptidão profissional, apenas podendo inviabilizar o desempenho de um cargo ou emprego público, quando exteriorizar valores excessivamente ofensivos à dignidade dos seres humanos, ao desempenho da função pública pretendida (como na hipótese, verbi gratia, de um candidato ao cargo policial que possua uma tatuagem simbolizando uma facção criminosa ou o desejo de assassinato de policiais), incitação à violência iminente, ameaças reais ou representar obscenidades.

*Nunca é demais rememorar que, nos Estados Unidos, essas manifestações desarrazoadas estão fora da tutela proporcionada pela Primeira Emenda que assegura a liberdade de expressão. Especificamente quanto ao significado do que seria obscenidade, são seguros os critérios apontados pela Suprema Corte norte-americana no famoso aresto Miller vs. Califórnia de 1973 [413 U.S. 15 (1973)]. Nele, a Corte Constitucional dos Estados Unidos apontou que um ato será obsceno quando preencher três condições, desenhadas como os parâmetros do Miller-Test, a saber: um ato será obsceno quando: **i)** o homem médio, seguindo padrões contemporâneos da comunidade, considere que a obra, tida como um todo, atrai o interesse lascivo; **ii)** quando a obra retrata ou descreve, de modo ofensivo, conduta sexual, nos termos do que definido na legislação estadual aplicável; **iii)** quando a obra, como um todo, não possua um sério valor literário, artístico, político ou científico[18].*

No que diz respeito à violência iminente, uma tatuagem pode obstaculizar o ingresso em um cargo público quando tiver o condão de provocar uma reação violenta imediata naquele que a visualiza, nos termos do que a doutrina denomina de "fighting words". Palavras que estimulam o emprego imediato da violência

---

[18] Os parâmetros foram objeto de uma tradução livre do inglês. Texto original: 1. *Whether the average person, applying contemporary community standards, would find that the work, taken as a whole, appeals to the prurient interest;*

não podem ser abrigadas sob o manto da liberdade de expressão, e podem ser combatidas pelo Estado, bem como originar efeitos danosos para quem as utilizar. Além de serem capazes de originar um dano à sociedade, não expressam ideias ou possuem um valor social digno de tutela. Uma tatuagem contendo, por exemplo, a expressão "morte aos menores de rua" se encaixa perfeitamente neste contexto de "fighting words" e não pode ser aceita pelo estado, muito menos por quem pretenda ser agente público.

Nesse pormenor, o Pacto dos Direitos Civis e Políticos, que foi internalizado em nosso país pelo Decreto n. 592 de 1992, estipula em seu art. 20 que "Será proibida por lei qualquer apologia do ódio nacional, racial ou religioso que constitua incitamento à discriminação, à hostilidade ou a violência". Cuida-se, assim, de uma nítida e legítima restrição à liberdade de expressão amparada por documento celebrado internacionalmente.

As restrições estatais de acesso ao exercício de funções públicas originadas do uso de tatuagens devem ser excepcionais, na medida em que implicam uma interferência do Poder Público em direitos fundamentais diretamente relacionados ao modo como o ser humano desenvolve a sua personalidade. Na avaliação de Friedrich Müller, consagrado professor da universidade de Heidelberg na Alemanha, existe no Estado de Direito uma presunção em favor da liberdade do cidadão, o que pode ser sintetizado pela expressão germânica por ele empregada "Freiheitsvermutung" (presunção de liberdade), lógica que é corroborada pela doutrina norte-americana do primado da liberdade (preferred freedom doctrine)[19]. Tais limitações não podem submeter o tão caro "direito ao livre desenvolvimento da personalidade" a idiossincrasias ou a conservadorismos morais descabidos. Sob o prisma da sociedade, e aí já não mais exclusivamente do indivíduo, existe o direito de livre intercâmbio de opiniões em um mercado de ideias (free marktplace of ideas a que se refere John Milton) indispensável para a formação da opinião pública. Democracia não se restringe ao direito de eleger o ocupante do poder, mas compreende o de participar ativamente da formação de ideias na sociedade, o que

---

[19] *Apud* LUÑO, Antonio Enrique Pérez. *Derechos humanos, Estado de Derecho y Constitución.* Madrid: Tecnos, 1984, p. 321.

pode se materializar por meio de uma tatuagem. Na arguta percepção de Daniel Sarmento a respeito da relevância da tolerância na sociedade contemporânea:

(...) numa sociedade plural, marcada por um amplo desacordo moral, a tolerância é uma virtude fundamental, não só para a garantia da estabilidade como para a promoção da justiça. (...) Aceitar e respeitar o outro na sua diferença, reconhecendo o seu direito de viver à sua maneira, é cada vez mais essencial no contexto da crescente diversidade cultural, étnica e religiosa que caracteriza a vida nas sociedades contemporâneas[20].

O desejo de se expressar por meio de pigmentações definitivas no corpo não pode ser inibido pelo Estado por meio da criação de obstáculos de acesso a cargos públicos. E a previsão desse rigoroso e injusto obstáculo na porta de entrada para o serviço público, que implica a eliminação equivocada de candidatos que, também, podem ser sérios, competentes e bem classificados na disputa, faz com que, na prática, o cidadão só insira as tatuagens em seu corpo após ter ingressado no cargo ou emprego público. Dois pesos duas medidas: quem entra não pode ostentar determinadas tatuagens, mas depois que o indivíduo já está na função pública, desaparece a preocupação estatal com essa matéria, o que corrobora a assertiva lógica de que tatuagem não é sinal de incompetência. Assim, sob o prisma consequencialista a restrição de acesso à função pública em razão da existência de tatuagens também não se justifica.

O Estado não pode querer desempenhar o papel de adversário da liberdade de expressão, incumbindo-lhe, ao revés, assegurar que minorias possam se manifestar livremente, ainda que por imagens estampadas definitivamente em seus corpos. O direito de livremente se manifestar é condição mínima a ser observada em um Estado Democrático de Direito e exsurge como condição indispensável para que o cidadão possa desenvolver sua personalidade em seu meio social. A liberdade implica, no dizer de José

---

[20] SARMENTO, Daniel. *Livres e Iguais: Estudos de Direito Constitucional.* Rio de Janeiro: Lumen, 2006, p. 243.

Adércio Leite Sampaio, a não intromissão e o direito de escolha[21]. Em relação à não intromissão, há um espaço individual sobre o qual o Estado não pode interferir, na medida em que representa um sentido afirmativo da personalidade. Nesse contexto, cada indivíduo tem o direito de preservar sua imagem como reflexo de sua identidade, ressoando indevido o desestímulo estatal à inclusão de tatuagens no corpo, o que ocorreria, caso fosse admitida como fator impeditivo à assunção de funções públicas.

A dogmática também reforça as conclusões propugnadas neste voto. De acordo com os ensinamentos de Antonio Enrique Pérez Luño, o texto constitucional deve, sob uma perspectiva defendida por Peter Häberle e John Hart Ely no que tange à correta exegese dos direitos fundamentais, ser interpretado de modo a fomentar a democracia e o pluralismo, verbis*:*

> *Las teorias de Häberle y Ely tienen como común denominador su voluntad de possibilitar uma interpretación de la constitución y de los valores y derechos fundamentales puesta al servicio de la democracia y del pluralismo[22].*

Pelo exposto, proponho que este Tribunal assente a seguinte tese objetiva em sede de Repercussão Geral:

Editais de concurso público não podem estabelecer restrição a pessoas com tatuagem, salvo situações excepcionais em razão de conteúdo que viole valores constitucionais.

Do Caso Concreto

Bem delimitada essas premissas genéricas objetivas, **passo à análise do caso concreto.**

Na hipótese dos autos, tem-se uma constatação interessante. Após o reconhecimento da Repercussão Geral deste tema, em 28/08/2015, a notícia publicada no site do Supremo Tribunal Federal, só nos últimos meses de 2015, teve o interesse de 49.440

---

[21] SAMPAIO, José Adércio Leite. *Direito à Intimidade e à Vida Privada*. Belo Horizonte: Del Rey, 1998, p. 264.

[22] LUÑO, Antonio Enrique Pérez. *Derechos humanos, Estado de Derecho y Constitución*. Madrid: Tecnos, 1984, p. 313.

internautas[23]. Foi a segunda matéria mais acessada no sítio eletrônico do STF no ano de 2015. Nas redes sociais, também, a citada notícia encontrou forte repercussão, e sob um viés digno de registro: a indignação, da maior parte da sociedade, ao tomar ciência de que, até os dias atuais, vários editais, ainda, insistem na anacrônica restrição de acesso àqueles que possuem tatuagens, independentemente de seu conteúdo.

O caso sub examine: Recurso Extraordinário interposto por Henrique Lopes Carvalho da Silveira, com fulcro no art. 102, III, "c", da Constituição da República, objetiva a reforma da decisão que inadmitiu seu Recurso Extraordinário interposto contra acórdão prolatado pelo Tribunal de Justiça do Estado de São Paulo, assim ementado:

> *MANDADO DE SEGURANÇA — Concurso para preenchimento de vaga de soldado da polícia militar — Restrições a tatuagens — Previsão existente n. 5. — Na hipótese, a tatuagem do impetrante se enquadra na restrição existente no edital — Recurso provido.*

Noticiam os autos que Henrique Lopes Carvalho da Silveira impetrou mandado de segurança em face do Diretor do Centro de Seleção, Alistamento e Estudos de Pessoal da Polícia Militar do Estado de São Paulo, por tê-lo excluído de concurso público para o preenchimento de vagas de Soldado PM de 2ª Classe do referido ente da federação. Alega que sua desclassificação se deu pelo fato de que, na etapa do exame médico, foi constatado que possui uma tatuagem em sua perna esquerda, que, segundo a autoridade apontada como coatora, estaria em desacordo com as normas do edital do concurso.

Concedida a segurança, a Fazenda do Estado de São Paulo interpôs o cabível recurso de apelação, pugnando, em síntese, pela inversão do julgado. Asseverou, na oportunidade, que o edital estabeleceu, de forma objetiva, os parâmetros para que fossem admitidos candidatos que ostentassem tatuagens, aos quais o apelado não se enquadraria.

---

[23] <http://www.stf.jus.br/portal/cms/verNoticiaDetalhe.asp?idConteudo=307256&caixaBusca=N;>. Acesso em: 26 maio 2016.

Em sede de apelação, o c. Tribunal de Justiça de São Paulo, ao prover o recurso e denegar a segurança, salientou, por maioria, que o edital é a lei do concurso e que a restrição em relação à tatuagem encontra-se, expressamente, prevista em sua disposição 5.4.8, de modo que os candidatos que se inscreveram no processo seletivo a teriam aceitado incondicionalmente. O citado edital DP 002/321/2008 previu as seguintes condições:

5.4. Dos Exames Médicos:

5.4.1. Os exames de saúde, também de caráter eliminatório, serão realizados por Junta Médica indicada pelo Chefe do Centro Médico e nomeada pelo Diretor de Pessoal, denominada Junta de Saúde-1 (JS-1), com critérios estabelecidos pelo Departamento de Perícias Médicas daquele Centro e aprovados pelo Comandante Geral da Polícia Militar;

5.4.2. O candidato será submetido a exame médico geral e exames laboratoriais (sangue e urina);

5.4.3. Exame Clínico Geral: [...]

5.4.5. Exame odontológico: [...]

5.4.6. Exame oftalmológico: [...]

5.4.7. Exame otorrinolaringológico: [...]

5.4.8. Os **candidatos que ostentarem tatuagem serão submetidos à avaliação, na qual serão observados***:*

5.4.8.1. a tatuagem **não poderá atentar contra a moral e os bons costumes***;*

5.4.8.2. **deverá ser de pequenas dimensões, sendo vedado cobrir regiões ou membros do corpo em sua totalidade, e em particular região cervical, face, antebraços, mãos e pernas***;*

5.4.8.3. **não poderá estar em regiões visíveis quando da utilização de uniforme de treinamento físico, composto por camiseta branca meia manga, calção azul-royal, meias brancas, calçado esportivo preto, conforme previsão do Regulamento de Uniformes da Polícia Militar do Estado de São Paulo** *(R-5-PM); (Grifamos)*

O Tribunal local prossegue afirmando que quem faz tatuagem tem ciência de que estará sujeito a esse tipo de limitação e, ainda, que a disciplina militar engloba, também, — e principalmente — o respeito a regras. Ao pretender iniciar sua carreira questionando um preceito imposto a todos de modo uniforme, já estaria, segundo o aresto impugnado, iniciando mal a sua relação com o serviço público (fls. 5 do acórdão recorrido).

Irresignado, o candidato interpôs Recurso Extraordinário. Nas razões do apelo extremo, sustenta a preliminar de repercussão geral e, no mérito, aponta violação aos artigos 1º, inciso III, 5º, inciso II, e 37, caput e incisos I e II, da Constituição da República. Pleiteia a reforma do julgado sob o argumento de inconstitucionalidade do edital, que criou hipótese de exclusão do certame sem respaldo no texto constitucional e em direta afronta aos princípios constitucionais da legalidade, razoabilidade e proporcionalidade.

De plano, cumpre advertir que o fato de o edital criar um liame jurídico entre as partes e de ser confeccionado de acordo com a conveniência e oportunidade administrativa, como ressaltado pelo acórdão recorrido, não o torna imune à apreciação do Poder Judiciário, sob pena de a discricionariedade administrativa transmudar-se em arbitrariedade da Administração.

Nesse ponto, pela análise do contexto normativo aplicável, in casu, verifica-se que a reprovação do candidato se deu pela constatação da existência de tatuagem na perna direita do impetrante — "Tribal, medindo 14 x 13 cm" —, tendo concluído o laudo médico que "o candidato em questão apresenta tatuagem de grande dimensão na perna direita, que visível quando da utilização de uniformes da Corporação. Foi avaliado pelo médico psiquiatra, integrante da JS/1, que o considerou inapto por ferir o edital em relação ao grande porte e em locais visíveis quando da utilização de uniforme de educação física" (fl. 100).

Com efeito, da análise dos fatos trazidos, verifica-se que o acórdão recorrido colide com as duas teses firmadas nesta repercussão geral: (i) a manutenção de inconstitucional restrição elencada em edital de concurso público sem lei que a estabeleça;

(ii) a confirmação de cláusula de edital que restringe a participação, em concurso público, do candidato por ostentar tatuagem visível, sem qualquer simbologia que implicasse ofensa ao ordenamento jurídico e à Instituição militar.

Destaque-se que, no caso concreto, não existe lei no sentido formal e material no ordenamento jurídico local que pudesse ser invocada para a existência da restrição editalícia que motivou a exclusão do recorrente do certame. As disposições legais e administrativas invocadas (LC estadual n. 697/92 — SP, e Decretos n. 41.113/96 e n. 42.053/1997, ambos de SP) não trazem qualquer critério de exclusão de candidatos que ostentem tatuagens, sendo inovação contida, apenas, no edital do concurso.

Assim, não bastasse a ausência de previsão legal, que por si só já aclamaria o provimento do recurso, também se constata a inconstitucionalidade da norma editalícia em questão.

Com efeito, as tatuagens existentes na perna do recorrente — "Tribal, medindo 14 por 13 cm (fl. 134) — não afetam a honra pessoal, o pudor ou o decoro exigido dos militares para o provimento de qualquer outro cargo público, mormente por não representar ideologias criminosas, ilegais, terroristas ou extremistas, contrárias às instituições democráticas ou que preguem a violência e a criminalidade, discriminação ou preconceitos de raça, credo, sexo ou origem, ideias ou atos libidinosos.

Portanto, adaptando-se o acórdão recorrido integralmente às teses fixadas neste Recurso Extraordinário, resta clarividente o direito do recorrente de ver seu apelo extremo prosperar.

Ex positis, de acordo com os fundamentos acima delineados, impõe-se a reforma do que decidido pelo acórdão recorrido.

Concluindo, Senhor Presidente, **DOU PROVIMENTO** *ao Recurso Extraordinário e proponho que o Tribunal afirme as seguintes teses objetivas em sede de repercussão geral:*

1. Os requisitos do edital para o ingresso em cargo, emprego ou função pública devem ter por fundamento lei em sentido formal e material.

2. Editais de concurso público não podem estabelecer restrição a pessoas com tatuagem, salvo situações excepcionais em razão de conteúdo que viole valores constitucionais.

É como voto.²⁴

---

²⁴ Disponível em: <http://www.stf.jus.br/arquivo/cms/noticiaNoticiaStf/anexo/RE898450.pdf>. Acesso em: 18 dez. 2016.

**PARTE II
DIREITOS COLETIVOS**

1. CONVENÇÕES E ACORDOS COLETIVOS. ULTRATIVIDADE. SÚMULA N. 277 DO TST

A Súmula n. 277 do TST reconheceu a ultratividade de acordos e convenções coletivas de trabalho, tendo sido objeto da ADPF 323-DF[1],

---

[1] ADPF 323-DF, de 14.10.2016 (Confederação Nacional dos Estabelecimentos de Ensino — CONFENEN. Intdos.: Tribunal Superior do Trabalho, Tribunal Regional do Trabalho da 1ª Região e Tribunal Regional do Trabalho da 2ª Região. Am. Curiae: Central Brasileira do Setor de Serviços — CEBRASSE; Federação do Comércio de Bens, Serviços e Turismo do Estado do Rio de Janeiro — FECOMERCIO-RJ; Confederação Nacional das Profissões Liberais — CNPL; Federação Nacional dos Trabalhadores nas Autarquias de Fiscalização do Exercício Profissional e nas Entidades Coligadas e Afins — FENASERA; Confederação Nacional dos Trabalhadores nas Empresas de Crédito — CONTEC; Confederação Nacional dos Trabalhadores em Comunicações e Publicidade — CONTCOP, Federação Nacional dos Trabalhadores nas Empresas de Refeições Coletivas e afins e União Geral dos Trabalhadores — UGT (eDOC 93, Pet n. 61425/2016); Central dos Sindicatos Brasileiros — CSB; Federação Interestadual dos Trabalhadores em Processamento de Dados, Serviços de Informática e Tecnologia de Informação — FEITTNF; Federação Nacional dos Empregados Desenhistas Técnicos, Artísticos, Industriais, Projetistas técnicos e auxiliares — FENAEDES; Sindicato dos Empregados em Empresas de Processamento de Dados, de Serviços de Computação, de Informática e de Tecnologia da Informação e dos Trabalhadores em Processamento de Dados, Serviços de Computação, Informática e Tecnologia da Informação do Estado de São Paulo — SINDPD; Confederação Nacional dos Trabalhadores na Saúde — CNTS; Confederação Nacional dos Trabalhadores da Indústria Gráfica, da Comunicação Gráfica e dos Servidores Gráficos — CONATIG; Confederação Nacional dos Trabalhadores em Edifícios e Condomínios — CONATEC; Federação Nacional dos Trabalhadores em Edifícios e Condomínios — FENATEC; Sindicato dos Empregados em Edifícios de São Paulo — SINDIFÍCIOS; Confederação Nacional dos Trabalhadores nas Indústrias de Alimentação e Afins; Confederação Nacional dos Trabalhadores Metalúrgicos — CNTM e Força Sindical; Confederação Nacional dos Trabalhadores em Estabelecimentos de Ensino — CONTEE; Federação dos Trabalhadores e Empregados no Comércio de Bens e Serviços dos Estados do Rio de Janeiro e Espírito Santo — FECERJ; Federação Interestadual dos Trabalhadores no Comércio e Serviços de Hospedagem, Alimentação preparada e bebida a varejo nos Estados de São Paulo e Mato Grosso do Sul — FETRHOTEL SP/MS; Federação Nacional dos Trabalhadores em Transportes Aquaviários e Afins — FNTTAA; Central Sindical e Popular — CONLUTAS; Confederação Nacional dos Trabalhadores em Estabelecimentos de Educação e Cultura — CNTEEC; Federação Paulista dos Auxiliares de Administração Escolar — FEPAAE; Federação dos Professores do Estado de São Paulo — FEPESP) Rel.: Min. Gilmar Mendes.

relatada pelo Min. Gilmar Mendes. A medida cautelar visando suspender os professos e os efeitos da aludida Súmula na Justiça do Trabalho foi concedida pelo relator, em extensa decisão que transcrevemos abaixo:

> Trata-se de arguição de descumprimento de preceito fundamental, com pedido de medida liminar, proposta pela Confederação Nacional dos Estabelecimentos de Ensino — CONFENEN.
>
> A ação tem por objeto interpretação jurisprudencial conferida pelo Tribunal Superior do Trabalho (TST) e pelos Tribunais Regionais do Trabalho da 1ª e da 2ª Região ao art. 114, § 2º, da Constituição Federal, na redação dada pela Emenda Constitucional 45, de 30 de dezembro de 2004, consubstanciada na Súmula n. 277 do TST, na versão atribuída pela Resolução 185, de 27 de setembro de 2012.
>
> De acordo com a nova redação sumular, as cláusulas normativas restam incorporadas ao contrato de trabalho individual até que novo acordo ou convenção coletiva seja firmado. Trata-se do chamado princípio da ultratividade da norma coletiva, que já fora objeto de legislação específica posteriormente revogada.
>
> O entendimento do TST fundamenta-se em suposta reintrodução do princípio da ultratividade da norma coletiva no sistema jurídico brasileiro pela Emenda Constitucional 45/2004. A simples inserção da palavra "anteriormente" no art. 114, § 2º, da Constituição Federal, seria a autorização do poder constituinte derivado para tal dedução.
>
> Confira-se, nesse sentido, a redação do art. 114, § 2º, da Constituição Federal, na versão atual e na anterior à EC 45/2004, com destaque para a alteração redacional:
>
>> Art. 114, § 2º, CF (**versão atual**): "Recusando-se qualquer das partes à negociação coletiva ou à arbitragem, é facultado às mesmas, de comum acordo, ajuizar dissídio coletivo de natureza econômica, podendo a Justiça do Trabalho decidir o conflito, **respeitadas as disposições mínimas legais de proteção ao trabalho, bem como as convencionadas anteriormente**".
>>
>> Art. 114, § 2º, CF (**versão anterior à EC 45/2004**): "Recusando-se qualquer das partes à negociação ou à arbi-

*tragem, é facultado aos respectivos sindicatos ajuizar dissídio coletivo, podendo a Justiça do Trabalho estabelecer normas e condições, **respeitadas as disposições convencionais e legais mínimas de proteção ao trabalho**".*

A requerente entende, basicamente, que a orientação da Justiça Trabalhista consolidada na nova versão da Súmula n. 277, do TST, tem como base interpretação objetivamente arbitrária da norma constitucional. Alega que o Tribunal Superior do Trabalho teria igualmente usurpado as funções do Poder Legislativo ao reintroduzir, sem suporte legal, princípio que já fora objeto de legislação específica.

Indica como preceitos fundamentais violados o princípio da separação dos Poderes (arts. 2º e 60, § 4º, inciso III, CF) e o da legalidade (art. 5º, caput, CF).

Afirma, para tanto, que o TST tinha entendimento consolidado de que as normas coletivas não se incorporavam ao contrato de trabalho, na medida em que sua aplicação estava vinculada ao prazo de sua vigência. Nesse sentido, o TST editou, em 1º de março de 1988, a Súmula n. 277, que tinha, então, a seguinte redação: "As condições de trabalho alcançadas por força de sentença normativa vigoram no prazo assinado, não integrando, de forma definitiva, os contratos".

Aponta que, em alteração feita em sessão do Tribunal Pleno em 16 de novembro de 2009, a Súmula n. 277 passou a fazer referência expressa às convenções e aos acordos coletivos. Assinala que, nessa ocasião, o Tribunal Superior do Trabalho também acrescentou à redação da súmula ressalva à regra geral para o período de sua vigência, em observância ao art. 1º, § 1º, da Lei n. 8.542/1992, que expressamente previu a ultratividade das normas coletivas, isto é, que as cláusulas de convenção ou acordo coletivo de trabalho somente poderiam ser modificadas por norma igualmente coletiva.

A Súmula n. 277 passou a ter, então, a seguinte redação:

"*N. 277 Sentença normativa. Convenção ou acordo coletivos. Vigência. Repercussão nos contratos de trabalho I — As condições de trabalho alcançadas por força de sentença normativa, convenção ou acordos coletivos vigoram no prazo assinado, não integrando, de forma definitiva, os contratos individuais de trabalho.*

II — Ressalva-se da regra enunciado no item I o período compreendido entre 23.12.1992 e 28.07.1995, em que vigorou a Lei n. 8.542, revogada pela Medida Provisória n. 1.709, convertida na Lei n. 10.192, de 14.02.2001".

A requerente informa que esse posicionamento foi revisto, sem amparo em precedentes, na chamada "Semana do TST", realizada em setembro de 2012, com o objetivo de modernizar e rever a jurisprudência e o regimento interno daquela Corte. Afirma que, ao final, foi editada a Resolução n. 185, de 14 de setembro de 2012, que alterou diversas súmulas e orientações do TST.

Assim, a redação atual da Súmula n. 277 é a seguinte:

"CONVENÇÃO COLETIVA DE TRABALHO OU ACORDO COLETIVO DE TRABALHO. EFICÁCIA. UL-TRATIVIDADE (redação alterada na sessão do Tribunal Pleno realizada em 14.09.2012) — Res. 185/2012, DEJT divulgado em 25, 26 e 27.09.2012. *As cláusulas normativas dos acordos coletivos ou convenções coletivas integram os contratos individuais de trabalho e somente poderão ser modificadas ou suprimidas mediante negociação coletiva de trabalho".*

A CONFENEN aponta que essa alteração, sem precedentes jurisprudenciais, está fundamentada no entendimento de que o art. 114, § 2º, da Constituição Federal, na redação conferida pela EC 45/2004, teria instituído o princípio da ultratividade e, assim, seria possível considerar que as cláusulas normativas incorporam-se ao contrato de trabalho individual até que novo acordo ou convenção coletiva viesse a ser firmado.

Narra ser claro que a introdução do vocábulo "anteriormente" à expressão "convencionadas" não significa nenhuma alteração substancial do dispositivo em questão, pois manteve a diretriz estabelecida pelo Constituinte de 1988, isto é, o entendimento direto dos interlocutores sociais como meio preferencial na solução dos conflitos coletivos.

Relata que tal alteração jurisprudencial despreza que o debate relativo aos efeitos jurídicos das cláusulas coletivas no tempo sempre esteve localizado no plano infraconstitucional, fato evidenciado pela edição da Lei n. 8.542/1992, que tratou do tema, mas foi revogada. Entende que a teoria da ultratividade das normas coletivas sempre esteve condicionada à existência de lei, não podendo ser extraída diretamente do texto constitucional.

Sintetiza a questão da seguinte forma:

*"168. Não há como instituir a ultra-atividade às cláusulas normativas, vez que, **primeiramente**, o texto original do artigo 114, parágrafo segundo da CF não previu tal instituto; pelo contrário, restou reconhecido pelo Supremo Tribunal Federal no julgamento da ADI n. 2081-DF, Relator Ministro Octávio Gallotti, que a regulamentação da matéria estaria no plano infraconstitucional; **segundo**, a única exceção à regra de eficácia limitada das condições negociadas ao termo do respectivo instrumento normativo decorreu de expressa previsão legal contida na Lei n. 8.542/92. Tendo sido tal diploma revogado, inexiste suporte legal determinativo da ultra-atividade dos efeitos das cláusulas; **terceiro**, os acordos ou convenções coletivas, diferentemente de uma lei, são efêmeros, possuem prazo de validade, caráter contingente, valem apenas por um período certo e determinado pela legislação trabalhista e, ainda assim, podem ser revistos.*

*169. O artigo 613 da CLT obriga as convenções a conter: **prazo de vigência (inc. I); condições de trabalho durante o prazo de vigência (inc. IV); processo de prorrogação e de revisão total ou parcial (inc. VI).***

170. No § 3º, o art. 614 proíbe convenção ou acordo por prazo superior a 02(dois) anos.

171. A convenção resulta de uma delegação legal aos sindicatos para estabelecer normas temporárias de aplicação apenas às categorias, por prazo certo, criando condições não previstas em lei, mas, evidentemente, com respeito a elas e aos ditames constitucionais.

*172. Portanto, **por determinação expressa de lei, a convenção tem prazo certo de vigência e é revisanda**" (eDOC, p. 61).*

Menciona, ademais, que o art. 19 da Medida Provisória n. 1.875/99, que revogou a Lei n. 8.542/1992, foi objeto de duas ações diretas de inconstitucionalidade. A primeira, de relatoria do Ministro Marco Aurélio, teve liminar deferida, mas, em razão da ausência de aditamento da inicial, acabou por ser julgada extinta (ADI 1.849, DJU 4.8.1998). A segunda foi julgada prejudicada, em virtude da revogação de seu objeto (ADI-MC 2081, Rel. Min. Octavio Galloti, Tribunal Pleno, julgado em 21.10.1999).

A despeito disso, da decisão que indeferiu o pedido liminar, a CONFENEN cita o seguinte trecho, a fim de evidenciar a eficácia limitada do disposto no art. 114, § 2º, da Constituição Federal:

> *"O SENHOR MINISTRO OCTAVIO GALLOTTI — (RELATOR): Procura a autora reacender, sob a ótica da Constituição, a tormentosa controvérsia acerca da permanência, ou não, após exaurido o prazo de urgência de norma coletiva, das vantagens de que hajam chegado a usufruir os antigos empregados por ela abrangidos; discussão pacificada desde 01-03-88, na Justiça do Trabalho, pela edição da Súmula n. 277-TST:*
>
> *'277. As condições de trabalho alcançadas por força de sentença normativa vigoram no prazo assinado, não integrando, de forma definitiva, os contratos'*
>
> *Independentemente, porém, do partido que se pretenda tomar nesse velho debate, paira inquestionável a natureza infraconstitucional da questão posta na presente ação, dirigida a uma norma que se limita a revogar duas outras de lei ordinária.*
>
> ***Ou sobrevivem, em face da Constituição, integrados ao contrato de trabalho, os benefícios conferidos pelo acordo coletivo e, nesse caso, desnecessária será a previsão de hierarquia ordinária que se pretende preservar; ou decorrem elas de lei, e não diretamente***

da Constituição, sem haver razão plausível a impedir a revogação da norma ordinária.

Nada há, por outro lado, a justificar a assertiva de que adquirem foro constitucional as normas legais que estendem a eficácia das de nível constitucional.

Se são de eficácia limitada os preceitos constitucionais a que se apega a requerente, como propõe a inicial, significa isso, precisamente, que deixou o constituinte, à legislatura ordinária, a sua disciplina, não havendo como considerar acrescido à Constituição o preceito regulador relegado ao plano da legislação comum.

Por insuficiência de relevância, ao primeiro exame, da fundamentação jurídica do pedido, indefiro o pedido de medida liminar" (ADI-MC 2081, Rel. Min. Octavio Galloti, Tribunal Pleno, julg. em 21.10.1999, grifos nossos).

Argumenta, portanto, que a ofensa ao princípio da separação dos Poderes decorreria da indevida atuação do Poder Judiciário, que, ao interpretar o art. 114, § 2º, da Constituição Federal, teria instituído o princípio da ultratividade das normas coletivas de trabalho e, assim, usurpado as funções próprias do legislador, deslocando, de forma indevida, a competência de elaboração de norma jurídica. Teria impedido, desse modo, a ampla discussão do tema, a publicidade e todos os trâmites relativos ao processo legislativo.

Sustenta ofensa ao princípio da legalidade, pelo fato de que a nova interpretação jurisprudencial do TST teria o efeito de "ressuscitar um dispositivo legal revogado, no caso, o artigo 1º, parágrafo primeiro da Lei n. 8.542, de 23 de dezembro de 1992, revogada pela Lei n. 10.192, de 23 de dezembro de 2001, que converteu a Medida Provisória n. 1.709, revigorando a aplicação da chamada teoria da ultra-atividade, regra não prevista na norma celetista em vigor" (eDOC 1, p. 20).

Nesses termos, ressalta o seguinte:

"(...) as partes pactuaram as condições de trabalho por meio de instrumento normativo por prazo certo e determina-

do na forma da lei (artigos 611 e 614 da CLT). Inexistindo lei expressa determinando a indeterminação temporal das cláusulas negociadas, deve prevalecer a vontade manifesta das partes e exercitada pela autonomia privada coletiva que deve ser respeitada na forma do artigo 7º, inciso XXVI da CF". (eDOC, p. 64)

Ademais, assenta que a:

"(...) caracterização do poder normativo, exercido nos dissídios coletivos de natureza econômica, como 'competência excepcional concedida ao Judiciário' **foi delimitada pelo Supremo Tribunal Federal no julgamento do RE n. 197.911/PE, Relator Ministro Octávio Gallotti**, oportunidade na qual restou decidido que a Justiça do Trabalho não poderia produzir normas ou condições, contrárias à Constituição, segundo, que quando a Constituição Federal estabelece reserva específica de lei formal, não poderia haver a incidência do poder normativo, terceiro, o Poder Normativo somente poderia operar no vazio da lei, como regra subsidiária ou supletiva, sempre subordinada à supremacia da lei" (eDOC, p. 47).

A CONFENEN informa, ainda, que o Tribunal Superior do Trabalho decidiu que o novo entendimento contido na Súmula n. 277 somente deve ser aplicado a situações posteriores à publicação da alteração da mencionada regra sumular, o que ocorreu em 25 de setembro de 2012.

Requer, ao final, concessão de medida liminar para suspender os efeitos das decisões judiciais que adotam o princípio da ultratividade condicionada das cláusulas coletivas, expressamente abolido do plano jurídico nacional pela revogação da Lei n. 8.542/1992, determinada pela Lei n. 10.192/2001. Além disso, pleiteia seja sustada a tramitação dos feitos judiciais em que se discute a matéria, para impedir que novas decisões sejam proferidas nesse sentido, garantindo-se a estabilidade jurídica e a paz social até julgamento final da lide, nos termos do art. 5º, § 1º, da Lei n. 9.882/1999.

Sustenta que "a conveniência da medida é explícita, tendo em vista que as decisões atacadas, flagrantemente contrárias ao Texto Constitucional, vem provocando constante lesão a direito constitucionalmente assegurado, estando presentes, os requisitos essenciais ao deferimento da medida postulada", bem como que "a urgência é também presente, porquanto o dano irreparável reitera-se a cada vez que há uma nova decisão ou mesmo com a aplicação da Súmula n. 277 do TST" (eDOC, p. 66).

A requerente instruiu a inicial com jurisprudência para demonstrar a reiterada aplicação da Súmula n. 277 do TST pela Justiça Trabalhista (eDOCs 8-26).

A arguição de descumprimento de preceito fundamental foi a mim distribuída por prevenção, em razão de ser relator das ADIs 3.423, 3.392, 3.431, 3.432 e 3.520, que têm como objeto o art. 1º da EC 45/2004, que alterou, entre outros dispositivos, o art. 114 da Constituição Federal. Em linhas gerais, questiona-se, nessas ações, a previsão inserida no § 2º do art. 114, que condiciona o ajuizamento de dissídio coletivo à anuência de todas as partes envolvidas na negociação coletiva.

Apliquei, por analogia, o rito do art. 12 da Lei n. 9.868/99 (eDOC 10).

Prestaram informações e apresentaram manifestações o Tribunal Superior do Trabalho, os Tribunais Regionais do Trabalho da 1ª e da 2ª Região, a Procuradoria-Geral da República e a Advocacia-Geral da União.

Decido.

Ao melhor analisar a questão, inclusive após o recebimento de informações dos tribunais trabalhistas, pude ter percepção mais ampla da gravidade do que se está aqui a discutir.

Em consulta à jurisprudência atual, verifico que a Justiça Trabalhista segue reiteradamente aplicando a alteração jurisprudencial consolidada na nova redação da Súmula n. 277, claramente firmada sem base legal ou constitucional que a suporte. Confiram-se, a respeito, AIRR-289-22.2014.5.03.0037, Rel. Min. Cláudio Mascarenhas Brandão, Sétima Turma, julgado em 8.6.2016; ARR-626-22.2012.5.15.0045, Rel. Min. Maria Cristina Irigoyen Peduzzi,

Oitava Turma, julgado em 25.11.2015; RR-1125-52.2013.5.15.0083 Rel. Min. Maria Cristina Irigoyen Peduzzi, Oitava Turma, julgado em 07.10.2015.

Ademais, anoto o caráter casuístico da aplicação do novo entendimento, de modo a aparentemente favorecer apenas um lado da relação trabalhista.

Por isso, tendo em vista até mesmo que o poder de cautela, mediante implemento de liminar, é ínsito ao Poder Judiciário (ADPF 309 MC-Ref, Rel. Min. Marco Aurélio, julgado em 28.11.2014), entendo ser necessário apreciar, desde pronto, o pedido cautelar e reconsidero a aplicação do art. 12 da Lei n. 9.868/1999 (eDOC 10).

1. Cabimento

A presente arguição de descumprimento de preceito fundamental é cabível, nos termos da Lei n. 9.882/1999.

1.1. Legitimidade

A ação foi proposta pela Confederação Nacional dos Estabelecimentos de Ensino.

Nos termos da Lei n. 9.882, de 3 de dezembro de 1999, podem propor a arguição de descumprimento de preceito fundamental todos os legitimados para a ação direta de inconstitucionalidade, ou seja, o Presidente da República, a Mesa do Senado Federal, a Mesa da Câmara dos Deputados, a Mesa de Assembleia Legislativa ou a Mesa da Câmara Legislativa do Distrito Federal, o Governador de Estado ou o Governador do Distrito Federal, o Procurador-Geral da República, o Conselho Federal da Ordem dos Advogados do Brasil, partido político com representação no Congresso Nacional e confederação sindical ou entidade de classe de âmbito nacional (CF, art. 103).

Em relação ao direito de propositura pelas confederações sindicais e organizações de classe de âmbito nacional, é possível haver algumas significativas dificuldades práticas.

A existência de diferentes organizações destinadas à representação de determinadas profissões ou atividades e a ausência de disciplina legal sobre o assunto tornam indispensável que se examine, em cada caso, a legitimação dessas diferentes organizações. Causa dificuldade, sobretudo, a definição e a identificação das chamadas entidades de classe, uma vez que, até então, inexistia critério preciso que as diferençasse de outras organizações de defesa de diversos interesses. Por isso, está o Tribunal obrigado a verificar especificamente a qualificação de confederação sindical ou organização de classe instituída em âmbito nacional (Cf. ADI 34/DF, Rel. Min. Octavio Gallotti, RTJ 128/481; ADI 43/DF, Rel. Min. Sydney Sanches, RTJ 129/959).

O conceito de entidade de classe de âmbito nacional abarca um grupo amplo e diferenciado de associações que não podem ser distinguidas de maneira simples (ADI 433/DF, Rel. Min. Moreira Alves, DJ de 20.3.1992). Essa questão tem ocupado o Tribunal praticamente desde a promulgação da Constituição de 1988.

Em decisão de 5 de abril de 1989, o STF intentou precisar o conceito de entidade de classe, ao explicitar que é apenas a associação de pessoas que em essência representa o interesse comum de uma determinada categoria (ADI 34/DF, Rel. Min. Octavio Gallotti, RTJ 128/481).

Por outro lado, os grupos formados circunstancialmente, como a associação de empregados de uma empresa, não poderiam ser classificados como organizações de classe nos termos do art. 103, inciso IX, da Constituição. "Não se pode considerar entidade de classe — diz o Tribunal — a sociedade formada meramente por pessoas físicas ou jurídicas que firmem sua assinatura em lista de adesão ou qualquer outro documento idôneo (...), ausente particularidade ou condição, objetiva ou subjetiva, que distingam sócios de não-associados" (ADI 52/GO, Rel. Min. Célio Borja, DJ de 29.9.1990).

A ideia de um interesse comum essencial de diferentes categorias fornece base para a distinção entre a organização de classe, nos termos do art. 103, inciso IX, da Constituição, e outras associações ou organizações sociais. Dessa forma, deixou assente o Supremo Tribunal Federal que o constituinte decidiu por uma legitimação limitada, não permitindo que se convertesse o direito de propositura dessas organizações de classe em autêntica ação popular.

Em outras decisões, o Supremo Tribunal Federal deu continuidade ao esforço de precisar o conceito de entidade de classe de âmbito nacional.

Segundo a orientação firmada pelo STF não configuraria entidade de classe de âmbito nacional, para os efeitos do art. 103, inciso IX, organização formada por associados pertencentes a categorias diversas. Ou, tal como formulado, "não se configuram como entidades de classe aquelas instituições que são integradas por membros vinculados a extratos sociais, profissionais ou econômicos diversificados, cujos objetivos, individualmente considerados, revelam-se contrastantes" (ADI 108/DF, Rel. Min. Celso de Mello, DJ de 5.6.1992). Tampouco se compatibilizam nessa noção as entidades associativas de outros segmentos da sociedade civil, como, por exemplo, a União Nacional dos Estudantes — UNE (ADI 894/DF, Rel. Min. Néri da Silveira, DJ de 20.4.1995).

Não se admite, igualmente, a legitimidade de pessoas jurídicas de direito privado, que reúnam, como membros integrantes, associações de natureza civil e organismos de caráter sindical, exatamente em decorrência desse hibridismo, porquanto "noção conceitual (de instituições de classe) reclama a participação, nelas, dos próprios indivíduos integrantes de determinada categoria, e não apenas das entidades privadas constituídas para representá--los" (ADI 79/DF, Rel. Min. Celso de Mello, DJ de 10.9.1989).

Da mesma forma, como regra geral, não se reconhece natureza de entidade de classe àquelas organizações que, "congregando pessoas jurídicas, apresentam-se como verdadeiras associações de associações", uma vez que, nesse caso, faltar--lhes-ia exatamente a qualidade de entidade de classe (ADI 79/DF, Rel. Min. Celso de Mello, DJ de 10.9.1989).

Entretanto, em decisão de 12.8.2004, o Supremo Tribunal Federal deu provimento a Agravo Regimental na ADI 3.153, para dar seguimento à ação direta de inconstitucionalidade ajuizada pela Federação Nacional das Associações dos Produtores de Cachaça de Alambique (FENACA). Por oito votos a dois, o Plenário do Tribunal julgou ter a federação teria legitimidade para a propositura da ação direta, porque, apesar de composta por associações *estaduais, poderia ser equiparada a uma entidade de classe. Desse modo, com base na peculiaridade de que a FENACA é entidade de classe que atua na defesa da categoria social, a Corte Constitucional reconheceu a legitimação excepcional dessa forma de associação. (ADI 3153-AgR/DF, Rel. Min. Celso de Mello, Rel. P/ acórdão Min. Sepúlveda Pertence, 12.8.2004).*

Afirmou-se, também, que "não constitui entidade de classe, para legitimar-se à ação direta de inconstitucionalidade (CF, art. 103, IX), associação civil (Associação Brasileira de Defesa do Cidadão) voltada à finalidade altruísta de promoção e defesa de aspirações cívicas de toda a cidadania" (ADI 61/DF, Rel. Min. Sepúlveda Pertence, DJ de 28.09.1990).

No conceito de entidade de classe na jurisprudência do Tribunal não se enquadra, igualmente, a associação que reúne, como associados, órgãos públicos, sem personalidade jurídica e categorias diferenciadas de servidores (v.g., Associação Brasileira de Conselhos de Tribunal de Contas dos Municípios — ABRACCOM, ADI 67/DF, Rel. Min. Moreira Alves, DJ de 15.6.90).

Quanto ao caráter nacional da entidade, enfatiza-se que não basta simples declaração formal ou manifestação de intenção constante de seus atos constitutivos. Faz-se mister que, além de uma atuação transregional, tenha a entidade membros em pelo menos nove estados da Federação, número que resulta da aplicação analógica da Lei Orgânica dos Partidos Políticos.

Admitiu-se, inicialmente, a legitimação das federações, porquanto "entidades nacionais de classe".

Essa orientação foi superada por outra, mais restritiva, passando-se a considerar que apenas as organizações sindicais, cuja estrutura vem disciplinada no art. 535 da Consolidação das Leis do Trabalho, são dotadas de direito de propositura. Afasta-se, assim, a possibilidade de que associações, federações ou outras organizações de índole sindical assumam o lugar das confederações para os fins do art. 103, inciso IX, da Constituição, que, segundo os termos do art. 533 e seguintes do texto consolidado, devem estar organizadas com um mínimo de três federações.

Assim, tal como assentado na jurisprudência pacífica do Supremo Tribunal Federal, "a legitimação para ação direta de inconstitucionalidade é privativa das confederações cuja inclusão expressa no art. 103, IX, é excludente das entidades sindicais de menor hierarquia, quais as federações e sindicatos ainda que de âmbito nacional" (ADI 1.006-QO/PE, Rel. Min. Sepúlveda Pertence, DJ de 25.03.1994).

Simples associação sindical — Federação Nacional que reúne sindicatos em cinco estados — não teria legitimidade, segundo essa orientação, para propor ação direta de inconstitucionalidade (ADI 398/DF, Rel. Min. Sydney Sanches, DJ de 28.06.1991).

Se, de um lado, a jurisprudência do Supremo Tribunal revela o salutar propósito de concretizar o conceito de "entidade de classe de âmbito nacional" e de "confederação sindical", para os efeitos do art. 103, inciso IX, da Constituição, deixa entrever, de outro, uma concepção assaz restritiva do direito de propositura dessas organizações.

O esforço que o Tribunal desenvolve para restringir o direito de propositura dessas entidades não o isenta de dificuldades, levando-o, às vezes, a reconhecer a legitimidade de determinada organização, para negá-la em um segundo momento. Foi o que ocorreu com a Federação Nacional das Associações dos Servidores da Justiça do Trabalho, que teve a sua legitimidade reconhecida na ADI 37/DF, relativa à Medida Provisória 44, de 30 de março de 1989, colhendo inclusive a liminar requerida. Posteriormente, essa entidade veio a ter a sua legitimidade infirmada nas ADIs 433/DF, 526/DF e 530/DF.

Relativamente à legitimação das "entidades de classe de âmbito nacional" e das "confederações sindicais", é difícil admitir a juridicidade da exigência quanto à representação da entidade em pelo menos nove estados da Federação, como resultado decorrente da aplicação analógica da Lei Orgânica dos Partidos Políticos.

Ainda que se possa reclamar a "fixação de um critério preciso sobre tais conceitos vagos" — entidade de classe de âmbito nacional e confederação sindical –, não há dúvida de que eles devem ser fixados pelo legislador, e não pelo Tribunal, no exercício de sua atividade jurisdicional. O recurso à analogia, aqui, é de duvidosa exatidão.

Na ausência de disciplina constitucional ou legal expressa acerca dos critérios definidores do caráter nacional das entidades de classe, o STF optou por fixar idêntico parâmetro ao estabelecido na Lei dos Partidos Políticos quanto à legitimidade para a propositura de ADI.

Esse critério foi proposto por Moreira Alves, por ocasião da apreciação da Medida Liminar na ADI 386/ES, da relatoria de Sydney Sanches. Porém, nesse mesmo precedente, Moreira Alves preconizou que "esse critério cederá nos casos em que haja comprovação de que a categoria dos associados só existe em menos de nove estados".

Foi com base nesse argumento que, no julgamento da ADI 2.866/RN, o Supremo reconheceu a legitimidade ativa da Associação Brasileira dos Extratores e Refinadores de Sal — ABERSAL (ADI 2.866/RN, Rel. Min. Gilmar Mendes, DJ de 17.10.03), a qual se enquadrou nessa situação excepcional. Na espécie, constatou-se que, além de a produção de sal ocorrer em apenas alguns estados da Federação, cuidava-se de atividade econômica de patente relevância nacional, haja vista ser notório que o consumo de sal ocorre em todas as unidades da Federação.

Mais problemática ainda se afigura a exigência de que haja uma relação de pertinência entre o objeto da ação e a atividade de representação da entidade de classe ou da confederação sindical.

Cuida-se de inequívoca restrição ao direito de propositura que, pela natureza objetiva do processo, dificilmente poderia ser formulada até mesmo pelo legislador ordinário. A relação de pertinência assemelha-se muito ao estabelecimento de uma condição de ação — análoga, talvez, ao interesse de agir —, que não decorre dos expressos termos da Constituição e parece ser estranha à natureza do sistema de fiscalização abstrata de normas.

Por isso, a fixação dessa exigência parece ser defesa ao legislador ordinário federal, no uso de sua competência específica.

Assinale-se que a necessidade do desenvolvimento de critérios que permitam identificar, precisamente, as entidades de classe de âmbito nacional não deve condicionar o exercício do direito de propositura da ação por parte das organizações de classe à demonstração de um interesse de proteção específico, nem levar a uma radical adulteração do modelo de controle abstrato de normas. Consideração semelhante já seria defeituosa porque, em relação à proteção jurídica dessas organizações e à defesa dos interesses de seus membros, a Constituição assegura o mandado de segurança coletivo (art. 5º, inciso LXX, alínea b), o qual pode ser utilizado pelos sindicatos ou organizações de classe ou, ainda, associações devidamente constituídas há pelo menos um ano.

Uma tal restrição ao direito de propositura não se deixa compatibilizar, igualmente, com a natureza do controle abstrato de normas e criaria uma injustificada diferenciação entre os entes ou órgãos autorizados a propor a ação, diferenciação esta que não encontra respaldo na Constituição.

No caso, a requerente, Confederação Nacional dos Estabelecimentos de Ensino, é entidade de classe, em nível nacional, que representa todos os estabelecimentos particulares de ensino do país.

Nos termos do art. 3º do seu Estatuto, a CONFENEN é "constituída como associação sindical superior de 3º grau, como base territorial nacional, em conformidade com o art. 8º da Constituição Federal e art. 535 da Consolidação das Leis do Trabalho, para estudo, defesa e coordenação de interesses culturais, econômicos e profissionais da categoria e das atividades compreendidas no Grupo ou Categoria dos Estabelecimentos Particulares de Ensino". (eDOC 4)

Ressalto, ademais, que a CONFENEN já foi admitida em diversos julgados desta Corte como parte legítima para a propositura de ação direta de inconstitucionalidade (ADI 3.330, Rel. Min. Ayres Britto, julgada em 3.5.2012; ADI 3.710, Rel. Min. Joaquim Barbosa, julgada em 9.2.2007; ADI 1.007, Rel. Min. Eros Grau, julgada em 31.8.2005; ADI 1.266, Rel. Min. Eros Grau, julgada em 6.4.2005; ADI 2.448, Rel. Min. Sydney Sanches, julgada em 23.4.2003; e ADI 1.472, Rel. Min. Ilmar Galvão, julgada em 5.9.2002).

Em relação à pertinência temática, assiste razão à requerente ao apontar que a interpretação judicial conferida pelo Tribunal

Superior do Trabalho e pelos Tribunais Regionais do Trabalho da 1ª e da 2ª Região, em múltiplas decisões que aplicam o princípio da ultratividade da norma coletiva, atinge diretamente os estabelecimentos particulares de ensino de todo o país no aspecto da solução de conflitos coletivos de trabalho, dificultando a negociação.

Pelo exposto, verifica-se que a CONFENEN é parte legítima para propor a presente ADPF.

1.2. Subsidiariedade

No que se refere à subsidiariedade, a Lei n. 9.882/1999 impõe que a arguição de descumprimento de preceito fundamental somente será admitida se não houver outro meio eficaz de sanar a lesividade (art. 4º, § 1º).

À primeira vista, poderia parecer que somente na hipótese de absoluta inexistência de qualquer outro meio eficaz a afastar a eventual lesão poder-se-ia manejar, de forma útil, a arguição de descumprimento de preceito fundamental. É fácil ver que uma leitura excessivamente literal dessa disposição, que tenta introduzir entre nós o princípio da subsidiariedade vigente no Direito alemão (recurso constitucional) e no Direito espanhol (recurso de amparo), acabaria por retirar desse instituto qualquer significado prático.

De uma perspectiva estritamente subjetiva, a ação somente poderia ser proposta se já se tivesse verificado a exaustão de todos os meios eficazes para afastar a lesão no âmbito judicial. Uma leitura mais cuidadosa há de revelar, porém, que, na análise sobre a eficácia da proteção de preceito fundamental nesse processo, deve predominar um enfoque objetivo ou de proteção da ordem constitucional objetiva. Em outros termos, o princípio da subsidiariedade — inexistência de outro meio eficaz para sanar a lesão —, há de ser compreendido no contexto da ordem constitucional global.

Nesse sentido, caso se considere o caráter enfaticamente objetivo do instituto (o que resulta, inclusive, da legitimação ativa), o meio eficaz de sanar a lesão parece ser aquele apto a solver a controvérsia constitucional relevante de forma ampla, geral e imediata.

No direito alemão, a Verfassungsbeschwerde (recurso constitucional) está submetida ao dever de exaurimento das instâncias ordinárias. Todavia, a Corte constitucional pode decidir de imediato um recurso constitucional se se mostrar que a questão é de interesse geral ou se demonstrado que o requerente poderia sofrer grave lesão caso recorresse à via ordinária (Lei Orgânica do Tribunal, § 90, II).

Como se vê, a ressalva constante da parte final do § 90, II, da Lei Orgânica da Corte Constitucional alemã confere ampla discricionariedade para conhecer tanto das questões fundadas no interesse geral (allgemeine Bedeutung) quanto das controvérsias baseadas no perigo iminente de grave lesão (schwerer Nachteil).

Assim, tem o Tribunal constitucional admitido o recurso constitucional, na forma antecipada, em matéria tributária, tendo em vista o reflexo direto da decisão sobre inúmeras situações homogêneas. A Corte considerou igualmente relevante a apreciação de controvérsia sobre publicidade oficial, tendo em vista seu significado para todos os partícipes, ativos e passivos, do processo eleitoral. (Cf. BVerfGE, 62/230 (232); BVerfGE, 62/117 (144); Klaus Schlaich, Das Bundesverfassungsgericht, cit., p. 162.)

No que concerne ao controle de constitucionalidade de normas, a posição da Corte tem-se revelado enfática: "apresenta--se, regularmente, como de interesse geral a verificação sobre se uma norma legal relevante para uma decisão judicial é inconstitucional". (Cf. BVerfGE, 91/93 [106])

No Direito espanhol, explicita-se que cabe o recurso de amparo contra ato judicial desde que "tenham sido esgotados todos os recursos utilizáveis dentro da via recursal" (Lei Orgânica do Tribunal Constitucional, art. 44, I). Não obstante, a jurisprudência e a doutrina têm entendido que, para os fins da exaustão das instâncias ordinárias "não é necessária a interposição de todos os recursos possíveis, senão de todos os recursos razoavelmente úteis". (Cf. José Almagro, Justicia constitucional: comentarios a la Ley Orgánica del Tribunal Constitucional, 2. ed., Valencia, 1989, p. 324.)

Nessa linha de entendimento, anotou o Tribunal Constitucional espanhol:

> *"(...) ao se manifestar neste caso a vontade do órgão jurisdicional sobre o fundo da questão controvertida, deve--se entender que a finalidade do requisito exigido no art. 44, I, 'a', da LOTC foi observado, pois o recurso seria, em qualquer caso, ineficaz para reparar a suposta vulneração do direito constitucional em tela" (auto de 11.2.81, n. 19). (Cf. José Almagro, Justicia constitucional: comentarios a la Ley Orgánica del Tribunal Constitucional, cit., p. 325. Anote-se que, na espécie, os recorrentes haviam interposto o recurso fora do prazo).*

Vê-se, assim, que também no Direito espanhol tem-se atenuado o significado literal do princípio da subsidiariedade ou do exaurimento das instâncias ordinárias, até porque, em muitos casos, o prosseguimento nas vias ordinárias não teria efeitos úteis para afastar a lesão a direitos fundamentais.

Observe-se, ainda, que a legitimação outorgada ao Ministério Público e ao Defensor do Povo para manejar o recurso de amparo reforça, no sistema espanhol, o caráter objetivo desse processo.

Tendo em vista o Direito alemão, Schlaich transcreve observação de antigo Ministro da Justiça da Prússia segundo o qual "o recurso de nulidade era proposto pelas partes, porém com objetivo de evitar o surgimento ou a aplicação de princípios jurídicos incorretos". Em relação ao recurso constitucional moderno, movido contra decisões judiciais, anota Schlaich: "essa deve ser também a tarefa principal da Corte Constitucional com referência aos direitos fundamentais, tendo em vista os numerosos e relevantes recursos constitucionais propostos contra decisões judiciais: contribuir para que outros tribunais logrem uma realização ótima dos direitos fundamentais". (Klaus Schlaich, Das Bundesverfassungsgericht, cit., p. 184.)

Em verdade, o princípio da subsidiariedade, ou do exaurimento das instâncias, atua também nos sistemas que conferem ao indivíduo afetado o direito de impugnar a decisão judicial, como um pressuposto de admissibilidade de índole objetiva, destinado, fundamentalmente, a impedir a banalização da atividade de jurisdição constitucional. (Cf., a propósito, Rudiger Zuck, Das Recht der Verfassungsbeschwerde, 2. ed., München, 1988, p. 13 e s.)

No caso brasileiro, o pleito a ser formulado pelos órgãos ou entes legitimados dificilmente versará — pelo menos de forma direta — sobre a proteção judicial efetiva de posições específicas por eles defendidas. A exceção mais expressiva reside, talvez, na possibilidade de o Procurador-Geral da República, como previsto expressamente no texto legal, ou qualquer outro ente legitimado, propor a arguição de descumprimento a pedido de terceiro interessado, tendo em vista a proteção de situação específica. Ainda assim o ajuizamento da ação e sua admissão estarão vinculados, muito provavelmente, ao significado da solução da controvérsia para o ordenamento constitucional objetivo, e não à proteção judicial efetiva de uma situação singular.

Desse modo, considerando o caráter acentuadamente objetivo da arguição de descumprimento, o juízo de subsidiariedade há de ter em vista, especialmente, os demais processos objetivos já consolidados no sistema constitucional. Nesse caso, cabível a ação direta de inconstitucionalidade ou a ação declaratória de constitucionalidade ou, ainda, a ação direta por omissão, não será admissível a arguição de descumprimento.

É o que ocorre, fundamentalmente, nas hipóteses relativas ao controle de legitimidade do direito pré-constitucional, do direito municipal em face da Constituição Federal e nas controvérsias sobre direito pós-constitucional já revogado ou cujos efeitos já se exauriram. Nesses casos, em face do não cabimento da ação direta de inconstitucionalidade, não há como deixar de reconhecer a admissibilidade da arguição de descumprimento.

Também, é possível que se apresente arguição de descumprimento com pretensão de ver declarada a constitucionalidade de lei estadual ou municipal que tenha a legitimidade questionada nas instâncias inferiores.

Tendo em vista o objeto restrito da ação declaratória de constitucionalidade, não se vislumbra aqui meio eficaz para solver, de forma ampla, geral e imediata, eventual controvérsia instaurada.

Afigura-se igualmente legítimo cogitar de utilização da arguição de descumprimento nas controvérsias relacionadas com o princípio da legalidade (lei e regulamento), uma vez que, assim como assente na jurisprudência, tal hipótese não pode ser veiculada em sede de controle direto de constitucionalidade.

A própria aplicação do princípio da subsidiariedade está a indicar que a arguição de descumprimento há de ser aceita nos casos que envolvam a aplicação direta da Constituição — alegação de contrariedade à Constituição decorrente de decisão judicial ou controvérsia sobre interpretação adotada pelo Judiciário que não cuide de simples aplicação de lei ou normativo infraconstitucional.

Da mesma forma, controvérsias concretas fundadas na eventual inconstitucionalidade de lei ou ato normativo podem dar ensejo a uma pletora de demandas, insolúveis no âmbito dos processos objetivos.

Não se pode admitir que a existência de processos ordinários e recursos extraordinários deva excluir, a priori, *a utilização da arguição de descumprimento de preceito fundamental. Até porque, tal como assinalado, o instituto assume, entre nós, feição marcadamente objetiva.*

A propósito, assinalou o Ministro Sepúlveda Pertence, na ADC 1, que a convivência entre o sistema difuso e o sistema concentrado

> *"(...) não se faz sem uma permanente tensão dialética na qual, a meu ver, a experiência tem demonstrado que será inevitável o reforço do sistema concentrado, sobretudo nos processos de massa; na multiplicidade de processos a que inevitavelmente, a cada ano, na dinâmica da legislação, sobretudo da legislação tributária e matérias próximas, levará se não se criam mecanismos eficazes de decisão relativamente rápida e uniforme; ao estrangulamento da máquina judiciária, acima de qualquer possibilidade de sua ampliação e, progressivamente, ao maior descrédito da Justiça, pela sua total incapacidade de responder à demanda de centenas de milhares de processos rigorosamente idênticos, porque reduzidos a uma só questão de direito" (ADC 1, Rel. Min. Moreira Alves, julgada em 1º.12.1993, DJ de 16.6.1995).*

Nesse sentido, destaquei, em meu Curso de Direito Constitucional:

"A possibilidade de incongruências hermenêuticas e confusões jurisprudenciais decorrentes dos pronunciamentos de múltiplos órgãos pode configurar ameaça a preceito fundamental (pelo menos, ao da segurança jurídica), o que também está a recomendar uma leitura compreensiva da exigência aposta à lei da arguição, de modo a admitir a propositura da ação especial toda vez que uma definição imediata da controvérsia mostrar-se necessária para afastar aplicações erráticas, tumultuárias ou incongruentes, que comprometam gravemente o princípio da segurança jurídica e a própria ideia de prestação judicial efetiva.

Ademais, a ausência de definição da controvérsia — ou a própria decisão prolatada pelas instâncias judiciais — poderá ser a concretização da lesão a preceito fundamental. Em um sistema dotado de órgão de cúpula que tem missão de guarda da Constituição, a multiplicidade ou a diversidade de soluções pode constituir-se, por si só, em ameaça ao princípio constitucional da segurança jurídica e, por conseguinte, em autêntica lesão a preceito fundamental.

Assim, tendo em vista o perfil objetivo da arguição de descumprimento, com legitimação diversa, dificilmente poder-se-á vislumbrar uma autêntica relação de subsidiariedade entre o novel instituto e as formas ordinárias ou convencionais de controle de constitucionalidade do sistema difuso, expressas, fundamentalmente, no uso do recurso extraordinário.

Como se vê, ainda que aparentemente pudesse ser o recurso extraordinário o meio hábil a superar eventual lesão a preceito fundamental nessas situações, na prática, especialmente nos processos de massa, a utilização desse instituto do sistema difuso de controle de constitucionalidade não se revela plenamente eficaz, em razão do limitado efeito do julgado nele proferido (decisão com efeito entre partes).

Assim sendo, é possível concluir que a simples existência de ações ou de outros recursos processuais — vias *processuais ordinárias — não poderá servir de óbice à formulação da arguição de descumprimento. Ao contrário, tal como explicitado, a multiplicação de processos e decisões sobre um dado tema constitucional reclama, as mais das vezes, a utilização de um instrumento de feição concentrada, que permita a solução definitiva e abrangente da controvérsia."* (MENDES, Gilmar Ferreira. BRANCO, Paulo Gonet. **Curso de Direito Constitucional.** São Paulo: Saraiva, 2016, p. 1309)

No julgamento da liminar na ADPF 33, o STF acolheu, em linhas gerais, a orientação acima sustentada e considerou cabível, em princípio, ADPF proposta em relação a lei estadual pré-constitucional, que indexava o reajuste dos vencimentos de determinado grupo de funcionários ao valor do salário mínimo. Essa orientação foi reafirmada na decisão de mérito (ADPF 33, de minha relatoria, julgada em 7.12.2005).

Nessas hipóteses, diante da inexistência de processo de índole objetiva apto a solver, de uma vez por todas, a controvérsia constitucional, afigura-se integralmente aplicável a arguição de descumprimento de preceito fundamental. É que as ações originárias e o próprio recurso extraordinário não parecem, as mais das vezes, capazes de resolver a controvérsia constitucional de forma geral, definitiva e imediata. A necessidade de interposição de uma pletora de recursos extraordinários idênticos poderá, em verdade, constituir-se em ameaça ao livre funcionamento do STF e das próprias Cortes ordinárias.

Dessa forma, o Supremo Tribunal poderá conhecer da arguição de descumprimento toda vez que o princípio da segurança jurídica estiver seriamente ameaçado, especialmente em razão de conflitos de interpretação ou de incongruências hermenêuticas causadas pelo modelo pluralista de jurisdição constitucional, desde que presentes os demais pressupostos de admissibilidade.

É fácil ver também que a fórmula da relevância do interesse público para justificar a admissão da arguição de descumprimento (explícita no modelo alemão) está implícita no sistema criado pelo legislador brasileiro, tendo em vista especialmente o caráter marcadamente objetivo que se conferiu ao instituto.

Assim, o Supremo Tribunal Federal poderá, ao lado de outros requisitos de admissibilidade, emitir juízo sobre a relevância e o interesse público contido na controvérsia constitucional, podendo recusar a admissibilidade da ADPF sempre que não vislumbrar relevância jurídica na sua propositura. Essa leitura compreensiva da cláusula da subsidiariedade constante no art. 4º, § 1º, da Lei n. 9.882/99 parece solver, com superioridade, a controvérsia em torno da aplicação do princípio do exaurimento das instâncias.

No caso, parece difícil identificar outro meio de sanar a lesividade, nos termos do entendimento desta Corte acerca do princípio da subsidiariedade, uma vez que em princípio não cabe ação direta de inconstitucionalidade contra súmula (ADI 594, Rel. Min. Carlos Velloso, julgamento em 19.2.1992; RE 584.188 AgR, Rel. Min. Ayres Britto, julgamento em 28.9.2010) e os recursos extraordinários interpostos contra decisões do TST não seriam aptos a afastar, em caráter incidental definitivo, a lesividade a preceito fundamental.

1.3. Objeto

A presente arguição de descumprimento de preceito fundamental tem como objeto alteração de entendimento jurisprudencial pelo TST e pelos Tribunais Regionais do Trabalho da 1ª e da 2ª Região, consubstanciada na atual redação da Súmula n. 277. Essa mudança teria ofendido diversos preceitos fundamentais ao interpretar dispositivo da Constituição Federal e dele deduzir suposta reintrodução, no ordenamento jurídico, de princípio já revogado por lei.

O Supremo Tribunal Federal entende que pode ocorrer lesão a preceito fundamental fundada em simples interpretação judicial do texto constitucional. Nesses casos, a controvérsia não tem por base a legitimidade de uma lei ou de um ato normativo, mas se assenta simplesmente na legitimidade de dada interpretação constitucional. No âmbito do recurso extraordinário, essa situação apresenta-se como um caso de decisão judicial que contraria diretamente a Constituição (art. 102, inciso III, alínea a).

Não parece haver dúvida de que, diante dos termos amplos do art. 1º da Lei n. 9.882/1999, essa hipótese poderá ser objeto de arguição de descumprimento — lesão a preceito fundamental resultante de ato do poder público –, até porque se cuida de uma situação trivial no âmbito de controle de constitucionalidade difuso.

Assim, o ato judicial de interpretação direta de uma norma constitucional poderá conter violação a um preceito fundamental. Nessa situação, caberá a propositura da arguição de descumprimento para afastar a lesão a preceito fundamental resultante de ato judicial do poder público, nos termos do art. 1º da Lei n. 9.882/99.

Exemplo de utilização da arguição de descumprimento de preceito fundamental como instrumento de controle de decisões judiciais foi o julgamento da ADPF 101 (Rel. Min. Cármen Lúcia, DJe 8.4.2011). Proposta pelo Presidente da República, a arguição não se dirigia contra lei ou ato normativo, mas tinha como objeto "decisões judiciais que autorizam a importação de pneus usados", ao argumento de que violavam os preceitos fundamentais inscritos nos arts. 196 e 225 da Constituição da República.

Cumpre ressaltar, ainda com referência à ADPF enquanto instrumento de controle de interpretações judiciais, o julgamento da ADPF 144 (Rel. Min. Celso de Mello, DJe 26.2.2010), ocasião em que se questionava a interpretação judicial do Tribunal Superior Eleitoral que afirmou não ser autoaplicável o § 9º do art. 14 da Constituição, como forma de impedir a candidatura dos chamados fichas sujas.

Tem-se aqui inequívoca utilização da arguição de descumprimento de preceito fundamental como instrumento de impugnação de decisões judiciais.

Problema igualmente relevante coloca-se em relação às decisões de única ou de última instância que, por falta de fundamento legal, acabam por lesar relevantes princípios da ordem constitucional.

Uma decisão judicial que, sem fundamento legal, afete situação individual revela-se igualmente contrária à ordem constitucional, pelo menos ao direito subsidiário da liberdade de ação (Auffanggrundrecht) (Schlaich, Das Bundesverfassungsgericht, p. 108).

Se admitido, como expressamente estabelecido na Constituição, que os direitos fundamentais vinculam todos os Poderes e que a decisão judicial deve observar a Constituição e a lei, não é difícil compreender que a decisão judicial que se revele desprovida de base legal afronta algum direito individual específico, pelo menos o princípio da legalidade.

A propósito, a Corte Constitucional alemã assinalou:

> *"Na interpretação do direito ordinário, especialmente dos conceitos gerais indeterminados, [Generalklausel] devem os Tribunais levar em conta os parâmetros fixados na Lei Fundamental. Se o Tribunal não observa esses parâmetros, então, ele acaba por ferir a norma fundamental que deixou de observar; nesse caso, o julgado deve ser cassado no processo de recurso constitucional" (Verfassungsbeschwerde (BVerfGE 7/198 (207); 12/113 (124); 13/318 (325); 18/85 (92 e ss.)). Cf., também, Rüdiger Zuck, Das Recht der Verfassungsbeschwerde, 2. ed., Munique, 1988, p. 220).*

Não há dúvida de que essa orientação prepara algumas dificuldades, podendo converter a Corte Constitucional em autêntico Tribunal de revisão. É que, se a lei deve ser aferida em face de toda a Constituição, as decisões hão de ter sua legitimidade verificada em face da Constituição e de toda a ordem jurídica. Se se admitisse que toda decisão contrária ao direito ordinário é uma decisão inconstitucional, ter-se-ia de acolher, igualmente, todo e qualquer recurso constitucional interposto contra decisão judicial ilegal. (Schlaich, Das Bundesverfassungsgericht, p. 109).

Enquanto essa orientação prevalece em relação às leis inconstitucionais, não se adota o mesmo entendimento no que concerne às decisões judiciais.

Por essas razões, o Tribunal alemão procura formular um critério que limita a impugnação das decisões judiciais mediante recurso constitucional. A admissibilidade deste dependeria, fundamentalmente, da demonstração de que, na interpretação e aplicação do Direito, o juiz desconsiderou por completo ou essencialmente a influência dos direitos fundamentais, de que a decisão se revela grosseira e manifestamente arbitrária na interpretação e aplicação do direito ordinário ou, ainda, de que foram ultrapassados os limites da construção jurisprudencial (Cf., sobre o assunto, Schlaich, Das Bundesverfassungsgericht, p. 109).

Não raras vezes observa a Corte Constitucional que determinada decisão judicial se afigura insustentável porque assente em interpretação objetivamente arbitrária da norma legal. (BVerfGE 64/389 (394).

Assim, uma decisão que, v.g., amplia o sentido de um texto normativo penal para abranger uma dada conduta é considerada inconstitucional, por afronta ao princípio nullum crimen nulla poena sine lege (Lei Fundamental alemã, art. 103, II).

Essa concepção da Corte Constitucional levou à formulação de uma teoria sobre os graus ou sobre a intensidade da restrição imposta aos direitos fundamentais (Stufentheorie), que admite uma aferição de constitucionalidade tanto mais intensa quanto maior for o grau de intervenção no âmbito de proteção dos direitos fundamentais. (Rüdiger Zuck, Das Recht der Verfassungsbeschwerde, 2. ed., Munique, 1988, p. 221).

Embora o modelo de controle de constitucionalidade exercido pelo Bundesverfassungsgericht revele especificidades decorrentes, sobretudo, do sistema concentrado, é certo que a ideia de que a não observância do direito ordinário pode configurar uma afronta ao próprio direito constitucional tem aplicação também entre nós.

Essa conclusão revela-se tanto mais plausível se se considera que, tal como a Administração, o Poder Judiciário está vinculado à Constituição e às leis (CF, art. 5º, § 1º).

Certamente afigurava-se extremamente difícil a aplicação desse entendimento, entre nós, no âmbito do recurso extraordinário. O caráter marcadamente individual da impugnação, a fragmentariedade das teses apresentadas nesse processo, a exigência estrita de prequestionamento contribuíam para dificultar a aplicação da orientação acima desenvolvida no âmbito do recurso extraordinário. A arguição de descumprimento de preceito fundamental vem libertar dessas amarras o questionamento da decisão judicial concreta.

No caso, o Tribunal Superior do Trabalho e os Tribunais Regionais da 1ª e da 2ª Região passaram a interpretar o art. 114, § 2º, do texto constitucional, com redação conferida pela EC 45/2004, de forma a dele extrair o princípio da ultratividade condicionada da norma coletiva, objeto de legislação já revogada.

Entende a requerente que essa interpretação direta de norma constitucional, aparentemente realizada de forma casuística e sem suporte legal, ofenderia preceitos fundamentais.

Como visto, trata-se de duas hipóteses de lesão a preceito fundamental (lesão em decorrência de interpretação direta de norma constitucional, bem como de decisões proferidas sem base legal) passíveis de serem objeto de ADPF, nos termos da jurisprudência desta Corte.

A presente arguição de descumprimento de preceito fundamental é, portanto, cabível.

1.4. Parâmetro de controle

A CONFENEN indica como preceitos fundamentais violados pela alteração jurisprudencial questionada nessa ação o princípio da separação dos Poderes (art. 2º, 60, § 4º, III, CF) e o da legalidade (art. 5º, caput, CF).

No que se refere ao parâmetro de controle na ADPF, é muito difícil indicar, a priori, os preceitos fundamentais da Constituição passíveis de lesão tão grave que justifique o processo e julgamento da arguição de descumprimento.

Não há dúvida de que alguns desses preceitos estão enunciados, de forma explícita, no texto constitucional.

Assim, ninguém poderá negar a qualidade de preceitos fundamentais da ordem constitucional aos direitos e garantias fundamentais (art. 5º, entre outros). Da mesma forma, não se poderá deixar de atribuir essa qualificação aos demais princípios protegidos pela cláusula pétrea do art. 60, § 4º, da CF: o princípio federativo, a separação de Poderes e o voto direto, secreto, universal e periódico.

Por outro lado, a própria Constituição explicita os chamados "princípios sensíveis", cuja violação pode dar ensejo à decretação de intervenção federal nos estados-membros (art. 34, inciso VII).

É fácil de ver que a amplitude conferida às cláusulas pétreas e a ideia de unidade de Constituição (Einheit der Verfassung) acabam por colocar parte significativa da Constituição sob a proteção dessas garantias. Tal tendência não exclui a possibilidade de um engessamento da ordemconstitucional, obstando à introdução de qualquer mudança de maior significado (Cf. Bryde, Brun-Otto, Verfassungsengsentwicklung, Stabilität und Dynamik im Verfassungsrecht der Bundesrepublik Deutschland, Baden-Baden, 1982, p. 244).

Daí afirmar-se, correntemente, que tais cláusulas hão de ser interpretadas de forma restritiva.

Essa afirmação simplista, em vez de solver o problema, pode agravá-lo, pois a tendência detectada atua no sentido não de uma interpretação restritiva das cláusulas pétreas, mas de uma interpretação restritiva dos próprios princípios por elas protegidos.

Essa via, em lugar de permitir um fortalecimento dos princípios constitucionais contemplados nas garantias de eternidade, como pretendido pelo constituinte, acarreta, efetivamente, seu enfraquecimento.

Assim, parece recomendável que eventual interpretação restritiva se refira à própria garantia de eternidade sem afetar os princípios por ela protegidos (Bryde, Brun-Otto, Verfassungsengsentwicklung, Stabilität und Dynamik im Verfassungsrecht der Bundesrepublik Deutschland, cit., p. 244).

Por isso, após reconhecer a possibilidade de que se confira uma interpretação ao art. 79, III, da Lei Fundamental, que não leve nem ao engessamento da ordem constitucional, nem à completa nulificação de sua força normativa, afirma Bryde que essa tarefa é prenhe de dificuldades:

> *"Essas dificuldades residem não apenas na natureza assaz aberta e dependente de concretização dos princípios constitucionais, mas também na relação desses princípios com as concretizações que eles acabaram por encontrar na Constituição. Se parece obrigatória a conclusão de que o art. 79, III, da Lei Fundamental não abarcou todas as possíveis concretizações no seu âmbito normativo, não se afigura menos certo que esses princípios seriam despidos de conteúdo se não levassem em conta essas concretizações. Isso se aplica sobretudo porque o constituinte se*

esforçou por realizar, ele próprio, os princípios básicos de sua obra. O princípio da dignidade humana está protegido tão amplamente fora do âmbito do art. 1º, que o significado da disposição nele contida acabou reduzido a uma questão secundária (defesa da honra), que, obviamente, não é objeto da garantia de eternidade prevista no art. 79, III. Ainda que a referência ao 1º não se estenda, por força do disposto no art. 1º, III, a toda a ordem constitucional, tem-se de admitir que o postulado da dignidade humana protegido no art. 79, III, não se realiza sem contemplar outros direitos fundamentais. Idêntico raciocínio há de se desenvolver em relação a outros princípios referidos no art. 79, III. Para o Estado de Direito da República Federal da Alemanha afigura-se mais relevante o art. 19, IV (garantia da proteção judiciária), do que o princípio da proibição de lei retroativa que a Corte Constitucional extraiu do art. 20. E, fora do âmbito do direito eleitoral, dos direitos dos partidos políticos e dos chamados direitos fundamentais de índole política, não há limite para a revisão constitucional do princípio da democracia" (Bryde Verfassungsentwicklung, cit., p. 245).

Essas assertivas têm a virtude de demonstrar que o efetivo conteúdo das garantias de eternidade somente será obtido mediante esforço hermenêutico. Apenas essa atividade poderá revelar os princípios constitucionais que, ainda que não contemplados expressamente nas cláusulas pétreas, guardam estreita vinculação com os princípios por elas protegidos e estão, por isso, cobertos pela garantia de imutabilidade que delas dimana.

Tal como enunciado normalmente nas chamadas "cláusulas pétreas", os princípios merecedores de proteção parecem despidos de conteúdo específico. Que significa, efetivamente, "separação de poderes" ou "forma federativa"? Que é um "Estado de Direito Democrático"? Que significa "proteção da dignidade humana"?

Essas indagações somente podem ser respondidas, adequadamente, no contexto de determinado sistema constitucional. É o exame sistemático das disposições constitucionais integrantes do modelo constitucional que permitirá explicitar o conteúdo de determinado princípio.

Ao se deparar com alegação de afronta ao princípio da divisão de Poderes de Constituição estadual em face dos chamados "princípios sensíveis" (representação interventiva), assentou o notável Castro Nunes lição que, certamente, se aplica à interpretação das cláusulas pétreas:

> *"Os casos de intervenção prefigurados nessa enumeração se enunciam por declarações de princípios, comportando o que possa comportar cada um desses princípios como dados doutrinários, que são conhecidos na exposição do direito público. E por isso mesmo ficou reservado o seu exame, do ponto de vista do conteúdo e da extensão e da sua correlação com outras disposições constitucionais, ao controle judicial a cargo do Supremo Tribunal Federal. Quero dizer com estas palavras que a enumeração é limitativa como enumeração. (...) A enumeração é taxativa, é limitativa, é restritiva, e não pode ser ampliada a outros casos pelo Supremo Tribunal. Mas cada um desses princípios é dado doutrinário que tem de ser examinado no seu conteúdo e delimitado na sua extensão. Daí decorre que a interpretação é restritiva apenas no sentido de limitada aos princípios enumerados; não o exame de cada um, que não está nem poderá estar limitado, comportando necessariamente a exploração do conteúdo e fixação das características pelas quais se defina cada qual deles, nisso consistindo a delimitação do que possa ser consentido ou proibido aos Estados" (Rp n. 94, Rel. Min. Castro Nunes, Archivo Judiciario 85/31 (34-35), 1947).*

Essa orientação, consagrada pelo STF para os chamados "princípios sensíveis", há de se aplicar à concretização das cláusulas pétreas e, também, dos chamados "preceitos fundamentais".

É o estudo da ordem constitucional no seu contexto normativo e nas suas relações de interdependência que permite identificar as disposições essenciais para a preservação dos princípios basilares dos preceitos fundamentais em um determinado sistema. Tal como ensina Gomes Canotilho em relação à limitação do poder de revisão, a identificação do preceito fundamental não pode divorciar-se das conexões de sentido captadas do texto constitucional, fazendo-se mister que os limites materiais operem como verdadeiros *limites textuais implícitos (Canotilho. Direito constitucional, p. 1.136).*

Dessarte, um juízo mais ou menos seguro sobre a lesão de preceito fundamental consistente nos princípios da divisão de Poderes, da forma federativa do Estado ou dos direitos e garantias fundamentais exige, preliminarmente, a identificação do conteúdo dessas categorias na ordem constitucional e, especialmente, das suas relações de interdependência.

Nessa linha de entendimento, a lesão a preceito fundamental não se configurará apenas quando se verificar possível afronta a um princípio fundamental, tal como assente na ordem constitucional, mas também a disposições que confiram densidade normativa ou significado específico a esse princípio.

Haja vista as interconexões e interdependências dos princípios e das regras, talvez não seja recomendável proceder-se a uma distinção entre essas duas categorias, fixando-se um conceito extensivo de preceito fundamental, abrangente das normas básicas contidas no texto constitucional.

O próprio STF tem realizado essas associações, como demonstra o reconhecimento do princípio da anterioridade como cláusula pétrea, a despeito de não estar contemplado no âmbito normativo do art. 5º (ADI 939, Rel. Sidney Sanches, DJ de 18.3.1994; RE 448.558, de minha relatoria, DJ de 16.12.2005).

Percebe-se, pois, ser incontestável a qualidade de preceito fundamental atribuída aos princípios elencados nesta ação como possivelmente lesados pela nova orientação jurisprudencial da Justiça Trabalhista.

O princípio da legalidade (art. 5º, caput, CF) e o princípio da separação dos Poderes são dois elementos basilares do direito constitucional nacional, protegidos pela cláusula pétrea do art. 60, § 4º, da Constituição Federal.

Ademais, ao passar a determinar a vigência de cláusulas coletivas a momento posterior à eficácia do instrumento no qual acordadas, a Justiça Trabalhista, além de violar os princípios da separação dos Poderes e da legalidade, nos termos indicados na inicial, também ofende a supremacia dos acordos e das convenções coletivas (art. 7º, inciso XXVI, CF), outro flagrante preceito fundamental que deve ser igualmente resguardado.

É evidente, portanto, a existência de preceitos fundamentais potencialmente lesados na questão aqui discutida.

2. Breve histórico da prevalência da autonomia coletiva no STF

É preciso destacar, desde pronto, que a jurisprudência do Supremo Tribunal Federal tende a valorizar a autonomia coletiva da vontade e da autocomposição dos conflitos trabalhistas, nos termos do art. 7º, XXVI, da Constituição Federal.

Mencione-se, nesse sentido, o RE 590.415-RG, Rel. Min. Roberto Barroso, no qual foi confirmada a validade de plano de dispensa incentivada devidamente chancelada por acordo coletivo:

> *"DIREITO DO TRABALHO. ACORDO COLETIVO. PLANO DE DISPENSA INCENTIVADA. VALIDADE E EFEITOS. 1. Plano de dispensa incentivada aprovado em acordo coletivo que contou com ampla participação dos empregados. Previsão de vantagens aos trabalhadores, bem como quitação de toda e qualquer parcela decorrente de relação de emprego. Faculdade do empregado de optar ou não pelo plano. 2. Validade da quitação ampla. Não incidência, na hipótese, do art. 477, § 2º da Consolidação das Leis do Trabalho, que restringe a eficácia liberatória da quitação aos valores e às parcelas discriminadas no termo de rescisão exclusivamente.* **3. No âmbito do direito coletivo do trabalho não se verifica a mesma situação de assimetria de poder presente nas relações individuais de trabalho. Como consequência, a autonomia coletiva da vontade não se encontra sujeita aos mesmos limites que a autonomia individual. 4. A Constituição de 1988, em seu artigo 7º, XXVI, prestigiou a autonomia coletiva da vontade e a autocomposição dos conflitos trabalhistas, acompanhando a tendência mundial ao crescente reconhecimento dos mecanismos de negociação coletiva, retratada na Convenção n. 98/1949 e na Convenção n. 154/1981 da Organização Internacional**

do Trabalho. O reconhecimento dos acordos e convenções coletivas permite que os trabalhadores contribuam para a formulação das normas que regerão a sua própria vida. 5. Os planos de dispensa incentivada permitem reduzir as repercussões sociais das dispensas, assegurando àqueles que optam por seu desligamento da empresa condições econômicas mais vantajosas do que aquelas que decorreriam do mero desligamento por decisão do empregador. É importante, por isso, assegurar a credibilidade de tais planos, a fim de preservar a sua função protetiva e de não desestimular o seu uso. 7. Provimento do recurso extraordinário. Afirmação, em repercussão geral, da seguinte tese: A transação extrajudicial que importa rescisão do contrato de trabalho, em razão de adesão voluntária do empregado a plano de dispensa incentivada, enseja quitação ampla e irrestrita de todas as parcelas objeto do contrato de emprego, caso essa condição tenha constado expressamente do acordo coletivo que aprovou o plano, bem como dos demais instrumentos celebrados com o empregado (grifo nosso)".

Naquele feito, consignei, sobre o reconhecimento das convenções e acordos coletivos de trabalho, o seguinte:

"(...) é muito claro que o texto constitucional valoriza, de forma enfática, as convenções e os acordos coletivos. Veja-se a referência no inciso VI, e talvez aqui se trate de uma situação de exemplaridade, quando se diz que se assegura a irredutibilidade do salário, salvo o disposto em convenção ou acordo coletivo. Veja-se que é uma cláusula de grande importância, mas o próprio constituinte previu que pode haver uma situação em que, para a mantença do emprego, seria necessária a redução. E nós temos inúmeros exemplos disto no plano internacional. Vossa Excelência acompanha tanto a crise europeia, e sabemos que isso vem ocorrendo sistematicamente, porque a grave crise é a crise da falta de emprego.

Da mesma forma, no inciso XIII, temos novamente menção à importância do acordo ou convenção coletiva de trabalho, quando se diz: duração do trabalho normal não superior a oito horas diárias e quarenta e quatro semanais, facultada a compensação de horários e a redução da jornada, mediante acordo ou convenção coletiva de trabalho.

Também, no inciso XIV: jornada de seis horas para o trabalho realizado em turnos ininterruptos de revezamento, salvo negociação coletiva. Veja, portanto, que o texto está lavrado com esse enfoque, no que diz respeito ao direito coletivo do trabalho.

(...)

Há uma outra questão que se manifesta em casos que tais, onde tomaram-se todas as cautelas de estilo — isso já foi ressaltado pelo ministro Teori Zavascki: é a observância do pacta sunt servanda e, também, de um princípio de lealdade negocial que Vossa Excelência manifestou —, no sentido de que não se pode agir contra fato próprio, a famosa fórmula de que não se pode venire contra factum proprium. *Quer dizer, a tutela aqui vai — usando uma expressão muito cara ao ministro Marco Aurélio — a um limite demasiadamente largo ao pretender, realmente, tutelar este trabalhador, mas fortalecendo uma atitude de deslealdade negocial. Por outro lado, o ministro Barroso já o apontou bem, isto vem contra o preconizado no texto constitucional porque debilita a ideia de negociação coletiva e de acordos coletivos.*

Há pouco eu lia uma crítica a essa jurisprudência protetiva da Justiça do Trabalho, especialmente do TST, no sentido, ministra Cármen Lúcia, de que essas propostas de anulação dos acordos, na parte em que supostamente interessava ao empregador, mantidos os ônus assumidos no que diz respeito ao trabalhador, estava levando a um desestímulo à negociação coletiva; e essa reclamação vinha dos próprios sindicatos de trabalhadores".

Também na ADI 4.364, Rel. Min. Dias Toffoli, DJe 16.5.2011, que tinha como objeto lei complementar estadual que fixava piso salarial para certas categorias, o Supremo Tribunal Federal consignou a necessidade do reconhecimento das convenções e acordos coletivos de trabalho.

Em trecho da ementa desse julgado restou expresso o que se transcreve:

> "6. A fim de manter-se o incentivo à negociação coletiva (art. 7º, XXVI, CF/88), os pisos salariais regionais somente serão estabelecidos por lei naqueles casos em que não haja convenção ou acordo coletivo de trabalho. As entidades sindicais continuarão podendo atuar nas negociações coletivas, desde que respeitado o patamar mínimo legalmente assegurado".

Recentemente, em mais uma clara demonstração de que o Supremo Tribunal Federal vem reforçando o entendimento da prevalência constitucional do negociado em acordos e convenções coletivas, o Ministro Teori Zavascki, com base na jurisprudência da Corte, deu provimento a recurso extraordinário interposto contra acórdão do TST, que decidira pela invalidade de acordo coletivo de trabalho por entender serem as chamadas "horas in itinere" indisponíveis aos trabalhadores, em razão do disposto no art. 58, § 2º, da Consolidação das Leis do Trabalho.

No caso, o recorrente firmara acordo coletivo com o sindicato da categoria para que fosse suprimido o pagamento de tais horas e, em contrapartida, fossem concedidas outras vantagens aos empregados, como fornecimento de cestas básicas, seguro de vida e pagamento do salário-família além do limite legal.

Na decisão, o Ministro Teori Zavascki consignou o seguinte:

> "O acórdão recorrido não se encontra em conformidade com a ratio adotada no julgamento do RE 590.415, no qual esta Corte conferiu especial relevância ao princípio da autonomia da vontade no âmbito do direito coletivo do trabalho. Ainda que o acordo coletivo de trabalho tenha afastado direito assegurado aos trabalhadores pela CLT, concedeu-lhe outras vantagens com vistas a compensar essa supressão. Ademais, a validade da votação da Assembleia Geral que deliberou pela celebração do acordo coletivo de trabalho não foi rechaçada nesta demanda, razão pela qual se deve presumir legítima a manifestação de vontade proferida pela entidade sindical.

Registre-se que a própria Constituição Federal admite que as normas coletivas de trabalho disponham sobre salário (art. 7º, VI) e jornada de trabalho (art. 7º, XIII e XIV), inclusive reduzindo temporariamente remuneração e fixando jornada diversa da constitucionalmente estabelecida.

Não se constata, por outro lado, que o acordo coletivo em questão tenha extrapolado os limites da razoabilidade, uma vez que, embora tenha limitado direito legalmente previsto, concedeu outras vantagens em seu lugar, por meio de manifestação de vontade válida da entidade sindical". (RE 895.759, Rel. Min. Teori Zavascki, DJ 22.9.2016).

Vê-se, pois, que na presente ação não estamos a tratar de mera ofensa reflexa à Constituição Federal, mas, sim, de alteração de interpretação judicial que parece não estar compatível com o texto constitucional, de modo a ofender preceitos fundamentais.

Alteração do paradigma do AI 731.954-RG

Importante ressaltar que o principal tema tratado na presente ADPF — a saber, a possibilidade de incorporação, a contrato individual de trabalho, de cláusulas normativas pactuadas em acordos coletivos — já foi objeto de análise desta Corte pela sistemática da repercussão geral.

O AI 731.954-RG, Rel. Min. Cezar Peluso (tema 193) teve como objeto a ultratividade da norma coletiva e a possibilidade de incorporação de vantagens conferidas mediante acordo ou convenção coletivos ao contrato individual de trabalho, nos termos definidos pela Súmula n. 277 do TST. O Supremo Tribunal Federal entendeu ser essa matéria de índole infraconstitucional, conforme assentado na jurisprudência da Corte.

Todavia, a discussão de então, apesar de guardar similitudes com o que é tratado nessa arguição de descumprimento de preceito fundamental, não parte do mesmo paradigma.

O mérito do tema 193 da sistemática da repercussão geral, julgado em 18 de setembro de 2009, teve como questão de fundo a Súmula n. 277 em sua redação original, que previa que "as condições de trabalho alcançadas por força de sentença normativa *vigoram no prazo assinado, não integrando, de forma definitiva, os contratos".* Na decisão recorrida, o TST chegou a fazer expressa menção ao fato de que a referência a "sentença normativa" também alcançava as condições de trabalho instituídas mediante acordo ou convenção coletivos de trabalho, alteração redacional que foi posteriormente realizada.

O entendimento jurisprudencial daquela época estava, portanto, em evidente consonância com o reconhecimento constitucional da supremacia das convenções e acordos coletivos de trabalho, conforme disposto no art. 7º, XXVI.

Contudo, a nova orientação do Tribunal Superior do Trabalho, consubstanciada na Súmula n. 277, em redação de 2012, segue sentido diametralmente oposto, de modo não mais ser possível classificar o tema como matéria de índole infraconstitucional.

Consequentemente, houve alteração interpretativa consubstanciada em nova redação da Súmula n. 277 do TST a justificar nova análise sobre o caso em questão.

3. Ato lesivo

O ato lesivo objeto desta arguição de descumprimento de preceito fundamental está fundado em alteração de entendimento jurisprudencial assente em interpretação de norma constitucional, consubstanciada na atual redação da Súmula n. 277, do TST.

Antes de passar à análise do ato lesivo, entendo ser necessário realizar breve sistematização doutrinária das principais questões relacionadas à adoção do princípio da ultratividade da norma coletiva.

Destaco, inicialmente, que a doutrina trabalhista indica partir o princípio da ultratividade da norma coletiva da premissa de buscar-se neutralizar a hegemonia da posição do empregador sobre a do trabalhador no momento da negociação coletiva. Com a ideia de inexistir negociação livre entre partes desiguais, estipula-se que a norma coletiva continue eficaz mesmo após o seu termo final de vigência, assegurando-se ao trabalhador garantias básicas e ferramentas com as quais possa iniciar tratativas futuras.

Em publicação acadêmica, os Ministros Augusto César Leite de Carvalho, Kátia Magalhães Arruda e Mauricio Godinho Delgado, do Tribunal Superior do Trabalho, anotam:

"A ultra-atividade da norma coletiva, quando adotada a ultra-atividade condicionada, assegura a eficácia da convenção ou acordo coletivo cujo prazo de vigência estaria exaurido, de modo a não permitir que a categoria de empregados permaneça sem uma disciplina de suas condições específicas de trabalho. Sendo condicionada à superveniência de nova norma coletiva, o surgimento de nova normatização da matéria faz prevalecer a regra mais recente, ainda que tal signifique a redução de direito" (CARVALHO, Augusto César Leite de, ARRUDA, Kátia Magalhães, DELGADO, Mauricio Godinho. A Súmula n. 277 e a defesa da Constituição. In: **Revista do Tribunal Superior do Trabalho**, ano 78, out. a dez. 2012).

Vê-se que, ao menos teoricamente, o princípio da ultratividade condicionada aceita a ideia de eventual redução de direitos por novo instrumento negocial, já que determinada condição de trabalho poderá ser alterada, suprimida ou mantida em acordo seguinte. Difere-se, nesse ponto, do princípio da ultratividade absoluta, de acordo com o qual a norma coletiva favorável ao trabalhador automaticamente passa a integrar seu contrato individual de trabalho e não pode ser jamais suprimida. Trata-se de posicionamento seguido em países como Argentina, Bélgica e México (Cf. PESSOA, Roberto Freitas. PAMPLONA FILHO, Rodolfo. A nova velha questão da ultra-atividade das normas coletivas e a Súmula n. 277 do Tribunal Superior do Trabalho. In: **Revista do Tribunal Superior do Trabalho**, vol. 76, abr.-jun. 2010).

O principal fator positivo do princípio da ultratividade da norma coletiva seria evitar período de anomia jurídica entre o final da vigência da norma anterior e a superveniência da seguinte. Nesse ínterim, ao trabalhador estariam assegurados benefícios básicos anteriormente acordados, até sua confirmação ou alteração por novo instrumento.

Tal argumentação ignora, todavia, o amplo plexo de garantias constitucionais e legais já asseguradas aos trabalhadores, inde-

pendentemente de acordo ou convenção coletiva. Na inexistência destes, os empregados não ficam desamparados, pois têm diversos direitos essenciais resguardados.

De fato, cessados os efeitos da norma acordada, as relações seguem regidas pelas demais disposições que compõem a legislação trabalhista, algumas até então afastadas por acordo ou convenção coletiva em questão. Não há, rigorosamente, anomia.

Em posição crítica, Julio Bernardo do Carmo aponta:

> *"Não existe anomia jurídica no Estado Democrático de Direito. Ora o fato da vida cotidiana é regido pela Constituição Federal, ora o é pela lei infraconstitucional federal, estadual ou municipal, ou pela autonomia da vontade privada (contratos), ou pelos costumes, ou pela sentença judicial que dirime o caso concreto levado às barras do Tribunal e assim sucessivamente, em uma cadeia lógica e ordenada de aplicação do direito aos multitudinários fatos da vida social.*
>
> *Ora, dentro dessa teleologia exegética, aliás a única compatível com o Estado Democrático de Direito, temos que quando uma norma coletiva perde sua razão fundante de validade, ou seja, perde sua vigência e eficácia, não se lhe segue um período de anomia jurídica ou de vácuo legislativo, e sim mera diversidade de aplicação de normas substitutivas que passam automaticamente a reger a respectiva situação.*
>
> *Assim, e.g., se a fonte da cláusula mais favorável ao trabalhador era a norma coletiva, e.g., um adicional de horas extras de 100%, exaurida a vigência do instrumento coletivo, e perscrutando-se a hierarquia que informa as fontes legais, veremos que a Constituição Federal passará a disciplinar a questão da sobrejornada efetuada pelo trabalhador, em face do disposto no inciso XVI do artigo 7º da Constituição Federal, passando a ser invocável o adicional de horas extras ali previsto de 50%.*
>
> *E assim acontece com todas as demais cláusulas coletivas caducas, que passarão a ter novo fundamento de validade, ainda que transitoriamente mais desfavorável ao trabalhador (CARMO, Júlio Bernardo do. A Súmula n. 277*

do TST e a ofensa ao princípio da legalidade. In: **Revista do Tribunal Regional do Trabalho da 3ª Região**, Belo Horizonte, v.55, n.85, p.75-84, jan./jun.2012).

A interpretação conferida pelo TST aos acordos coletivos, equiparando-os a lei, também é questão bastante discutida pela doutrina. Nesse ponto, é evidente que lei e acordos coletivos se diferenciam em diversos aspectos, como em relação à precariedade e ao cunho compromissório.

Sobre o tema, Antonio Carlos de Aguiar anota:

"O TST interpretou os acordos sindicais como se fosse lei. Mandou integrar as condições negociadas (que tinham prazo de validade!) de modo definitivo no contrato individual de trabalho, numa espécie de reconhecimento de direito adquirido (situação usual e adequada para condições previstas em lei e não em convenção ou acordo coletivo de trabalho!)."

E segue:

"Pois bem. Com todo o respeito, quando se interpretou um contrato coletivo como se fosse lei, na verdade o que fez foi o TST criar um "quiproquó jurídico" que espanca a segurança jurídica; desrespeita as instituições e sua autonomia coletiva privada; impacta custos para as empresas; além de tratar os representantes sindicais como cidadãos de segunda classe, que não têm autonomia para defender os interesses de seus representados" (AGUIAR, Antonio Carlos de. A negociação coletiva de trabalho (uma crítica à Súmula n. 277, do TST). In: **Revista Ltr**, vol. 77, n. 09, setembro de 2013).

Em relação a aspectos negativos, Sérgio Pinto Martins indica que a incorporação das normas coletivas ao contrato individual de trabalho implica obstar novas negociações coletivas e estimular que o empregador dispense aqueles trabalhadores que tenham cláusulas incorporadas em seus contratos de trabalho, a fim de admitir outros, com benefícios inferiores.

Para ele, trata-se de situação que tende a diminuir a viabilidade da negociação coletiva e aumentar os dissídios coletivos. E complementa:

> "Não se pode dizer que há direito adquirido à manutenção da condição do contrato de trabalho estabelecida pela norma coletiva anterior, pois o inciso XXXV do artigo 5º da Lei Maior estabelece que "a lei não prejudicará o direito adquirido". Não é a convenção ou o acordo coletivo que não prejudicarão o direito adquirido, mas a lei. Ademais, em decorrência do prazo determinado de vigência da norma coletiva, não se pode falar em incorporação de suas cláusulas no contrato de trabalho.
>
> A convenção coletiva pode, portanto, ter tanto regras para melhorar as condições de trabalho como condições in peius. Assim, se as partes não quiseram a incorporação, esta não ocorrerá, pois há barganha para obtenção de novas condições de trabalho, implicando concessões recíprocas. A negociação entre as partes é feita no sentido de estabelecer concessões recíprocas para a outorga de outros benefícios. Se foi suprimido determinado benefício, pode ter ocorrido de, no conjunto, terem atribuído melhores benefícios aos trabalhadores." (MARTINS, Sérgio Pinto. **Comentários às súmulas do TST**. São Paulo: Atlas, 2015).

É evidente, portanto, em breve análise, que o princípio da ultratividade da norma coletiva apresenta diversos aspectos que precisam ser levados em consideração quando de sua adoção ou não.

São questões que já foram apreciadas pelo Poder Legislativo ao menos em duas ocasiões — na elaboração e na revogação da Lei n. 8.542/1992 — e que deixam claro tratar-se de tema a ser definido por processo legislativo específico.

Feitas essas breves considerações, passo à análise da questão posta na presente arguição de descumprimento de preceito fundamental.

3.1. Caso concreto: a nova redação da Súmula n. 277 do TST.

Desde uma análise preliminar, parece evidente que a alteração jurisdicional consubstanciada na nova redação da Súmula n. 277 do TST suscita dúvida sobre a sua compatibilidade com os princípios da legalidade, da separação dos Poderes e da segurança jurídica. Ademais, causa igual perplexidade o caráter casuístico da aplicação do princípio da ultratividade das normas coletivas, como indicarei neste tópico.

Legalidade e separação dos Poderes

O novo entendimento do Tribunal Superior do Trabalho objeto da presente ADPF tem como fundamento a alteração redacional feita pela EC 45/2004 no § 2º do art. 114 da Constituição Federal.

A Corte trabalhista passou a interpretar a introdução do vocábulo "anteriormente" à expressão "convencionadas" como suposta reinserção do princípio da ultratividade condicionada da norma coletiva ao ordenamento jurídico brasileiro.

Em consulta à jurisprudência, vê-se que o entendimento aqui contestado segue sendo reiteradamente aplicado, com trechos da fundamentação em destaque:

> "RECURSO DE REVISTA. 1. PRESCRIÇÃO TOTAL DECLARADA EM PRIMEIRA INSTÂNCIA E AFASTADA PELO TRIBUNAL REGIONAL. PROSSEGUIMENTO NO EXAME DA CONTROVÉRSIA. POSSIBILIDADE. ARTIGO 515, § 3º DA CLT. CAUSA MADURA. (...) INTEGRAÇÃO DE REAJUSTE SALARIAL. PRAZO DE VIGÊNCIA DO INSTRUMENTO NORMATIVO. SÚMULA 277/TST. A controvérsia está centrada em definir se a condenação à integração dos reajustes deve ser limitada ao prazo de vigência do instrumento normativo que os autorizou. A discussão sobre o limite temporal da eficácia das cláusulas inscritas em acordos e convenções coletivas de trabalho, com fundamento nos arts. 613, II, e 614, § 3º, da CLT, **está superada pela compreensão imposta por esta Corte na Súmula n. 277, segundo a qual 'integram os contratos individuais de trabalho e somente poderão ser modificadas ou suprimidas mediante negociação coletiva de trabalho.'** A diretriz inscrita na referida súmula

deriva da nova realidade instituída pela EC 45/2004, que, ao introduzir reforma expressiva na estrutura do Poder Judiciário, dispôs que a Justiça do Trabalho apenas poderia solucionar conflitos coletivos de trabalho mediante comum acordo das partes interessadas (CF, art. 114, § 2º), situação que acabou impondo retrocesso social inadmissível e inconstitucional, por afronta 'caput' do art. 7º da CF, ante a recusa sistemática da classe patronal em submeter, após frustradas as tentativas de negociação coletiva, as disputas ao crivo do Poder Judiciário. Mas, para além desses aspectos, determinadas cláusulas ajustadas coletivamente incorporam-se, pela sua própria natureza, de forma definitiva aos contratos de trabalho, não podendo ser suprimida, como no caso dos reajustes salariais. Afora a circunstância de que tais reajustes, fruto de negociação coletiva, apenas objetivam a recomposição do equilíbrio entre as obrigações contratuais assumidas por empregados e empregadores, equilíbrio esse rompido pelo natural desgaste do poder aquisitivo da moeda advindo do processo econômico inflacionário, é fato que a própria Constituição impede a redução de salários, salvo por meio de negociação coletiva (CF, art. 7º, VI), o que não se verifica no caso dos autos. **Nesse cenário, a integração de reajustes salariais previstos em normas coletivas não configura contrariedade à Súmula n. 277 do TST.** Recurso de revista não conhecido". (RR-1412-26.2012.5.05.0019 , Relator Ministro: Douglas Alencar Rodrigues, Data de Julgamento: 05.08.2015, 7ª Turma, Data de Publicação: DEJT 07.08.2015, grifos nossos)

Em princípio o TST parece valer-se de alteração meramente semântica, que não pretendeu modificar a essência do dispositivo constitucional e, consequentemente, aumentar o âmbito de competências da Justiça do Trabalho.

Nesse aspecto, o Ministro Ives Gandra da Silva Martins Filho esclarece que a palavra "anteriormente" foi introduzida no § 2º do art. 114 da Constituição Federal em verdade para especificar, ainda mais, o limite mínimo a ser respeitado pelo poder normativo da Justiça do Trabalho (MARTINS FILHO, Ives Gandra da Silva. **Processo coletivo do trabalho.** São Paulo: LTr, 2009, p. 41-43).

Este seria o verdadeiro sentido da norma: constitucionalizar o princípio da manutenção da condição mais favorável ao trabalhador nos termos do art. 468, caput, da CLT ("Nos contratos individuais de trabalho só é lícita a alteração das respectivas condições por mútuo consentimento, e ainda assim desde que não resultem, direta ou indiretamente, prejuízos ao empregado, sob pena de nulidade da cláusula infringente desta garantia"), também no âmbito das sentenças normativas.

E complementa:

"a incorporação apenas é garantida no caso específico de norma convencional anterior, se o conflito for apreciado pelo judiciário Trabalhista, já que este não poderá deixar de incluir na sentença normativa as vantagens previstas no acordo cuja vigência expirou. A manutenção das conquistas anteriores, nesse caso, fica condicionada apenas à sua especificação quanto às cláusulas que se deseja ver mantidas na nova norma coletiva de trabalho.

Assim, a única fórmula que restaria ao empregador para desonerar-se de concessão que um dia fez aos empregados via de acordo coletivo seria a consecução de novo acordo em que a cláusula indesejável não fosse incluída. Mas, nesse caso, o desiderato patronal apenas lograria êxito mediante compensação com outra espécie de vantagem a ser concedida, menos onerosa para a empresa, como fruto da negociação coletiva. Isso se torna comum nos contextos econômicos de recessão, quando a preservação do emprego é mais importante que o aumento das vantagens salariais (que poderão inclusive ser diminuídas).

Verifica-se, pois, que o dispositivo constitucional em comento não trouxe, na verdade, elemento novo em relação à incorporação das normas coletivas aos contratos individuais de trabalho, senão reflexa e parcialmente, na medida em que impõe a manutenção, na sentença normativa posterior, das vantagens constantes do instrumento coletivo anterior, se *este era convenção ou acordo (natureza convencional e não impositiva)." (MARTINS FILHO, Ives Gandra da Silva. **Processo coletivo do trabalho**. São Paulo: LTr, 2009, p. 41-43)*

Vê-se, assim, que, se há norma convencional anterior, a Justiça do Trabalho não pode estabelecer, por seu poder normativo, ao julgar dissídio coletivo, condição menos favorável ao trabalhador do que aquela prevista no acordo ou na convenção coletiva que será por ela substituída por sentença normativa.

O vocábulo introduzido pela EC 45/2004 é voltado, portanto, a delimitar o poder normativo da Justiça do Trabalho. Na hipótese de não ser ajuizado dissídio coletivo, ou não firmado novo acordo, a convenção automaticamente estará extinta.

Daí se percebe que o espírito do legislador constituinte passou longe da ideia de suposta revitalização do princípio da ultratividade da norma coletiva.

Deduzir-se o pretendido pela Justiça Trabalhista poderia configurar verdadeira fraude hermenêutica, destinada apenas a extrair-se — de onde não há — interpretação que a auxilie a fundamentar o que deseja.

Trata-se de autêntica jurisprudência sentimental, seguida em moldes semelhantes à adotada pelo bom juiz Magnaud. Magistrado do Tribunal de primeira instância de Château-Thierry, na França, no qual atuou de 1889 a 1904, passou a ser conhecido como o bom juiz por amparar mulheres e menores, por atacar privilégios, por proteger plebeus, ao interpretar a lei de acordo com classe, mentalidade religiosa ou política das partes.

*Em suas decisões, o bom juiz Magnaud "não jogava com a Hermenêutica, em que nem falava sequer. Tomava atitudes de tribuno; usava de linguagem de orador ou panfletário; empregava apenas argumentos humanos sociais, e concluía do alto, dando razão a este ou àquele sem se preocupar com os textos" (MAXIMILIANO, Carlos. **Hermenêutica e aplicação do direito**. Rio de Janeiro: Forense, 2006, p. 68).*

A ideia de que cada decisão judicial é atividade criadora de Direito, não apenas aplicação de norma pronta, teve diversos adeptos na Europa no final do século XIX.

*O chamado "Movimento do Direito Livre", do qual é considerado precursor o escrito Gesetz und Richteramt, de Oskar Bülow, publicado em 1885, seguia o princípio de que haveria pluralidade de significados para a aplicação de determinado texto de lei, cabendo ao juiz ponderar o que acreditava ser a mais justa, em verdadeira livre investigação do direito. O magistrado não teria limites no momento de decidir litígios. (LARENZ, Karl. **Metodologia da ciência do direito**. Lisboa: Fundação Calouste Gulbenkian, 1997, p. 78).*

É esse ativismo um tanto quanto naif *que o TST parece pretender seguir na espécie.*

Também a Justiça do Trabalho não pode perder de vista a realidade e, a partir de visões próprias de mundo, focada a atingir determinado fim que entende nobre, atuar como o bom juiz Magnaud. Há limites que precisam ser observados no Estado democrático de direito e dos quais não se pode deliberadamente afastar para favorecer grupo específico.

Em crítica à interpretação que desde o início já está voltada a obter determinado fim, Carlos Maximiliano pondera:

> *"Cumpre evitar, não só o demasiado apego à letra dos dispositivos, como também o excesso contrário, o de forçar a exegese e deste modo **encaixar na regra escrita, graças à fantasia do hermeneuta, as teses pelas quais este se apaixonou, de sorte que vislumbra no texto ideias apenas existentes no próprio cérebro, ou no sentir individual, desvairado por ojerizas e pendores, entusiasmos e preconceitos**" (MAXIMILIANO, Carlos. **Hermenêutica e aplicação do direito**. Rio de Janeiro: Forense, 2006, p. 84, grifos nossos).*

Não cabe ao Tribunal Superior do Trabalho agir excepcionalmente e, para chegar a determinado objetivo, interpretar norma constitucional de forma arbitrária.

Ademais, a existência de norma legal — já revogada — sobre o tema é aspecto que não pode ser igualmente ignorado. O § 1º do art. 1º da Lei n. 8.542/1992 expressamente estabelecia que "as cláusulas dos acordos, convenções ou contratos coletivos de trabalho integram os contratos individuais de trabalho e somente poderão ser reduzidas ou suprimidas por posterior acordo, convenção ou contrato coletivo de trabalho".

Assim como qualquer outro diploma legislativo, esse também foi submetido a ampla discussão. Com observância da publicidade, da transparência, foi analisado sob a perspectiva da necessidade e da proporcionalidade de suas medidas.

Mesmo procedimento foi observado na elaboração da Lei n. 10.192, de 23 de dezembro de 2001, que decorre da conversão da Medida Provisória n. 1.709/1998 e revogou a Lei n. 8.542/1992. Em rediscussão da matéria, o Poder Legislativo entendeu por bem retirar o princípio da ultratividade da norma coletiva do ordenamento jurídico nacional.

É no mínimo exótico, portanto, que um tema que tenha sido mais de uma vez objeto de análise pelo Poder Legislativo — em amplo processo democrático de elaboração de leis — retorne ao cenário jurídico por meio de simples reunião interna de membros do Tribunal Superior do Trabalho.

A Corte trabalhista, em sessão para definir quais súmulas e orientações suas deveriam ser alteradas ou atualizadas, conseguiu a façanha de não apenas interpretar arbitrariamente norma constitucional, de modo a dela extrair o almejado, como também de ressuscitar princípio que somente deveria voltar a existir por legislação específica.

Nesse sentido, o Ministro Ives Gandra da Silva Martins Filho aponta:

> "(...) se o legislador efetivamente quisesse a não ultratividade, teria manifestado expressamente esse desiderato na nova norma. A ultratividade é exceção, não regra. A norma legal que rege a matéria é o § 3º do art. 614 da CLT, que limita a dois anos a vigência dos acordos e convenções coletivas. Pretender o contrário, apenas com previsão legal, a qual foi

revogada expressamente pelo legislador." (MARTINS FILHO, Ives Gandra da Silva. Os pilares do direito do trabalho: os princípios jurídicos e as teorias gerais (uma reflexão sobre sua aplicação). **In: Os pilares do direito do trabalho.** *São Paulo: Lex, 2013).*

E conclui:

"Como se vê, o caso é paradigmático de substituição ao legislador, e com contundente impacto no mundo jurídico, gerando, da noite para o dia, passivos trabalhistas, sem que se tivesse algum processo sendo julgado para se discutir a matéria, até com sustentações orais e entrega de memoriais. Em debate fechado — ao contrário do que aconteceria se a matéria fosse debatida no Congresso Nacional ou seguidos os trâmites regimentais para alteração de súmula, com parecer da Comissão de Jurisprudência (RITST, art. 163, §§ 1º e 2º) — criou-se direito novo ao operariado, que praticamente sepulta a negociação coletiva, desestimulando a concessão de vantagens por parte do empresariado, sabendo que serão definitivamente incorporadas ao contrato de trabalho, quando é da natureza da negociação ser periódica e limitada.

(...)

Esse caso é típico de ativismo judiciário e voluntarismo jurídico que transmuda a função do magistrado, de julgador para a de legislador, pois sequer houve caso julgado a dar supedâneo à nova súmula. E nem se diga que algum precedente da SDC anterior à nova redação da súmula poderia ser invocado como justificador da nova orientação, na medida em que o art. 165 do RITST só admite precedentes da SDI para edição de súmulas, uma vez que a SDC exerce poder normativo, gerando precedentes normativos e não súmulas, sendo que estas últimas é que são aplicadas aos dissídios individuais, onde se exerce jurisdição e não o poder normativo da Seção de Dissídios Coletivos" (MARTINS FILHO, Ives Gandra da Silva. Os pilares do direito do trabalho: os princípios jurídicos e as teorias gerais (uma reflexão sobre sua aplicação). **In: Os pilares do direito do trabalho.** *São Paulo: Lex, 2013).*

Em sentido semelhante, as observações de Júlio Bernardo do Carmo:

"Não tendo a Constituição Federal se ocupado dessa tarefa, o problema relacionado não só à vigência de normas coletivas lato sensu, como também à de sua possível ultraatividade, depende sim de previsão expressa no plano legislativo infraconstitucional (CARMO, Júlio Bernardo do. A Súmula n. 277 do TST e a ofensa ao princípio da legalidade. In: Revista do Tribunal Regional do Trabalho da 3ª Região, Belo Horizonte, v. 55, n. 85, p. 75-84, jan./jun. 2012).

E prossegue:

"A questão da incorporação definitiva da cláusula mais favorável ao contrato individual de trabalho deve e tem que ser dissociada tanto no plano individual como no plano coletivo do direito do trabalho.

No plano do direito individual do trabalho, em face do dirigismo estatal, e da natureza de ordem pública e de irrenunciabilidade dos preceitos que outorgam direitos sociais aos trabalhadores, a regra é a de que a norma mais favorável adere sempre ao contrato de trabalho, não mais podendo ser suprimida em seu prejuízo.

Já no plano do direito coletivo a norma mais favorável ao trabalhador não decorre de ato legislativo típico e sim da autonomia privada coletiva, mesmo considerando-se que esta última pode não vingar, ocupando-se o Estado-Juiz de dar prosseguimento normatizado à negociação coletiva malograda.

A singularidade permanece porque, mesmo no âmbito do poder normativo, o Judiciário trabalhista não edita lei abstrata e válida para todos e sim uma norma específica que vai reger a situação de trabalhadores que estão inseridos em determinada categoria profissional.

Ou seja, uma coisa é invocar a inalterabilidade de uma cláusula mais favorável ao trabalhador quando oriunda de *uma lei trabalhista cogente, imperativa e inalterável ad libito das partes; outra bem diversa é invocar a inalterabilidade ou perpetuidade de uma cláusula favorável ao trabalhador quando advinda, não de lei imperativa e categórica, mas sim da autonomia privada coletiva de que desfrutam os entes sindicais quando celebram um acordo ou uma convenção coletiva de trabalho. Ou mesmo quando a norma coletiva, como é curial, provém de uma sentença normativa, que substitui a autonomia privada coletiva malograda pela imposição da vontade do Estado-Juiz.*

No plano individual trabalhista, o contrato de trabalho tende para a indeterminação de prazo e, mesmo nos chamados contratos por prazo determinado, a inalterabilidade da cláusula mais favorável decorre diretamente da lei, muito embora transite antes pela vontade manifesta do empregador que cogita a benesse, a exterioriza no mundo físico e torna-a realidade imutável no mundo do direito do trabalho.

Ou seja, no plano do direito individual do trabalho a inalterabilidade da cláusula mais favorável, decorrendo diretamente de uma lei imperativa e categórica, está totalmente dissociada da noção de prazo do contrato de trabalho; ela é atemporal, e, uma vez reconhecida pelo Estado-Juiz, a situação de inalterabilidade da cláusula mais favorável ao trabalhador é irreversível e imodificável. As normas coletivas, por outro lado, todas, sem exceção, têm prazo de vigência determinado, imposto por lei e suas cláusulas são frutos da autonomia privada coletiva ou de um ato heterônomo estatal que a substitui. Tendo prazo de vigência imperativa delineado na lei, as cláusulas coletivas não podem viver de forma atemporal, cessando sua eficácia com o exaurimento do prazo de vigência da norma coletiva.

Outro argumento que milita contra a teoria da ultraatividade condicionada da norma coletiva, em face da total ausência de respaldo legal para referendá-la, consubstancia-se na peculiaridade de que uma das garantias constitucionais atinentes aos direitos sociais é a conhecida irredutibilidade do salário ou a rigorosa observância da duração do trabalho normal, ressalvado o disposto em negociação coletiva" (CARMO, Júlio Bernardo do. A Súmula n. 277 do TST e a ofensa ao princípio da legalidade. In: Revista do Tribunal Regional do Trabalho da 3ª Região, Belo Horizonte, v. 55, n. 85, p. 75-84, jan./jun. 2012).

Vê-se, pois, que não apenas o princípio da legalidade, mas também o da separação dos Poderes afigura-se atingido com essa atuação indevida.

Sobre o tema, anoto ademais:

"A usurpação da competência do legislador positivo foi deveras desastrosa, porque longe de otimizar, pode, sim, emperrar o surgimento de novas cláusulas favoráveis aos trabalhadores em instrumentos coletivos, já que, aderindo inapelavelmente os contratos individuais de trabalho, amargaria ainda mais o oneroso encargo social do patronato, incutindo um medo generalizado de outorgar tais benesses" (CARMO, Júlio Bernardo. A Súmula n. 277 do TST e a ofensa ao princípio da legalidade. **In: Revista do Tribunal Regional do Trabalho da 3ª Região**, Belo Horizonte, v. 55, n. 85, p. 75-84, jan./jun.2012).

Ao avocar para si a função legiferante, a Corte trabalhista afastou o debate público e todos os trâmites e as garantias típicas do processo legislativo, passando, por conta própria, a ditar não apenas norma, mas os limites da alteração que criou. Tomou para si o poder de ponderação acerca de eventuais consequências desastrosas e, mais, ao aplicar entendimento que ela mesma estabeleceu, também o poder de arbitrariamente selecionar quem por ele seria atingido.

Segurança jurídica

Verifica-se que, sem legislação específica sobre o tema, o Tribunal Superior do Trabalho realiza verdadeiro "zigue-zague" jurisprudencial, ora entendendo ser possível a ultratividade, ora a negando, de forma a igualmente vulnerar o princípio da segurança jurídica.

Sem precedentes ou jurisprudência consolidada, o TST resolveu de forma repentina — em um encontro do Tribunal para modernizar sua jurisprudência! — alterar dispositivo constitucional do qual flagrantemente não se poderia extrair o princípio da ultratividade das normas coletivas.

Da noite para o dia, a Súmula n. 277 passou de uma redação que ditava serem as normas coletivas válidas apenas no período de vigência do acordo para o entendimento contrário, de que seriam válidas até que novo acordo as alterasse ou confirmasse.

A alteração de entendimento sumular sem a existência de precedentes que a justifiquem é proeza digna de figurar no livro do Guinness, tamanho o grau de ineditismo da decisão que a Justiça Trabalhista pretendeu criar.

Em tentativa de conferir aparente proteção à segurança jurídica, algumas turmas do TST chegaram a determinar que a nova redação da Súmula n. 277, ou seja, que admite a ultratividade, seria válida apenas para convenções e acordos coletivos posteriores a sua publicação. Isso tudo, ressalte-se, de forma arbitrária, sem nenhuma base legal ou constitucional que a autorizasse a tanto.

Aplicação casuística

Como se vê, a mudança de posicionamento da Corte trabalhista consubstanciada na nova Súmula n. 277, em sentido diametralmente oposto ao anteriormente entendido, ocorreu sem nenhuma base sólida, mas fundamentada apenas em suposta autorização advinda de mera alteração redacional de dispositivo constitucional.

Se já não bastasse a interpretação arbitrária da norma da Constituição Federal, igualmente grave é a peculiar forma de aplicação da Súmula n. 277 do TST pela Justiça Trabalhista.

Não são raros os exemplos da jurisprudência a indicar que a própria súmula — que objetiva interpretar dispositivo constitucional — é igualmente interpretada no sentido de ser aplicável apenas a hipóteses que beneficiem um lado da relação trabalhista.

Em outras palavras, decanta-se casuisticamente um dispositivo constitucional até o ponto que dele consiga ser extraído entendimento que se pretende utilizar em favor de determinada categoria.

Mencione-se, nesse sentido:

"*PRESTAÇÃO DE SERVIÇOS EM FERIADOS. AUTORIZAÇÃO PREVISTA EM NORMA COLETIVA COM PERÍODO DE VIGÊNCIA JÁ EXPIRADO.* **PREVISÃO DE CONDIÇÃO MAIS GRAVOSA AO EMPREGADO. NORMA COLETIVA NÃO INCORPORADA AO CONTRATO DE TRABALHO.** *SÚMULA N. 277 DO TST INAPLICÁVEL. A controvérsia cinge-se em saber se a autorização acerca do trabalho em feriados, prevista em norma coletiva, com prazo de vigência já expirado, possui eficácia ultrativa, aplicando-se aos biênios subsequentes, em razão da ausência de norma coletiva posterior dispondo em sentido contrário. Discute-se a aplicabilidade da nova redação da Súmula n. 277 do TST. Ressalta-se que, no caso dos autos, não há notícia acerca de nova negociação coletiva, disciplinando o labor em feriados para a categoria profissional do autor.* **Importante salientar, entretanto, para que a ultratividade dos acordos coletivos e das convenções coletivas de trabalho, prevista na Súmula n. 277 do TST, na sua atual redação, seja, efetivamente, um instrumento de garantia dos direitos dos trabalhadores, a aplicação desse verbete deve se amoldar aos princípios da proteção e da condição mais benéfica. Ademais, cumpre salientar que a aplicação da nova redação da Súmula n. 277 desta Corte pressupõe a existência, no caso concreto, de norma que não seja prejudicial ao trabalhador, admitindo-se, assim, que determinada cláusula normativa se protraia no tempo até que sobrevenha alteração por meio de nova negociação coletiva, desde que, como referido, não prejudique os empregados, sendo essa a melhor exegese a respeito da matéria, à luz da citada súmula.** *Com efeito, a cláusula normativa invocada pela reclamada, pela qual se autorizou o labor em dias feriados, não aderiu ao contrato de trabalho do autor, porquanto a supressão do direito do trabalhador à folga no feriado consiste em condição mais gravosa, devendo* *ser limitada ao período subscrito na norma, qual seja, o biênio 2012/2013. Intacta a Súmula n. 277 do Tribunal Superior do Trabalho. Precedentes. Recurso de revista conhecido e desprovido" (RR-10726-83.2013.5.15.0018 , Relator Ministro: José Roberto Freire Pimenta, Data de Julgamento: 26/04/2016, 2ª Turma, Data de Publicação: DEJT 29/04/2016, grifos nossos)*

Vê-se, pois, que, ao mesmo tempo que a própria doutrina exalta o princípio da ultratividade da norma coletiva como instrumento de manutenção de uma certa ordem para o suposto vácuo existente entre o antigo e o novo instrumento negocial, trata-se de lógica voltada para beneficiar apenas os trabalhadores.

Da jurisprudência trabalhista, constata-se que empregadores precisam seguir honrando benefícios acordados, sem muitas vezes, contudo, obter o devido contrabalanceamento.

Ora, se acordos e convenções coletivas são firmados após amplas negociações e mútuas concessões, parece evidente que as vantagens que a Justiça Trabalhista pretende ver incorporadas ao contrato individual de trabalho certamente têm como base prestações sinalagmáticas acordadas com o empregador. Essa é, afinal, a essência da negociação trabalhista. Parece estranho, desse modo, que apenas um lado da relação continue a ser responsável pelos compromissos antes assumidos — ressalte-se, em processo negocial de concessões mútuas.

4. Conclusão

Desse modo, em análise mais apurada do que se está aqui a discutir, em especial com o recebimento de informações do Tribunal Superior do Trabalho e dos Tribunais Regionais do Trabalho da 1ª e da 2ª Região, bem como por verificar, em consulta à jurisprudência atual, que a Justiça Trabalhista segue reiteradamente aplicando a alteração jurisprudencial consolidada na nova redação da Súmula n. 277, claramente firmada sem base legal ou constitucional que a suporte, entendo, em análise preliminar, estarem presentes os requisitos necessários ao deferimento do pleito de urgência.

Reconsidero, por esses motivos, a aplicação do art. 12 da Lei n. 9.868/1999 (eDOC 10).

Em relação ao pedido liminar, ressalto que não tenho dúvidas de que a suspensão do andamento de processos é medida extrema que deve ser adotada apenas em circunstâncias especiais. Em juízo inicial, todavia, as razões declinadas pela requerente, bem como a reiterada aplicação do entendimento judicial consolidado na atual redação da Súmula n. 277 do TST, são questões que aparentam possuir relevância jurídica suficiente a ensejar o acolhimento do pedido.

Da análise do caso extrai-se indubitavelmente que se tem como insustentável o entendimento jurisdicional conferido pelos tribunais trabalhistas ao interpretar arbitrariamente a norma constitucional.

Ante o exposto, defiro o pedido formulado e determino, desde já, **ad referendum do Pleno** *(art. 5º, § 1º, Lei n. 9.882, de 1999) a suspensão de todos os processos em curso e dos efeitos de decisões judiciais proferidas no âmbito da Justiça do Trabalho que versem sobre a aplicação da ultratividade de normas de acordos e de convenções coletivas, sem prejuízo do término de sua fase instrutória, bem como das execuções já iniciadas.*

Dê-se ciência ao Tribunal Superior do Trabalho, aos Tribunais Regionais do Trabalho da 1ª e da 2ª Região e ao Conselho Superior da Justiça do Trabalho, para as necessárias providências (art. 5º, § 3º, Lei n. 9.882, de 1999).

Comunique-se com urgência.

Publique-se.[2]

---

[2] Disponível em: <http://www.stf.jus.br/portal/processo/verProcessoAndamento.asp?incidente=4599102>. Acesso em: 25 nov. 2016..

2. GREVE[1]

2.1. ACORDO DE COMPENSAÇÃO. DESCONTOS

A greve no serviço público encontra-se, em nosso entendimento, como norma apenas programática na Constituição de 1988, dependendo, agora, de lei específica e que ainda não existe[2]. Todavia, o STF, em sede de Mandado de injunção, entendeu que deve ser aplicada, no que couber, a situação dessa natureza a Lei n. 7.783/89. Agora, ao julgar o RE 693.456-RJ[3], relatado pelo Min. Dias Toffoli, o Pleno da Suprema Corte entendeu, reconhecendo repercussão geral, que o Poder Publico tem o dever de cortar o ponto dos servidores grevistas, salvo se a paralisação decorrer de conduta ilícita da administração, podendo, todavia, celebrar acordo para compensação dos dias parados.

O voto do Relator, acolhido por maioria, é o seguinte:

> *Trata-se, na origem, de mandado de segurança pelo qual os impetrantes, servidores públicos estaduais estatutários, pretendem sejam cessados os descontos efetuados pelos dias de paralisação, em razão da adesão a movimento grevista.*

---

[1] Sobre greve de servidor público, v., nesta coletânea, v. 2, p. 90, v. 6, p. 59, v. 7, p. 41, v. 9, p. 110, v. 10, p. 69, v. 12, p. 35, 39 e 54, v. 14, p. 51, 56 e 60, v. 16, p. 65, v. 18, p. 84, e v. 19, p. 121

[2] V., acerca de nosso entendimento, nosso *Curso de Direito do Trabalho*. 2. ed. São Paulo: LTr, 2015. p. 425-426.

[3] RE 693.456-RJ, de 2.9.2015 (Fundação de Apoio à Escola Técnica — FAETEC vs. Renato Barroso Bernabe, Am. Curiae. — Confederação dos Trabalhadores no Serviço Público Federal — CONDSEF, Federação de Sindicatos de Trabalhadores das Universidades Brasileiras — FASUBRA, Federação Nacional dos Servidores do Judiciário nos Estados — FENAJUD, Federação Nacional dos Sindicatos de Trabalhadores em Saúde, Trabalho e Previdência Social — FENASPS, Federação Nacional dos Trabalhadores do Judiciário Federal e Ministério Público da União — FENAJUFE, União e Estado de São Paulo). Rel.: Min. Dias Toffoli.

Na sentença de primeiro grau, denegou-se a segurança, reconhecendo-se a ausência do direito líquido e certo, uma vez que se entendeu não haver ilegalidade no ato administrativo consistente nos descontos efetuados nos contracheques dos impetrantes. Para tanto, concluiu-se que

> *"o exercício de direito de greve por parte dos servidores públicos somente poderá ser qualificado como legal e constitucional a partir da edição de Lei específica" (fl. 91).*

A apelação foi provida, por maioria, para determinar que a autoridade impetrada se abstivesse de proceder às anotações de faltas nos assentamentos funcionais e os descontos nas folhas de pagamento ou, caso os descontos já tivessem sido efetuados, para determinar a expedição de folha de pagamento suplementar com os valores eventualmente descontados. Contra essa decisão foi interposto o presente recurso extraordinário.

Preliminarmente, registro que do apelo extremo, calcado nas supostas ofensas aos arts. 37, inciso VII, e 100 da Carta Maior, **se deve conhecer apenas parcialmente**, *ante a ausência de prequestionamento da controvérsia relativa à forma de pagamento dos valores devidos aos recorridos.*

O acórdão da apelação, ao afastar a possibilidade de corte de ponto dos servidores grevistas, assim dispôs:

> *"Isso posto, voto no sentido de dar provimento ao recurso interposto para determinar que o apelado se abstenha de proceder ao desconto em folha de pagamento dos impetrantes, em decorrência de sua ausência ao trabalho, em greve no período compreendido entre 14/03/06 e 09/05/06 ou, caso a folha de pagamento já tenha sido lançada, para determinar a expedição de folha de pagamento suplementar dos valores descontados."*

Entendendo a recorrente que a forma de pagamento determinada pela Corte de origem violava o regime de precatórios, deveria ter imediatamente apontado a alegada violação do art. 100 da Constituição Federal, requerendo ao Tribunal de Justiça do Estado do Rio de Janeiro, por meio de embargos declaratórios, a correção do equívoco. Entretanto, assim não procedeu.

Conforme se depreende de fls. 152 a 156, embora contra o acórdão recorrido tenham sido opostos, a tempo e modo, embargos de declaração, esses se limitaram a discorrer acerca de hipotéticas inadequação da via eleita e ausência de interesse de agir, reiterando, ainda, argumentos relativos à possibilidade de desconto em folha dos dias em que o servidor deixou de exercer suas funções em virtude de movimento grevista. Os óbices atinentes à maneira como se dariam os pagamentos e ao desrespeito ao sistema de precatórios, caso existentes, não foram em momento algum ventilados.

Portanto, tendo a parte recorrente deixado de arguir, no momento oportuno, a afronta ao art. 100 da Carta da República, sobre essa questão não se manifestou, nem mesmo implicitamente, o Tribunal local — nem poderia tê-lo feito, uma vez que, por omissão da recorrente, não foi instado a fazê-lo. Falta, então, no tangente à apontada violência ao regime constitucionalmente estabelecido para o pagamento de débitos da Fazenda Pública, o indispensável prequestionamento, o que inviabiliza a apreciação desse capítulo do reclamo:

"*AGRAVO REGIMENTAL EM RECURSO EXTRAORDINÁRIO COM AGRAVO. PROCESSO CIVIL. INTIMAÇÃO DA FAZENDA PÚBLICA DE PRAZO RECURSAL. AUSÊNCIA DE PREVISÃO LEGAL. RECURSO EXTRAORDINÁRIO INTEMPESTIVO. AUSÊNCIA DE PREQUESTIONAMENTO. SÚMULAS 282 E 356/STF. 1. A jurisprudência do Supremo Tribunal Federal é firme no sentido de que a legislação processual não confere genericamente à Fazenda Pública estadual, distrital e municipal a prerrogativa de intimação pessoal. Aplica-se aos mencionados entes federados o disposto no art. 236 do CPC, que considera feitas as intimações apenas pela publicação dos atos no órgão oficial. Precedentes. 2. A tese trazida nas razões do recurso extraordinário não foi objeto de apreciação pelo Tribunal de origem. Tampouco foi alegada nos embargos de declaração opostos para suprimir eventual omissão, de modo que o recurso extraordinário carece do necessário* *prequestionamento, nos termos das Súmulas ns. 282 e 356/ STF. 3. Agravo regimental a que se nega provimento" (ARE n. 760.820-AgR/RJ, Primeira Turma, Relator o Ministro **Roberto Barroso**, DJe de 5.8.15).*

*"Agravo regimental em recurso extraordinário com agravo. Prequestionamento. Não ocorrência. Prequestionamento implícito. Inadmissibilidade. Incidência das Súmulas 282 e 356/STF. Procedimento de retenção de contribuição previdenciária. Fundo de Participação dos Municípios. Debate infraconstitucional. Afronta reflexa. 1. A Corte não admite a tese do chamado prequestionamento implícito, sendo certo que, caso a questão constitucional não tenha sido apreciada pelo Tribunal **a quo**, é necessária e indispensável a oposição de embargos de declaração, os quais devem trazer a discussão da matéria a ser prequestionada, a fim de possibilitar ao Tribunal de origem a apreciação do ponto sob o ângulo constitucional. 2. Para se ultrapassar o entendimento do Tribunal de origem, seria necessário reexaminar a controvérsia à luz da legislação infraconstitucional de regência (Leis ns. 8.212/91; 11.941/09; Decreto 3.048/99 e IN MPS/SRP n. 3/05). A ofensa ao texto constitucional seria, caso ocorresse, apenas indireta ou reflexa, o que é insuficiente para amparar o apelo extremo. 3. Agravo regimental não provido" (ARE n. 772.836 AgR/PE, Segunda Turma, de **minha relatoria**, DJe de 18.6.15).*

Portanto, ante os obstáculos elencados, não conheço do extraordinário no que tange à alegada ofensa ao art. 100 da Lei Maior.

Relativamente à tese da violação do art. 37, inciso VII, da Constituição Federal, encontro-me convencido de que o recurso preenche os requisitos constitucionais de admissibilidade, inclusive o esgotamento da instância, já que não cabem embargos infringentes de acórdão em que, em mandado de segurança, se decide, por maioria de votos, a apelação, nos exatos termos do disposto na Súmula n. 597 desta Corte. Avanço, assim, no que concerne a esse tema, à análise do mérito recursal.

Passo a um breve resgate histórico, em face da importância do objeto da demanda. A greve é uma das manifestações coletivas mais antigas e complexas produzidas pela sociedade. Sua primeira referência histórica, como se extrai dos livros, remonta ao Egito, no reinado de Ramsés III, no século XII a.C, no episódio conhecido como "pernas cruzadas", quando os trabalhadores, por não terem recebido o que fora prometido pelo faraó, a isso se opuseram cruzando as pernas (FABEL, Luciana Machado Teixeira. **Releitura conceitual e problematizada do Direito de Greve no Serviço Público Federal e as possíveis contribuições para a reflexão do Gestor Público com relação ao corte de ponto***. Mestrado. Belo Horizonte, 2009, p. 39).*

Já o surgimento do instituto da greve, nos moldes em que se apresenta atualmente, decorre do regime de trabalho assalariado, fruto da Revolução Industrial e da consolidação do modelo capitalista. Seu marco se deu em Paris, no século XVIII, com a reunião de trabalhadores na "Place de Grève" ou "Praça do Cascalho" (hoje denominada de Place de l'Hôtel de Ville). A expressão "grève", inicialmente, representava o ato de permanência de desempregados no local, à procura de trabalho, mas, com o tempo, passou a significar a união dos operários que se insurgiam contra as condições de trabalho impostas pelos empregadores. Das paralisações das atividades, com o fim de protestar e revindicar melhores condições de trabalho, surgiu propriamente o termo greve, expressão repetida por socialistas como Pierre Joseph Proudhon e Karl Marx no final da primeira metade do século XIX (CASTRO, Pedro. **Greve: fatos e significados***. São Paulo: Ática, 1986).*

No direito brasileiro, o instituto surgiu formalmente em meados do século XIX, a partir da massificação do trabalho assalariado. Segundo Marcelo Ribeiro Uchôa, a primeira greve do país ocorreu em 1858, no Rio de Janeiro, "quando os tipógrafos da capital imperial deram-se às mãos para protestar por melhoria salarial" (A greve no serviço público brasileiro. In: **O Supremo Tribunal Federal e os casos difíceis***. Florianópolis: Conceito, 2012. p. 250).*

As Constituições de 1824, de 1891 e de 1934 não trouxeram sequer a previsão do instituto, sendo ele considerado apenas fato social. A primeira lei brasileira que tratou da greve foi o Código

Penal de 1890, tipificando o instituto como crime e punindo o infrator com pena de detenção (MELO. Raimundo Simão de. **A greve no Direito Brasileiro.** São Paulo: LTr, 2003, p. 23). Em 1930, foi criado o Ministério do Trabalho, Indústria e Comércio com a função de efetivar a política trabalhista do governo. No entanto, os avanços foram poucos na proteção dos direitos trabalhistas e a Lei n. 38/32, que dispunha sobre segurança nacional, proibiu o exercício da greve.

A Constituição Federal de 1937, que instituiu a criação da Justiça laboral, foi a primeira a cuidar do tema em seu art. 139, **in verbis**:

> "Art. 139. Para dirimir os conflitos oriundos das relações entre empregadores e empregados, reguladas na legislação social, é instituída a Justiça do Trabalho, que será regulada em lei e à qual não se aplicam as disposições desta Constituição relativas à competência, ao recrutamento e às prerrogativas da Justiça comum.
> **A greve e o lock-out são declarados recursos anti-sociais nocivos ao trabalho e ao capital e incompatíveis com os superiores interesses da produção nacional**" (destaque nosso).

O Decreto-Lei n. 1.237/39, que instituiu a Justiça do Trabalho, previu severas punições aos trabalhadores que participassem de movimentos grevistas, como a suspensão, a despedida por justa causa e até a aplicação de pena de detenção. Mesmo a Consolidação das Leis do Trabalho (CLT), na redação original dos arts. 723 e 724, chegou a prever a greve como uma prática delituosa.

Na sequência, a Constituição Federal de 1946, em seu artigo 158, consignou ser "reconhecido o direito de greve, cujo exercício a lei regulará". Foi nesse contexto que o Decreto-Lei n. 9.070/46 garantiu o reconhecimento do direito de greve no Brasil, não extensível às atividades fundamentais. No entanto, somente em 1964, após o golpe militar, o direito de greve foi regulamentado, com a edição da Lei n. 4.330, denominada "Lei da Greve", que, *apesar de prever possibilidade de greves nas atividades normais, mais restringia do que possibilitava a paralisação (UCHÔA. Marcelo Ribeiro. op. cit., p. 251).*

A Constituição Federal de 1967 assegurou o direito de greve dos trabalhadores do setor privado em seu art. 158, inciso XXI[4], vedando-o aos servidores públicos, conforme o art. 157, § 7º: "[n]ão será permitida greve nos serviços públicos e atividades essenciais, definidas em lei". A Emenda Constitucional n. 1/69 restringiu-se a repetir a disposição constitucional anterior.

O Decreto-Lei n. 1.632/78 e a Lei n. 6.620/78 (Lei de Segurança Nacional) também proibiram a greve nos serviços públicos essenciais.

A partir de 1979, eclodiram movimentos grevistas. Com o tempo, após amplo debate na sociedade, diante de um vetusto confronto entre capital e trabalho, houve um reconhecimento formal no sentido de que a greve consistiria em forma legítima de manifestação dos interesses sociais da classe trabalhadora. Assim, um novo modelo de relação de trabalho foi implementado pela Constituição Federal de 1988, que reconheceu a greve como direito social, instrumento democrático a serviço da cidadania, entendida como reação pacífica e ordenada da classe trabalhadora para a melhoria das condições sociais.

Foi nesse contexto que o direito de greve dos trabalhadores vinculados à iniciativa privada foi assegurado no art. 9º do texto constitucional de 1988 e regulamentado pela Lei n. 7.783/89. Eis o texto constitucional:

> *"Art. 9º É assegurado o direito de greve, competindo aos trabalhadores decidir sobre a oportunidade de exercê-lo e sobre os interesses que devam por meio dele defender.*
>
> *§ 1º A lei definirá os serviços ou atividades essenciais e disporá sobre o atendimento das necessidades inadiáveis da comunidade.*

---

[4] "Art. 158. A Constituição assegura aos trabalhadores os seguintes direitos, além de outros que, nos termos da lei, visem à melhoria, de sua condição social: (...) XXI — greve, salvo o disposto no art. 157, § 7º."

§ 2º Os abusos cometidos sujeitam os responsáveis às penas da lei."

A Constituição Federal também reconheceu expressamente aos servidores públicos civis[5] a mesma prerrogativa (art. 37, inciso VII[6]); condicionando, porém, seu exercício, em um primeiro momento, à edição de lei complementar e, posteriormente, com a edição da Emenda Constitucional n. 19/98, ao advento de lei específica. Contudo, até o presente momento não houve a edição do necessário ato legislativo a regulamentar-lhes o exercício da greve. Aliás, a determinação especial inserida nesse dispositivo constitucional tem como principal fundamento a peculiaridade do regime jurídico que rege o serviço público e seus servidores. Esse é um ponto nodal.

Diferentemente do que ocorre na iniciativa privada, na relação estatutária não há tensão entre capital e trabalho. Na Administração Pública, vigora o princípio da supremacia do interesse público, princípio geral do direito administrativo, do qual decorrem, em um primeiro momento, o princípio da continuidade do serviço público, que implica que os serviços públicos não podem ser prejudicados, interrompidos ou paralisados, devendo-se, assim, haver um fluxo de continuidade, e, também, o dever inescusável do Estado em prestá-lo. Essa é a especialidade da norma que trata da greve no serviço público.

O pressuposto de existência do serviço público é a garantia do atendimento às necessidades inadiáveis dos administrados, pois indispensável à concretização e ao desenvolvimento social. Daí a afirmação do administrativista francês Gaston Jèze no sentido de que greve e serviço público são institutos destoantes, causando a paralisação incalculáveis prejuízos à sociedade[7].

---

[5] Já que o artigo 142 da Constituição, em seu inciso IV, determina que "ao militar são proibidas a sindicalização e a greve"

[6] VII — o direito de greve será exercido nos termos e nos limites definidos em lei específica; (Redação dada pela Emenda Constitucional n. 19, de 1998)

[7] Grève et service public sont des notions antinomiques. [...] La grève, c'est le fait qui subordonne le service public, c'est-à-dire l'intérêt général aux intérêts particuliers des agents" (*Grève de fonctionnaires publics*, RDP, 1909, p. 500)

Como é de todos sabido, esse tema chegou a ser objeto de julgamento por esta Suprema Corte quando apreciado o MI n. 20/DF, Relator o Ministro **Celso de Mello**, *em que o Plenário se limitou a declarar a mora do Congresso Nacional em editar a norma regulamentadora — que, à época, ainda era lei complementar — e a reconhecer a impossibilidade do exercício do direito de greve na sua ausência, por entender tratar-se de norma de eficácia limitada.*

Com efeito, a situação subjetiva de vantagem criada pelo texto constitucional em favor dos servidores públicos estava totalmente nulificada e comprometida pela mora legislativa, mantendo-se a greve no serviço público no plano da ilegalidade. Esse entendimento, no tocante ao papel do mandado de injunção, embasou várias decisões desta Corte, mas a experiência e o tempo mostraram não ser essa a postura mais adequada; prova disso é a inércia, até a presente data, quanto à regulamentação do exercício do direito de greve pelo servidor público.

A jurisprudência desta Corte experimentou avanços, flexibilizando a interpretação constitucional inicialmente estabelecida para conferir uma compreensão mais abrangente à garantia fundamental do mandado de injunção. A partir de uma série de precedentes, o Tribunal passou a admitir soluções "normativas" para a decisão judicial, como alternativa legítima de tornar a proteção judicial efetiva, sempre em face de hipóteses de vazio legislativo.

No julgamento dos Mandados de Injunção ns. 670/ES, 708/ DF e 712/PA, esta Suprema Corte decidiu que, até a edição da lei regulamentadora do direito de greve, previsto no art. 37, inciso VII, da Constituição da República, as Leis ns. 7.701/1988 e 7.783/1989 poderiam ser aplicadas provisoriamente para possibilitar o exercício do direito de greve pelos servidores públicos, em especial, **os arts. de 1º ao 9º, 14, 15 e 17 da Lei n. 7.783/89**. *Confira-se, a propósito, excerto do julgado:*

> *"MANDADO DE INJUNÇÃO. GARANTIA FUNDAMENTAL (CF, ART. 5º, INCISO LXXI). DIREITO DE GREVE DOS SERVIDORES PÚBLICOS CIVIS (CF, ART. 37, INCISO VII). EVOLUÇÃO DO TEMA NA JURISPRUDÊNCIA DO SUPREMO TRIBUNAL FEDERAL (STF). DEFINIÇÃO DOS* **PARÂ-**

METROS DE COMPETÊNCIA CONSTITUCIONAL PARA APRECIAÇÃO NO ÂMBITO DA JUSTIÇA FEDERAL E DA JUSTIÇA ESTADUAL ATÉ A EDIÇÃO DA LEGISLAÇÃO ESPECÍFICA PERTINENTE, NOS TERMOS DO ART. 37, VII, DA CF. EM OBSERVÂNCIA AOS DITAMES DA SEGURANÇA JURÍDICA E À EVOLUÇÃO JURISPRUDENCIAL NA INTERPRETAÇÃO DA OMISSÃO LEGISLATIVA SOBRE O DIREITO DE GREVE DOS SERVIDORES PÚBLICOS CIVIS, FIXAÇÃO DO PRAZO DE 60 (SESSENTA) DIAS PARA QUE O CONGRESSO NACIONAL LEGISLE SOBRE A MATÉRIA. **MANDADO DE INJUNÇÃO DEFERIDO PARA DETERMINAR A APLICAÇÃO DAS LEIS ns. 7.701/1988 e 7.783/1989.** 1. SINAIS DE EVOLUÇÃO DA GARANTIA FUNDAMENTAL DO MANDADO DE INJUNÇÃO NA JURISPRUDÊNCIA DO SUPREMO TRIBUNAL FEDERAL (STF).

(...)

6.4. Considerados os parâmetros acima delineados, a par da competência para o dissídio de greve em si, no qual se discuta a abusividade, ou não, da greve, os referidos tribunais, nos âmbitos de sua jurisdição, serão competentes para decidir acerca do mérito do pagamento, ou não, dos dias de paralisação, em consonância com a excepcionalidade de que esse juízo se reveste. Nesse contexto, nos termos do art. 7º da Lei n. 7.783/1989, a deflagração da greve, em princípio, corresponde à suspensão do contrato de trabalho. **Como regra geral, portanto, os salários dos dias de paralisação não deverão ser pagos, salvo no caso em que a greve tenha sido provocada justamente por atraso no pagamento aos servidores públicos civis, ou por outras situações excepcionais que justifiquem o afastamento da premissa da suspensão do contrato de trabalho (art. 7º da Lei n. 7.783/1989, 'in fine').**

(...)

6.7. Mandado de injunção conhecido e, no mérito, deferido para, nos termos acima especificados, **determinar a aplicação das Leis ns. 7.701/1988 e 7.783/1989 aos conflitos e às ações judiciais que envolvam a interpretação** *do direito de greve dos servidores públicos civis"* (MI n. 708/DF, Tribunal Pleno, Relator o Ministro **Gilmar Mendes**, DJe de 31.10.08 — destaque nosso).

Esta Corte, portanto, entendeu que, durante a ausência de norma regulamentadora, aplicam-se aos servidores públicos as normas que regem o direito de greve dos trabalhadores submetidos ao regime celetista e que o movimento grevista deflagrado por servidores públicos, ainda que na ausência de norma regulamentadora, não se configura um ato ilícito, mesmo porque há norma constitucional definidora de um direito fundamental.

Assim, diante da omissão legislativa, este Supremo Tribunal Federal vem garantindo a eficácia mínima do direito constitucional à categoria dos servidores públicos.

Assinalo, **obter dictum***, que o exercício mínimo desse direito, pelos servidores públicos, também se encontra condicionado ao atendimento dos requisitos estabelecidos pelas normas infraconstitucionais que se encontram em vigor. Os requisitos fixados pelos enunciados normativos, que antes eram aplicáveis apenas aos trabalhadores da iniciativa privada, acabaram por se estender aos agentes estatais e aos prestadores de serviços públicos, por força da interpretação realizada por esta Corte.*

Destarte, são requisitos para a deflagração de uma greve no serviço público: i) tentativa de negociação prévia, direta e pacífica; ii) frustração ou impossibilidade de negociação ou de se estabelecer uma agenda comum; iii) deflagração após decisão assemblear; iv) comunicação aos interessados, no caso, ao ente da Administração Pública a que a categoria se encontre vinculada e à população, com antecedência mínima de 72 horas (uma vez que todo serviço público é atividade essencial); v) adesão ao movimento por meios pacíficos; e vi) a garantia de prestação dos serviços indispensáveis ao atendimento das necessidades dos administrados — usuários ou destinatários dos serviços — e à sociedade.

A intenção da Constituição Federal de 1988 foi a de viabilizar a greve no serviço público, sempre que necessária, mas, para o alcance de de seus fins, há de encontrar, sempre, um caminho menos gravoso para a continuidade do atendimento das necessi-

dades sociais no âmbito administrativo (**vide** MI n. 712/PA, Tribunal Pleno, Relator o Ministro **Eros Grau**, DJe de 31.10.08).

É justamente o que dispõe o art. 3º da Lei n. 7.783/89, quando prevê a "cessão parcial do trabalho", no sentido de que, em nenhuma hipótese, poderá ocorrer a paralisação total do serviço público, havendo, portanto, uma compatibilização entre o atendimento das necessidades mínimas do serviço e o exercício do direito de greve.

Aliás, como já salientado em meu voto quando do julgamento da RE n. 658.026, de **minha relatoria**, a própria Constituição Federal estabeleceu mecanismos para a continuidade do serviço público, inclusive nos casos de greve, ao prever a possibilidade de a Administração Pública, em situações excepcionais e transitórias, efetuar contratação temporária de pessoal, como autorizado no art. 37, inciso IX, da Constituição Federal.

Essa contratação somente será lícita se existir previamente um texto normativo municipal, estadual, distrital ou federal a regular a contratação temporária de profissionais de atividades administrativas e de serviços públicos e a descrever as situações excepcionais e transitórias (como seria o caso de calamidades pública, surtos endêmicos que tenham atingido os profissionais da educação, demissões ou exonerações em massa, situações de greve de servidores públicos que perdurem por tempo irrazoável ou de greve que tenha sido considerada ilegal pelo Poder Judiciário etc.) (Dje de 31.10.14).

Aliás, não foi outro o raciocínio também realizado pelo legislador ao inserir no parágrafo único do art. 9º da Lei de Greve a possibilidade de contratação temporária para atender, durante o período grevista, os interesses do empregador. Eis o texto normativo:

> "Art. 9º Durante a greve, o sindicato ou a comissão de negociação, mediante acordo com a entidade patronal ou diretamente com o empregador, manterá em atividade equipes de empregados com o propósito de assegurar os serviços cuja paralisação resultem em prejuízo irreparável, pela deterioração irreversível de bens, máquinas e equipamentos, bem

como a manutenção daqueles essenciais à retomada das atividades da empresa quando da cessação do movimento.

Parágrafo único. Não havendo acordo, **é assegurado ao empregador, enquanto perdurar a greve, o direito de contratar diretamente os serviços necessários a que se refere este artigo"** *(destaque nosso).*

É evidente que este procedimento de contratação temporária, no caso de greve do servidor público, deve atender ao interesse público, exigindo-se a contratação de pessoas com condições de exercer de forma competente as funções, capacitando-as, se o caso, com o objetivo de atender aos interesses dos destinatários do serviço público e da atividade pública. Isso pode-se dar sempre que houver necessidade coletiva, não se exigindo como pré-requisito a declaração da abusividade do movimento grevista pelo Poder Judiciário. Trata-se de um ato discricionário da Administração Pública, desde que haja autorização legal, como acima mencionado.

A nenhum dos agentes que exercitam qualquer um dos poderes da República foi entregue a competência para autorizar ou não alguém a exercer seu direito de greve. Cabe à lei disciplinar isso, de modo a preservar o direito da população a serviços públicos adequados, a serem prestados de forma contínua, havendo, no entanto, situações em que a lei impedirá seu exercício. Nesse contexto, o Supremo Tribunal Federal decidiu que o direito de greve está sujeito a limitações, não podendo, por exemplo, a prestação de serviço público essencial ser interrompida, sendo, inclusive, suspenso, no caso de determinadas categorias e em circunstâncias específicas, o exercício desse direito. Isso poderia se dar, **v. g.**, *i) nos casos em que não há pessoal suficiente na área da saúde ou da assistência social, durante o período de greve, para que seja mantida uma equipe mínima e necessária para dar continuidade à prestação de serviço público específico; ii) nos casos de calamidade pública ou iii) em períodos específicos, como o período de eleição.*

Embora algumas balizas para se definir se uma greve é ou não abusiva estejam na lei, poderá o Poder Judiciário decidir sobre essas questões, dentre outras, inclusive sobre a suspensão do exercício desse direito em determinadas situações, seja em decorrência da natureza dos serviços ou em função de circunstâncias específicas — muitas delas fixadas nas normas de regência. Cito, a propósito, trecho do voto do Ministro **Gilmar Mendes** no julgamento do referido MI n. 708:

> "Revela-se importante, nesse particular, ressaltar que a par da competência para o dissídio de greve em si — no qual se discute a abusividade, ou não, da greve — também os referidos tribunais, nos seus respectivos âmbitos, serão competentes para decidir acerca do mérito do pagamento, ou não, dos dias de paralisação em consonância com a excepcionalidade com a qual esse juízo se reveste.
>
> (...)
>
> Os tribunais mencionados também serão competentes para apreciar e julgar medidas cautelares eventualmente incidentes relacionadas ao exercício do direito de greve dos servidores públicos civis, tais como:
>
> i) aquelas nas quais se postule a preservação do objeto da querela judicial, qual seja, o percentual mínimo de servidores públicos que deve continuar trabalhando durante o movimento paredista, ou mesmo a proibição de qualquer tipo de paralisação;
>
> ii) os interditos possessórios para a desocupação de dependências dos órgãos públicos eventualmente tomados por grevistas; e
>
> iii) demais medidas cautelares que apresentem conexão direta com o dissídio coletivo de greve.
>
> Em última instância, a adequação e a necessidade da definição dessas questões de organização e de procedimento dizem respeito à fixação de competência constitucional de modo a assegurar, a um só tempo, a possibilidade de exercício do direito constitucional de greve dos servidores públicos e, sobretudo, os limites a esse exercício no contexto de continuidade na prestação dos serviços públicos."

*Ademais, no que tange ao risco de atingimento a direitos fundamentais de outros cidadãos, confira-se o contundente voto do Ministro **Eros Grau**, que, em sede de reclamação, entendeu não ser possível garantir o exercício do direito de greve aos profissionais da área da segurança pública[8], mais especificamente, no caso concreto, aos policiais civis, posição que foi acolhida pela maioria dos membros do Plenário desta Corte:*

> *"O SENHOR MINISTRO Eros Grau (Relator): No voto que proferi no julgamento do MI n. 712, de que fui relator, afirmei que 'serviços ou atividades essenciais' e 'necessidades inadiáveis da coletividade' não se superpõem a 'serviços públicos'; e vice-versa. Trata-se aí de atividades próprias do setor privado, de um lado — ainda que essenciais, voltadas ao atendimento de necessidades inadiáveis da coletividade — e de atividades próprias do Estado, de outro.*
>
> *2. Naquela ocasião o Supremo entendeu que a Constituição do Brasil afirma expressamente o direito de greve dos servidores públicos civis — artigo 37, inciso VII — e que este preceito constitucional exige a edição de ato normativo que integre sua eficácia. Reconhecida a mora legislativa, cumpriria ao Supremo suprir a omissão legislativa. Isto há de ser dito com todas as letras: esta Corte não se presta, também quando na apreciação de mandados de injunção, a emitir decisões desprovidas de eficácia.*
>
> *3. Afirmei que não deve ser aplicado ao exercício do direito de greve no âmbito da Administração tão-somente o disposto na Lei n. 7.783/89. A esta Corte caberia traçar os parâmetros atinentes a esse exercício. Mencionei a necessidade de assegurar-se a coerência entre o exercício do direito de greve pelo servidor público e as condições necessárias à coesão e interdependência social, às quais a prestação continuada dos serviços públicos é imprescindível.*

---

[8] Aliás, na Espanha há vedação expressa ao exercício a greve por membros das forças armadas (art. 181 da Lei n. 85/1978), como no Brasil, e dos corpos de segurança (Art. 6.8. da Lei Orgânica n. 2/1986).

4. O exame do objeto desta reclamação permitirá a esta Corte esclarecer e demarcar adequadamente o sentido mais correto e a amplitude da decisão proferida no julgamento do MI n. 712. O direito de greve está, sim, integrado ao patrimônio jurídico dos servidores públicos. Dada a índole das atividades que exercem, não é, todavia, absoluto.

(...)

13. Recorro, neste passo, à doutrina do duplo efeito, segundo Tomás de Aquino, na Suma Teológica (II Seção da II Parte, Questão 64, Artigo 7). Não há dúvida quanto a serem, os servidores públicos, titulares do direito de greve. Porém, tal e qual é lícito matar a outrem em vista do bem comum, não será ilícita a recusa do direito de greve a tais e quais servidores públicos em benefício do bem comum. Não há mesmo dúvida quanto a serem eles titulares do direito de greve. Afirmei-o em meu voto no MI n. 712. A Constituição é, contudo, uma totalidade. Não um conjunto de enunciados que se possa ler palavra por palavra, em experiência de leitura bem comportada ou esteticamente ordenada. Dela são extraídos, pelo intérprete, sentidos normativos, outras coisas que não somente textos. A força normativa da Constituição é desprendida da totalidade, totalidade normativa, que a Constituição é. A serviço dessa totalidade que aqui estamos, neste tribunal. Os servidores públicos são, seguramente, titulares do direito de greve. Essa é a regra. **Ocorre, contudo — disse-o então e não tenho pejo em ser repetitivo — que entre os serviços públicos há alguns que a coesão social impõe sejam prestados plenamente, em sua totalidade. Referia-me especialmente aos desenvolvidos por grupos armados. As atividades desenvolvidas pela polícia civil são análogas, para esse efeito, às dos militares, em relação aos quais a Constituição expressamente proíbe a greve** (art. 142, § 3º, IV).

14. É certo, além disso, que a relativização do direito de greve não se limita aos policiais civis. A exceção estende-se a outras categorias. Servidores públicos que exercem atividades das quais dependam a manutenção da ordem pública e a segurança pública, a administração da Justiça — onde

as carreiras de Estado, cujos membros exercem atividades indelegáveis, inclusive as de exação tributária — e a saúde pública não estão inseridos no elenco dos servidores alcançados por aquele direito. Aqui prevalecerá, a conformar nossa decisão, a doutrina do duplo efeito.

(...)

16. Estou a concluir este voto, para afirmar — e considero, neste passo, o que mencionou o reclamante, em relação à necessidade de esta Corte manifestar-se sobre a aplicação da lei de greve 'aos ocupantes de carreiras de Estado que exercem funções públicas essenciais' — para afirmar que a conservação do bem comum exige que certas categorias de servidores públicos sejam privadas do exercício do direito de greve. Em defesa dela — a conservação do bem comum — e para a efetiva proteção de outros direitos igualmente salvaguardados pela Constituição do Brasil. De resto, em coerência com o que decidiu o Supremo no julgamento da ADI 3.395, afastando a competência da Justiça do Trabalho para dirimir os conflitos decorrentes das relações travadas entre servidores públicos e entes da Administração à qual estão vinculados, determino sejam os autos do Dissídio Coletivo de Greve n. 201.992008.000.02.00-7 e da Medida Cautelar n. 814.597-5/1-00 pelo Tribunal Regional do Trabalho da 2ª Região encaminhados ao Tribunal de Justiça do Estado de São Paulo, a quem incumbe decidir a matéria.

Julgo procedente a presente reclamação, recomendando a prudência que esta Corte não somente afirme a proibição do exercício do direito de greve pelos policiais civis do Estado de São Paulo, mas também de quantos outros servidores públicos desempenhem atividades relacionadas à manutenção da ordem pública e à segurança pública, à administração da Justiça — aí os integrados nas chamadas carreiras de Estado, que exercem atividades indelegáveis, inclusive as de exação tributária — e à saúde pública, prejudicado o agravo regimental interposto pelo Sindicato dos Delegados do Estado de São Paulo e não conhecido o agravo regimental interposto pelo Ministério Público do Trabalho" (Rcl n. 6.568, Relator o Ministro **Eros Grau**, Plenário, DJe 25.9.09, destaque nosso).

A ausência de regulamentação do direito de greve não transforma, no entanto, os dias de paralisação do movimento grevista em faltas injustificadas[9], uma vez que a Constituição Federal reconhece expressamente possam os servidores públicos civis exercer esse direito desde que preencham os requisitos legais outrora referidos. Por outro lado, como já ressaltado, esse direito não é absoluto. Nesse contexto é que a aplicação do art. 7º da Lei n. 7.783/89 — determinada por esta Corte —, que estabelece que a "participação em greve suspende o contrato de trabalho", induz ao entendimento de que, em princípio, a deflagração de greve corresponde à suspensão do contrato de trabalho. Isso porque, na suspensão não há falar em prestação de serviços, tampouco no pagamento de sua contraprestação. Desse modo, os servidores que aderem ao movimento grevista não fazem jus ao recebimento das remunerações dos dias paralisados, salvo no caso em que a greve tenha sido provocada justamente por atraso no pagamento ou por outras situações excepcionais que justifiquem o afastamento da premissa da suspensão da relação jurídica de trabalho e, por consequência, da atividade pública.

*Com efeito, conquanto a paralisação seja possível, porque é um direito constitucional, ela tem consequências. Esta Corte Suprema já assentou o entendimento de que o desconto dos dias de paralisação é ônus inerente à greve, assim como a paralisação parcial dos serviços públicos imposta à sociedade é consequência natural do movimento. Esse desconto não tem o efeito disciplinar punitivo. Os grevistas assumem os riscos da empreitada. Caso contrário, estaríamos diante de caso de enriquecimento sem causa a violar, inclusive, o princípio da indisponibilidade dos bens e do interesse público. Isso não significa que **o legislativo não possa**, com a edição de lei regulamentadora, entender por configurar o movimento grevista como hipótese de interrupção do contrato de trabalho.*

É certo que, para o caso do servidor estatutário, não existe propriamente um "contrato de trabalho". Entretanto, a leitura do dispositivo não impede sua plena adequação e a aplicação de

---

[9] Arts. 44, inciso I, 116, inciso X e 117, inciso I, da Lei n. 8.112/90.

seus efeitos jurídicos indistintamente ao empregado público e ao servidor público (em seu sentido estrito), mesmo porque, para esse último, sua participação no movimento paredista não pode ser considerada como gozo de férias, licença, abono ou compensação.

Podemos concluir, portanto, que se trata de um "afastamento" não remunerado do servidor, na medida em que, embora autorizado pela Constituição Federal, essa não lhe garantiu o pagamento integral de seus proventos. Assim, em razão da ausência de prestação específica do serviço por parte do grevista, os descontos devem ser realizados, sob pena de se configurar, como frisado, hipótese de enriquecimento sem causa.

Não se diga que essa conclusão estaria a impedir ou a tolher de forma indireta o efetivo exercício do direito de greve. Pelo contrário, na medida em que, sob o ponto de vista sistêmico de nosso ordenamento jurídico, observamos que o servidor público e o empregado público são aqueles que possuem mais condições para seu exercício, aquele, por sua estabilidade, esse, por sua efetividade. Essa realidade é completamente diferente da dos trabalhadores autônomos, dos funcionários de pequenas ou microempresas, das empregadas domésticas, dos trabalhadores de permissionários ou dos autorizatários individuais de serviços públicos, ou mesmo dos trabalhadores que não contam com sindicatos fortes, que se veem — por fundamentos fáticos, lógicos ou políticos — impedidos muitas vezes de participar de movimentos paredistas.

*Existem também outros argumentos a justificar a ampliação dos ônus aos servidores públicos, por meio do desconto remuneratório, a saber: i) a manutenção do serviço público de forma contínua e eficiente interessa a toda a coletividade; ii) as referidas estabilidade e efetividade do servidor público também pesam sob o aspecto político e estratégico a favor do servidor, que não pode ser — em princípio — demitido e pode continuar a exercer pressão junto aos dirigentes após o período grevista; iii) alguns servidores, por prestarem serviços **uti universi**, estão menos sujeitos a sofrer cobranças diretas da coletividade para o pronto retorno às suas respectivas atividades. Aliás, percucientes são as observações da doutrina a respeito, a possibilitar a conclusão de que a situação dos* *trabalhadores da iniciativa privada é diferente da dos servidores públicos em situações de greve:*

> *"[N]ão há como apegar-se à singela alegação de que para o trabalhador comum ocorre a suspensão do contrato, porque as situações vivenciadas entre tais modalidades de trabalhadores são totalmente diversas. Se numa relação privada é o próprio empregador quem sofre os prejuízos da paralisação de seus funcionários — da qual decorre a paralisação da produção ou prestação de serviços —, já no serviço público não é o próprio administrador que sofre, em seu patrimônio, os efeitos de uma greve, e nem sempre nosso governantes são responsáveis. A experiência demonstra que o engessamento das negociações ocorre com muito mais radicalização nas greves de serviços públicos do que nas greves dos setores privados, pois nestes a ambas as partes interessa a rápida solução do litígio, uma situação de igualdade que não se mostra presente naqueles" (ZENIA, Cernov.* **Greve de servidores públicos***. São Paulo: LTr, 2011. p. 70 e 71).*

Não se está a afirmar que todos os ônus do exercício desse direito devem ser suportados unicamente pelo servidor público. Penso ser inegável a afirmação de que o gestor público arcará com as consequências políticas de sua postura, isso todos nós sabemos. No entanto, muitas vezes esse fator pode não ser suficiente para a solução de impasses, principalmente quando a greve acaba sendo deflagrada ao final de um mandato eletivo em que o mandatário não tem qualquer perspectiva de se reeleger. É por isso que a lei específica que venha a tratar do direito de greve dos servidores públicos deverá atentar, em meu sentir, para as hipóteses de responsabilização dos gestores intransigentes; em especial, quando a greve se justificar e for considerada legítima pelo Judiciário.

De qualquer forma, a regra é que haja interesse do gestor público em chegar a um bom e rápido termo nessas situações. Como bem acentuou Tomás Vidal Marín, eminente Professor Titular de Direito Constitucional da Universidade de Castilla-La Mancha,

> *"a nadie escapa que las autoridades con responsabilidad política son la 'cabeza o cúspide' de la Administración Pública y además ha de presumirse que, entanto que responsables politicamente, estarán interesados em que la huelga afecte en la menor medida posible al conjunto de usuarios de esos servicios públicos" (El derecho de sindicación y huelga. In: GUERRERO, José Luis García (Director).* **Los derechos fundamentales: la vida, la igualdad y los derechos de libertad**. *Valencia: Tirant Lo Blanch, 2013. p. 439).*

Os eminentes Ministros desta Corte Suprema, durante o julgamento do MI n. 670, acabaram por debater com profundidade sobre os descontos das remunerações durante o período de greve de servidores públicos civis. Com o devido respeito, não vejo razão para revisitarmos todos os fundamentos amplamente tratados naquela oportunidade.

Apenas me permitam, pois parece ser adequado consignar, para fins ilustrativos, o argumento apresentado pelo Ministro **Gilmar Mendes** durante os debates: "por definição a greve é uma opção de risco", ao que aditou o Ministro **Sepúlveda Pertence**, com toda a sua experiência jurídica e de vida, afirmando que a suspensão dos pagamentos constitui um "risco inerente ao mecanismo de greve, o qual normalmente há de resolver-se mediante negociação[,] que existirá — não tenhamos dúvida — [,] haja ou não mecanismos formais para tanto. Porque o risco de suspensão do pagamento pelos dias de greve será um instrumento necessário à ponderação de interesses em choque a fim de chegar-se ao fim da paralisação".

A situação é a mesma em outros países. Deixando de lado aqueles em que há graves restrições ao exercício de greve por parte dos servidores públicos, como ocorre na Alemanha e nos Estados Unidos, por exemplo, em outros, o desconto nas remunerações tem sido a regra, o que tem mobilizado a criação, inclusive, de fundos de greve, como é o caso do Reino Unido ("strike fund"), da França e do Canadá ("fonds de grève"), da Espanha e de diversos países de língua espanhola ("fondo de huelga") e de Portugal ("fundos de maneio"). No Brasil esses fundos passaram a ser criados no final da década de setenta e tomaram dimensões nacionais a partir da década de oitenta.

Essa é a orientação dominante nesta Corte, a autorizar, conforme este voto, que se reafirme sua jurisprudência, com os efeitos da repercussão geral. **Vide** os seguintes precedentes, os quais açambarcam o que se decidiu nos referidos mandados de injunção:

"AGRAVOS REGIMENTAIS NO AGRAVO DE INTRUMENTO. CONSTITUCIONAL E ADMINISTRATIVO. SERVIDOR PÚBLICO. DIREITO DE GREVE. MI 708/DF. DESCONTO REMUNERATÓRIO DOS DIAS DE PARALISAÇÃO. POSSIBILIDADE. PRECEDENTE. AGRAVO REGIMENTAL IMPROVIDO. I — Inexiste direito à restituição dos valores descontados decorrentes dos dias de paralisação. Precedente. MI 708/DF, Rel. Min. Gilmar Mendes. II — Não merece reparos a parte dispositiva da decisão agravada a qual isentou o Estado do Rio de Janeiro de restituir os descontos relativos ao período de paralisação. III — Agravos regimentais improvidos" (AI n. 824.949/RTJ-AgR, Primeira Turma, Relator o Ministro **Ricardo Lewandowski**, DJe de 6.9.11).

"EMBARGOS DECLARATÓRIOS CONVERTIDOS EM AGRAVO REGIMENTAL. GREVE DE SERVIDOR PÚBLICO. DESCONTO PELOS DIAS NÃO TRABALHADOS. LEGITIMIDADE. JUNTADA POSTERIOR DE TERMO DE COMPENSAÇÃO DE JORNADA. EXAME INVIÁVEL. ENUNCIADO 279 DA SÚMULA DO STF. DESPESAS PROCESSUAIS. SUCUMBÊNCIA INTEGRAL. HONORÁRIOS ADVOCATÍCIOS. APRECIAÇÃO EQUITATIVA. ART. 20, § 4º, CPC. A comutatividade inerente à relação laboral entre servidor e Administração Pública justifica o emprego, com os devidos temperamentos, da ratio subjacente ao art. 7º da Lei n. 7.783/89, segundo o qual, em regra, 'a participação em greve suspende o contrato de trabalho'. Não se proíbe, todavia, a adoção de soluções autocompositivas em benefício dos servidores grevistas, como explicitam a parte final do artigo parcialmente transcrito e a decisão proferida pelo STF no MI 708 (item 6.4 da ementa). Todavia, revela-se inviável, nesta quadra processual, o exame de 'termo de compromisso' somente agora juntado, consoante o verbete 279 da Súmula.

*Agravo regimental a que se dá parcial provimento somente para esclarecer os ônus da sucumbência" (RE n. 456.530/SC--ED, Segunda Turma, Relator o Ministro **Joaquim Barbosa**, DJe de 1º.2.11).*

*"AGRAVO REGIMENTAL NO RECURSO EXTRAORDINÁRIO. ADMINISTRATIVO. SERVIDOR PÚBLICO. GREVE: POSSIBILIDADE DE DESCONTO REMUNERATÓRIO DOS DIAS DE PARALISAÇÃO. PRECEDENTE. AGRAVO REGIMENTAL AO QUAL SE NEGA PROVIMENTO" (RE n. 399.338/PR, Primeira Turma, Relatora a Ministra **Cármen Lúcia**, DJe de 24.2.11).*

*Citem-se, de igual teor, as seguintes decisões proferidas pela Corte Suprema: RE n. 564.762, Rel. Min. **Cármen Lúcia**, DJe de 21.10.10; RE n. 478.936, de **minha relatoria**, DJe de 12.11.10; RE n. 476.314, Rel. Min. **Joaquim Barbosa**, DJe de 7.6.10; RE n. 539.042, Rel. Min. **Ricardo Lewandowski**, DJe de 18.2.10; RE n. 551.549/SP, Segunda Turma, Relatora a Ministra **Ellen Gracie**, DJe de 13.6.11; RMS n. 30.939, Rel. Min. **Celso de Mello**, julgado em 21.8.14; Rcl. n.11.536, Relatora a Ministra **Cármen Lúcia**, julgado em 13.3.14.*

*Não poderia ter sido outra a orientação jurisprudencial dominante, eis que os julgados foram calcados no que se decidiu nos Mandados de Injunção ns. 670/ES, 708/DF e 712/PA. Aliás, sobre os efeitos desses julgamentos, concordo com o Ministro **Gilmar Mendes** quando sua excelência afirmou categoricamente, na Reclamação n. 6.200-MC/RN, que esta Corte passou a promover significativas alterações no instituto do mandado de injunção, conferindo a ele, assim, conformação mais ampla, dotando-o de efeito **erga omnes**. Na oportunidade muito bem salientou o Relator que*

> *"o que se evidencia é a possibilidade das decisões nos referidos mandados de injunção surtirem efeitos não somente em razão dos interesses jurídicos de seus impetrantes, mas também estenderem os seus efeitos normativos para os demais casos que guardem similitude e demandem a aplicação daquele esquema provisório de regulação do exercício do direito de greve pelos servidores públicos estatutários, como parece ocorrer na presente reclamação.*

Assim, em regra, a decisão no Mandado de Injunção, ainda que dotada de caráter subjetivo, comporta uma dimensão objetiva, com eficácia **erga omnes**, *que serve para tantos quantos forem os casos que demandem a concretização de uma omissão geral do Poder Público, seja em relação a uma determinada conduta, seja em relação a uma determinada lei.*

Assim, tendo em vista a impossibilidade da decisão na STA n. 229 servir de parâmetro para a presente reclamação, dado que os Mandados de Injunção n. 670/ES, n. 708/DF e n. 712/PA são efetivamente os parâmetros de análise do pedido, a hipótese em questão resolver-se-ia pela negativa de seguimento ao pedido no âmbito desta Presidência".

Portanto, o Supremo proferiu decisões de perfis aditivos nesses mandados de injunção, ultrapassando a eficácia concretizadora ao direito de greve não só em favor dos impetrantes, mas de todos os servidores públicos civis (cf. MENDES, Gilmar Ferreira; MÁRTIRES COELHO, Inocêncio; GONET BRANCO, Paulo Gustavo. **Curso de Direito Constitucional**. *São Paulo: Saraiva, 2010. p. 1394).*

Esse foi também o entendimento do Ministro **Luiz Fux** quando decidiu a Reclamação n. 16.535 em 15 de outubro de 2013. Segundo ele, no julgamento do MI n. 708, o Plenário desta Corte não apenas estabeleceu a regra para o caso concreto, afastando o estado de inconstitucionalidade decorrente da **inertia deliberandi**, mas também consignou a aplicação **erga omnes** da decisão, estendendo-a a outras categorias do funcionalismo público.

Ao admitir o desconto dos dias paralisados, esta Corte, com o devido respeito àqueles que pensam em contrário, não está a negar o exercício do direito do servidor público de realizar greve. Pelo contrário, pois, como outrora salientado, a participação do servidor público em um movimento paredista não implica a prática de um ilícito. Entretanto, esse direito possui limites e ônus, em especial, por se tratar o serviço público de atividade de importância estratégica para o Estado em prol da sociedade.

Por não se tratar de prática de um ilícito, esta Corte já decidiu que se esse direito for exercido sem abusos, a participação do *servidor num movimento grevista: i) não pode gerar a imediata exoneração de servidor público em estágio probatório (ADI n. 3.235, Relator para o acórdão o Ministro* **Gilmar Mendes**, *DJe de 12.03.10); ii) a simples circunstância de o servidor público estar em estágio probatório não é justificativa para sua demissão com fundamento em sua participação por período superior a trinta dias (RE n. 226.966/RS, Primeira Turma, Relatora para acórdão a Ministra* **Cármen Lúcia**, *DJe de 21.8.09); iii) a demissão ou a exoneração não precedida de procedimento específico, com observância do direito à ampla defesa e ao contraditório, implica a nulidade do ato administrativo (RE n. 222.532 Relator o Ministro* **Sepúlveda Pertence**, *Primeira Turma, DJ de 1º.9.2000).*

Há de se avultar importante e inovador precedente do Colendo Superior Tribunal de Justiça, a apoiar essa linha de raciocínio:

> *"CONSTITUCIONAL. ADMINISTRATIVO. PROFESSORES ESTADUAIS. GREVE. PARALISAÇÃO. DESCONTO DE VENCIMENTOS. O direito de greve assegurado na Carta Magna aos servidores públicos, embora pendente de regulamentação (art. 37, VII), pode ser exercido, o que não importa na paralisação dos serviços sem o conseqüente desconto da remuneração relativa aos dias de falta ao trabalho, à mingua de norma infraconstitucional definidora do assunto. Recurso desprovido" (STJ, ROMS n. 2.873/SC, 6ª Turma, Relator o Ministro* **Vicente Leal**, *DJ de 19.8.96).*

Muitos são os julgados da Corte Superior que tem firmado a possibilidade do desconto, com o seguinte teor: "[a] Corte assentou o entendimento de que, não obstante a constitucionalidade do movimento grevista realizado por servidor público, não se afigura ilegal o desconto referente aos dias parados". **Vide:** *Ag n. 1.373.177, Rel. Min.* **Castro Meira**, *DJe de 14.02.13; MS n. 15.272/DF, Rel. Min.* **Eliana Calmon**, *Primeira Seção, DJe de 07.02.11; Pet. n. 7.920/DF, Rel. Min.* **Hamilton Carvalhido**, *Primeira Seção, DJe de 07.02.11; AgRg no REsp n. 1.173.117/RS, Rel. Min.* **Laurita Vaz**, *Quinta Turma, DJe 13.09.10; AgRg no RMS n. 22.715/SP, Rel. Min.* **Jorge Mussi**, *Quinta Turma, DJe 30.08.10; AgRg no AREsp n. 5.351/SP, Rel. Min.* **Benedito Gonçalves**,

*Primeira Turma, DJe de 29.06.11; e AREsp n. 132.109, Rel. Min. **Teori Albino Zavascki**, DJe de 3.4.12; e MS n. 26.517-SP, Min. **Eliana Calmon**, DJe de 23.6.08.*

Destaco, ainda, que o Tribunal Superior do Trabalho, que é a Corte uniformizadora da matéria trabalhista, vem considerando a greve que é exercida dentro dos ditames legais como hipótese de suspensão contratual (cf. art. 7º da Lei n. 7.783/89) e entendendo que os dias de paralisação não devem ser remunerados, salvo situações excepcionais, tais como aquelas em que o empregador contribui, mediante conduta recriminável, para que a greve ocorra, ou quando há acordo entre as partes. **Vide** os seguintes julgados: E-RR n. 383.124, SBDI-1, Relator o Ministro **Leonaldo Silva**, julgado em 27/9/99; RR n. 2.563.300-09.2007.5.09.0005, Relator o Ministro **Luiz Philippe Vieira de Mello Filho**, 4ª Turma, DEJT de 23.11.12; RO-45.500-42.2013.5.17.0000, Relatora a Ministra **Kátia Magalhães Arruda**, Seção Especializada em Dissídios Coletivos, DEJT 21.11.14 e RO n. 1000738-04.2014.5.02.0000 , Relator o Ministro **Maurício Godinho Delgado**, Seção Especializada em Dissídios Coletivos, DEJT 14.11.14. Nesse mesmo sentido vão as recentíssimas decisões sobre a interpretação do art. 7º da Lei de Greve:

> *"RECURSO ORDINÁRIO INTERPOSTO PELO SINDICATO PATRONAL SUSCITADO. DISSÍDIO COLETIVO DE GREVE E ECONÔMICO. TRABALHADORES DAS EMPRESAS DE PROCESSAMENTO DE DADOS DO ESTADO DE SÃO PAULO. (...) DESCONTO DOS DIAS PARADOS. O entendimento desta Seção Especializada é o de que, independentemente de a greve ter sido declarada abusiva, ou não, ela suspende o contrato de trabalho (art. 7º da Lei de Greve), razão pela qual não é devido o pagamento dos dias parados. A exceção ocorre em situações excepcionais, tais como aquelas em que o empregador contribui, mediante conduta recriminável, para que a greve ocorra, ou quando há acordo entre as partes, hipóteses não configuradas no caso em tela. (...) Recurso ordinário conhecido e parcialmente provido". (TST, RO n. 1.000.229-73.2014.5.02.0000, Relatora a Ministra **Dora Maria da Costa**, Seção Especializada em Dissídios Coletivos, DEJT 19.12.14).*

"RECURSO ORDINÁRIO EM DISSÍDIO COLETIVO. GREVE. TRABALHADORES NAS INDÚSTRIAS SIDERÚRGICAS, METALÚRGICAS, MECÂNICAS, DE MATERIAL ELÉTRICO E ELETRÔNICO E INDÚSTRIA NAVAL DE CUBATÃO, SANTOS, SÃO VICENTE, GUARUJÁ, PRAIA GRANDE, BERTIOGA, MONGAGUÁ, ITANHAÉM, PERUÍBE E SÃO SEBASTIÃO. (...) ESTABILIDADE AOS GREVISTAS E PAGAMENTO DOS DIAS PARADOS. O entendimento da SDC desta Corte, em observância às disposições do art. 7º da Lei n. 7.783/1989, segundo as quais — a participação em greve suspende o contrato de trabalho —, é o de que, independentemente de a greve ser declarada abusiva, ou não, o risco de não recebimento dos salários, nos dias em que não houve a prestação dos serviços é inerente ao movimento e deve ser assumido, em regra, pelos participantes. Assim, esta Seção considera ser devido o pagamento dos dias de greve somente em determinadas hipóteses, entre elas aquela em que o empregador contribui decisivamente, mediante conduta recriminável, para que a greve ocorra — como no caso de atraso no pagamento de salários —, ou em caso de acordo entre as partes, as quais não ocorreram no caso desta ação. (...) Recurso ordinário conhecido e não provido" (TST, RO n. 1.000.320-66.2014.5.02.0000, Relatora a Ministra **Dora Maria da Costa**, Seção Especializada em Dissídios Coletivos, DEJT 19.12.2014).

"RECURSOS ORDINÁRIOS INTERPOSTOS POR SINDICATO DA INDÚSTRIA DA CONSTRUÇÃO DO ESTADO DA BAHIA — SINDUSCON/BA (SUSCITANTE) E POR SINTRACOM/BA — SINDICATO DOS TRABALHADORES NA INDÚSTRIA DA CONSTRUÇÃO E DA MADEIRA DO ESTADO DA BAHIA E OUTROS (SUSCITADOS). IDENTIDADE DE MATÉRIAS. ANÁLISE CONJUNTA. DISSÍDIO COLETIVO DE GREVE. REAJUSTE SALARIAL. (...) PAGAMENTO DOS SALÁRIOS CORRESPONDENTES AO PERÍODO DE GREVE. Prevalece nesta Seção Especializada o juízo de que a paralisação dos serviços em decorrência de greve importa na suspensão do contrato de trabalho, nos termos do disposto no art. 7º da Lei n. 7.783/89, razão por que,

*não havendo trabalho, independentemente da qualificação jurídica da greve, o empregador não está obrigado a efetuar o pagamento dos valores correspondentes ao período não trabalhado, salvo situações excepcionais. Precedente do Supremo Tribunal Federal no mesmo sentido. (...)" (TST, RO n. 198-91.2011.5.05.0000, Relator o Ministro **Fernando Eizo Ono**, Seção Especializada em Dissídios Coletivos, DEJT 21.11.2014).*

*"DISSÍDIO COLETIVO DE GREVE. RECURSO ORDINÁRIO INTERPOSTO PELA CATEGORIA PROFISSIONAL. Recurso parcialmente provido para adequar a decisão do Regional à jurisprudência predominante da SDC do TST. RECURSO ADESIVO INTERPOSTO PELA CATEGORIA PATRONAL. GREVE. PAGAMENTO DOS DIAS PARADOS. O entendimento que prevalece nessa SDC é de que a greve configura a suspensão do contrato de trabalho, e, por isso, como regra geral, não é devido o pagamento dos dias de paralisação, exceto quando a questão é negociada entre as partes ou em situações excepcionais, como na paralisação motivada por descumprimento de instrumento normativo coletivo vigente, não pagamento de salários e más condições de trabalho (...)". (TST, RO n. 5.659-94.2013.5.15.0000, Relatora a Ministra **Kátia Magalhães Arruda**, Seção Especializada em Dissídios Coletivos, DEJT 21.11.14).*

Da mesma forma, na greve dos servidores públicos, parece-me que a regra há de ser o desconto dos dias não trabalhados. Trata-se de uma opção vinculante e não pode o gestor abrir mão disso, sob pena de violar o princípio da legalidade, que, inclusive, há de imperar quanto à concessão dos direitos pleiteados pelos grevistas. A propósito, segue o oportuno escólio da jurista **Cármen Lúcia** Antunes da Rocha sobre o tema em comento:

"o servidor público, sujeito ao regime estatutário, que é positivado legalmente e que demanda que qualquer alteração de seus fatores, inclusive o remuneratório, se dê pela via da norma jurídica, não pode pretender que, de uma negociação levada a cabo exclusivamente com o titular do

Poder Executivo, por exemplo, possa-se extrair solução referente a valores, porque o Poder Legislativo terá participação imprescindível no desate do litígio instalado. Mas mesmo o exercício da função legiferante sujeita-se a princípios e regras constitucionais incontornáveis pelo legislador, pelo que há de se ater o movimento e sua solução aos comandos constitucionais, tais como os que se referem a leis orçamentárias, a leis restritivas do reajustamento e o limite de gastos das entidades com o pagamento de seus servidores, etc." **(Princípios constitucionais dos servidores públicos**. *São Paulo: Saraiva, 1999, p. 364).*

Também não há que se olvidar que, mesmo no caso de empregados públicos, desde que pertençam aos quadros da administração direta, de autarquia ou de fundação pública de direito público, não poderão suas reivindicações, principalmente se tiverem natureza remuneratória, ser resolvidas, definidas, simplesmente por meio de convenções coletivas, diante da natureza pública de seus regimes jurídicos e de suas atividades; da imposição contida no art. 61, § 1º, inciso II, da CF e de seu art. 39, § 3º, o qual, ao tratar dos direitos dos servidores públicos não faz qualquer referência à aplicação, de forma expressa, do art. 7º, inciso XXVI, o qual autoriza o "reconhecimento das convenções e acordos coletivos de trabalho" em benefício dos trabalhadores urbanos e rurais. Aliás, no setor público a possibilidade de negociação já vinha sendo mitigada pela Súmula n. 679 desta Corte e pela decisão no MI n. 20, na qual a Corte chegou a reconhecer o impedimento normativo para a negociação coletiva.

Isso não quer dizer que haja impedimento absoluto para a realização de uma negociação coletiva, porque a

> *"lei pode ser o último momento de uma formulação jurídica futura, [em especial, se houver a aderência dos legisladores, os quais poderão se] comprometer com as alternativas resolutórias negociadas, apenas formalizando em lei as situações combinadas; [ademais, as negociações podem chegar a propor uma política de pessoal, inclusive no que concerne ao elemento remuneratório, que se implante a*

partir do ajuste, dando-se à lei que se vier a elaborar a partir da negociação efeito retroativo, o que, inclusive, já ocorreu em mais de uma ocasião" (ROCHA, Cármen Lúcia Antunes. Op. cit., p. 353).

Ainda que o Brasil tenha ratificado a Convenção n. 151 e a Recomendação n. 159 da Organização Internacional do Trabalho (OIT), firmadas em 1978, por meio do Decreto Legislativo n. 206, de 7 de abril de 2010, com posterior promulgação do Decreto da Presidência da República n. 7.944, de 6 de março de 2013, observamos que a garantia da negociação coletiva ainda não está disposta em lei, mesmo porque ainda remanescem dúvidas quanto à necessidade ou não de alteração de algumas normas constitucionais, pelos fundamentos que já mencionei.

É fato que essas normativas internacionais trouxeram um fortalecimento aos comitês e ao exercício da liberdade sindical no setor público. No entanto, ainda me parecem tímidos os avanços no contexto das negociações coletivas nas relações de trabalho com a Administração Pública, seja pela ausência de normativas específicas, seja porque ainda perdura a omissão legislativa no tocante à regulamentação do art. 37, inciso VII da Constituição Federal.

Espera-se que o Poder Legislativo possa, atendendo às expectativas da sociedade, tratar com clareza não só o direito de greve dos servidores públicos, mas também a negociação coletiva, a convenção coletiva, a conciliação, a mediação e a arbitragem, que, no mundo todo, se tornaram formas dominantes de exteriorização das relações de trabalho (cf. DEL VECCHIO, Giorgio. **Leçons de philosophie du droit.** *Paris: Sirey, 1936, p. 297).*

Entretanto, reitero que a compensação dos dias e horas paradas ou mesmo o parcelamento dos descontos poderão ser objeto de negociação, uma vez que se encontram dentro das opções discricionárias do administrador. Aliás, cheguei a salientar, em caso semelhante, ao decidir o pedido de liminar no MS n. 28.515-MC/DF, em 17.12.09, que a pretendida compensação deve ser sempre "analisada na esfera da discricionariedade administrativa, não havendo norma que imponha sua obrigatoriedade". É de se notar que alguns entes federados têm editado atos normativos que impedem a concessão de abonos ou de compensação no caso das greves, como é o caso do Decreto Presidencial n. 1.480/95, cuja constitucionalidade ou inconstitucionalidade ainda não foi reconhecida por esta Corte. No entanto, sem me comprometer com essa ou aquela tese quanto à validade desse ato normativo e de outros, creio, a respeito do conteúdo jurídico do direito de greve do servidor público civil, que é o tema central desta repercussão geral, fundado na jurisprudência desta Corte e pelos argumentos jurídicos já expostos, creio poder inferir-se que a opção da Administração há de ser respeitada, inclusive quando estabelece premissas normativas que impedem negociações sobre determinados pontos, desde que razoáveis e proporcionais, até que advenha a aguardada norma de regência nacional.

Volto a insistir, no entanto, que a negociação sempre será a melhor solução para resolver os efeitos de um movimento paredista, cabendo às partes envolvidas no conflito decidir de que forma serão resolvidos os efeitos da greve, inclusive sobre os demais direitos — remuneratórios ou não — dos servidores públicos civis, observando-se os limites acima traçados.

Por fim, no caso concreto, entendo que não há nos autos qualquer indício ou informação no sentido de que os impetrantes receberam sanção administrativa, ou que foram contra os grevistas instaurados processos disciplinares; pelo contrário, sustentou a autoridade impetrada que apenas cumpriu a lei e reconheceu a legitimidade dos descontos.

Ressalte-se que não há certeza nos autos quanto à alegação apresentada pelos recorridos de que os dias não trabalhados foram ou seriam devidamente compensados. Para se acolher a tese ofertada, seria necessário o reexame dos fatos e das provas documentais dos autos, o qual não é cabível em sede de recurso extraordinário. Incidência da Súmula n. 279 desta Corte.

Assim, vistos e analisados os fatos aqui em debate, à luz das referidas decisões, não vislumbro qualquer ilegalidade ou violação do direito líquido e certo dos impetrantes, ora recorridos.

Ante o exposto, aderindo à proposta formulada pelo Ministro **Roberto Barroso***, voto para que seja fixada a seguinte tese de* *repercussão geral:* **"A administração pública deve proceder ao desconto dos dias de paralisação decorrentes do exercício do direito de greve pelos servidores públicos, em virtude da suspensão do vínculo funcional que dela decorre, permitida a compensação em caso de acordo. O desconto será, contudo, incabível se ficar demonstrado que a greve foi provocada por conduta ilícita do Poder Público".**

Conheço parcialmente do apelo extremo e, nesse ponto, a ele dou provimento para denegar a segurança. Custas pelos impetrantes. Sem condenação em honorários, nos termos da Súmula n. 512 desta Corte.[10]

2.2. Peritos do INSS

O Excelso Pretório consignou, por decisão do Min. Luiz Fux na RCL 22.986-MG[11], em 16.2.2016, que a competência para processar e julgar greve de âmbito nacional de servidores públicos federais é do STJ, por aplicação analógica da Lei n. 7.701/1988, que atribuiu competência do TST para apreciar as greves do setor privado, atribui a competência ao Tribunal Superior do Trabalho.

A decisão tem o seguinte teor:

> *RECLAMAÇÃO. MOVIMENTO GREVISTA. SERVIDORES MUNICIPAIS. COMPETÊNCIA. AFRONTA À DECISÃO DA CORTE NOS MIs 670, 708 E 712. PROCEDÊNCIA DA RECLAMAÇÃO.*
>
> *Cuida-se de reclamação, com pedido de liminar, ajuizada pela Associação Nacional dos Médicos Peritos da Previdência Social, ANMP em face de decisão exarada pelo Juízo Federal da 1ª Vara Federal de Montes Claros, Seção Judiciária de Minas Gerais, por suposta afronta à autoridade do que foi decidido nos MIs ns. 670, 708 e 712, pelo Supremo Tribunal Federal.*

---

[10] Disponível em: <http://www.stf.jus.br/portal/cms/verNoticiaDetalhe.asp?idConteudo=328294>. Acesso em: 1 nov. 2016.

[11] RCL 22.986-MG, de 16.2.2016 (Associação Nacional dos Médicos Peritos da Previdência Social — ANMP vs. Juiz Federal da 1ª Vara Federal de Montes Claros Intdos.: Ministério Público Federal e Instituto Nacional do Seguro Social — INSS) Rel.: Min. Luiz Fux.

Noticia a reclamante que, nos autos de ação civil pública proposta pelo Ministério Público Federal em face do INSS e da ANMP, o Juízo da 1ª Vara Federal da Subseção Judiciária de Montes Claros/MG deferiu a antecipação dos efeitos da tutela jurisdicional requerida pelo parquet, nos seguintes termos, verbis:

"Ante o exposto, CONCEDO A ANTECIPAÇÃO LIMINAR DOS EFEITOS DA TUTELA para determinar: (...) ii) à ANMP que: ii.1) mantenha, a partir do dia 29/12/2015, inclusive, na Gerência do INSS em Montes Claros, durante todo o período da greve ou até definição de percentual diverso pelo STJ, 60% (sessenta por cento) dos médicos peritos em atividade para atendimento às perícias médicas das Agências da Previdência Social componentes de tal Gerência, sob pena de multa diária de R$ 10.000,00 (dez mil reais); ii.2) elabore escala de plantão dos peritos médicos grevistas de forma a viabilizar o cumprimento desta decisão. (...)".

Sustenta, nesse contexto, que a autoridade reclamada deixou de observar as decisões desta Corte "emanadas dos Mandados de Injunção n. 670/ES, n. 708/DF e n. 712/PA, que declararam a competência constitucional do STJ para conhecer de questões relativas a greve de servidores públicos de âmbito nacional".

Assevera, em seguida, que a decisão questionada regulamentou, por via oblíqua, o exercício do direito de greve dos Peritos Médicos Previdenciários, em movimento paredista nacional, sem que o juízo prolator possuísse competência para tanto.

Prossegue afirmando que a orientação desta Corte, relativamente à competência para o julgamento de questões afetas ao exercício do direito de greve no âmbito nacional, funda-se no fato de que, "em relação à apreciação de dissídio que envolva todas as unidades da federação, é necessária a concentração da competência em um único tribunal, de sorte a evitar a emissão de ordens judiciais divergentes sobre o exercício simultâneo do direito coletivo de greve em todo o território nacional".

Salienta, ainda, que este Tribunal, ao definir as balizas da competência constitucional provisória, não atribuiu, em momento algum, poderes aos juízos de 1ª instância para processar e para julgar quaisquer medidas relacionadas ao exercício de direito de greve.

Requer, ao final, seja concedida medida liminar para suspender os efeitos da decisão reclamada, em relação a todas as questões inerentes à greve nacional dos Peritos Médicos Previdenciários nela contidas. No mérito, pugna pela cassação do ato reclamado, reconhecendo-se a "incompetência absoluta do Juiz Federal da 1ª Vara Federal de Montes Claros, da Seção Judiciária de Minas Gerais, para conhecer de quaisquer questões inerentes à regulamentação da greve nacional dos Peritos Médicos Previdenciários".

É o relatório. Decido.

A irresignação da reclamante merece acolhida.

Alega-se desrespeito à autoridade dos acórdãos do Supremo Tribunal Federal prolatados nos MIs 670/ES, 708/DF e 712/PA, na parte em que esta Corte fixou os parâmetros de definição de competência para apreciação de dissídios decorrentes do exercício do direito de greve, verbis:

"EMENTA: MANDADO DE INJUNÇÃO. GARANTIA FUNDAMENTAL (CF, ART. 5º, INCISO LXXI). DIREITO DE GREVE DOS SERVIDORES PÚBLICOS CIVIS (CF, ART. 37, INCISO VII). EVOLUÇÃO DO TEMA NA JURISPRUDÊNCIA DO SUPREMO TRIBUNAL FEDERAL (STF). DEFINIÇÃO DOS PARÂMETROS DE COMPETÊNCIA CONSTITUCIONAL PARA APRECIAÇÃO NO ÂMBITO DA JUSTIÇA FEDERAL E DA JUSTIÇA ESTADUAL ATÉ A EDIÇÃO DA LEGISLAÇÃO ESPECÍFICA PERTINENTE, NOS TERMOS DO ART. 37, VII, DA CF. EM OBSERVÂNCIA AOS DITAMES DA SEGURANÇA JURÍDICA E À EVOLUÇÃO JURISPRUDENCIAL NA INTERPRETAÇÃO DA OMISSÃO LEGISLATIVA SOBRE O DIREITO DE GREVE DOS SERVIDORES PÚBLICOS CIVIS, FIXAÇÃO DO PRAZO DE 60 (SESSENTA) DIAS PARA QUE O CONGRESSO NACIONAL LEGISLE SOBRE A MATÉRIA. MANDADO DE INJUNÇÃO DEFERIDO PARA DETERMINAR

A APLICAÇÃO DAS LEIS NS. 7.701/1988 E 7.783/1989. 1. SINAIS DE EVOLUÇÃO DA GARANTIA FUNDAMENTAL DO MANDADO DE INJUNÇÃO NA JURISPRUDÊNCIA DO SUPREMO TRIBUNAL FEDERAL (STF). (...) 5.2. Diante da singularidade do debate constitucional do direito de greve dos servidores públicos civis, sob pena de injustificada e inadmissível negativa de prestação jurisdicional nos âmbitos federal, estadual e municipal, devem-se fixar também os parâmetros institucionais e constitucionais de definição de competência, provisória e ampliativa, para a apreciação de dissídios de greve instaurados entre o Poder Público e os servidores públicos civis. 5.3. No plano procedimental, afigura-se recomendável aplicar ao caso concreto a disciplina da Lei n. 7.701/1988 (que versa sobre especialização das turmas dos Tribunais do Trabalho em processos coletivos), no que tange à competência para apreciar e julgar eventuais conflitos judiciais referentes à greve de servidores públicos que sejam suscitados até o momento de colmatação legislativa específica da lacuna ora declarada, nos termos do inciso VII do art. 37 da CF. 5.4. A adequação e a necessidade da definição dessas questões de organização e procedimento dizem respeito a elementos de fixação de competência constitucional de modo a assegurar, a um só tempo, a possibilidade e, sobretudo, os limites ao exercício do direito constitucional de greve dos servidores públicos, e a continuidade na prestação dos serviços públicos. Ao adotar essa medida, este Tribunal passa a assegurar o direito de greve constitucionalmente garantido no art. 37, VII, da Constituição Federal, sem desconsiderar a garantia da continuidade de prestação de serviços públicos — um elemento fundamental para a preservação do interesse público em áreas que são extremamente demandadas pela sociedade. 6. DEFINIÇÃO DOS PARÂMETROS DE COMPETÊNCIA CONSTITUCIONAL PARA APRECIAÇÃO DO TEMA NO ÂMBITO DA JUSTIÇA FEDERAL E DA JUSTIÇA ESTADUAL ATÉ A EDIÇÃO DA LEGISLAÇÃO ESPECÍFICA PERTINENTE, NOS TERMOS DO ART. 37, VII, DA CF. FIXAÇÃO DO PRAZO DE 60 (SESSENTA) DIAS PARA QUE O CONGRESSO NACIONAL LEGISLE SOBRE

A MATÉRIA. MANDADO DE INJUNÇÃO DEFERIDO PARA DETERMINAR A APLICAÇÃO DAS LEIS NS. 7.701/1988 E 7.783/1989. 6.1. Aplicabilidade aos servidores públicos civis da Lei n. 7.783/1989, sem prejuízo de que, diante do caso concreto e mediante solicitação de entidade ou órgão legítimo, seja facultado ao juízo competente a fixação de regime de greve mais severo, em razão de tratarem de "serviços ou atividades essenciais" (Lei n. 7.783/1989, arts. 9º a 11). 6.2. Nessa extensão do deferimento do mandado de injunção, aplicação da Lei n. 7.701/1988, no que tange à competência para apreciar e julgar eventuais conflitos judiciais referentes à greve de servidores públicos que sejam suscitados até o momento de colmatação legislativa específica da lacuna ora declarada, nos termos do inciso VII do art. 37 da CF. 6.3. Até a devida disciplina legislativa, devem-se definir as situações provisórias de competência constitucional para a apreciação desses dissídios no contexto nacional, regional, estadual e municipal. Assim, nas condições acima especificadas, se a paralisação for de âmbito nacional, ou abranger mais de uma região da justiça federal, ou ainda, compreender mais de uma unidade da federação, a competência para o dissídio de greve será do Superior Tribunal de Justiça (por aplicação analógica do art. 2º, I, "a", da Lei n. 7.701/1988). Ainda no âmbito federal, se a controvérsia estiver adstrita a uma única região da justiça federal, a competência será dos Tribunais Regionais Federais (aplicação analógica do art. 6º da Lei n. 7.701/1988). Para o caso da jurisdição no contexto estadual ou municipal, se a controvérsia estiver adstrita a uma unidade da federação, a competência será do respectivo Tribunal de Justiça (também por aplicação analógica do art. 6º da Lei n. 7.701/1988). As greves de âmbito local ou municipal serão dirimidas pelo Tribunal de Justiça ou Tribunal Regional Federal com jurisdição sobre o local da paralisação, conforme se trate de greve de servidores municipais, estaduais ou federais. 6.4. Considerados os parâmetros acima delineados, a par da competência para o dissídio de greve em si, no qual se discuta a abusividade, ou não, da greve, os referidos tribunais, nos âmbitos de sua jurisdição, serão competentes para decidir acerca do mérito do pagamento, ou não, dos dias de paralisação em consonância com a excepcionalidade de que esse juízo se reveste. Nesse contexto, nos termos do art. 7º da Lei n. 7.783/1989, a deflagração da greve, em princípio, corresponde à suspensão do contrato de trabalho. Como regra geral, portanto, os salários dos dias de paralisação não deverão ser pagos, salvo no caso em que a greve tenha sido provocada justamente por atraso no pagamento aos servidores públicos civis, ou por outras situações excepcionais que justifiquem o afastamento da premissa da suspensão do contrato de trabalho (art. 7º da Lei n. 7.783/1989, in fine). 6.5. Os tribunais mencionados também serão competentes para apreciar e julgar medidas cautelares eventualmente incidentes relacionadas ao exercício do direito de greve dos servidores públicos civis, tais como: i) aquelas nas quais se postule a preservação do objeto da querela judicial, qual seja, o percentual mínimo de servidores públicos que deve continuar trabalhando durante o movimento paredista, ou mesmo a proibição de qualquer tipo de paralisação; ii) os interditos possessórios para a desocupação de dependências dos órgãos públicos eventualmente tomados por grevistas; e iii) as demais medidas cautelares que apresentem conexão direta com o dissídio coletivo de greve. 6.6. Em razão da evolução jurisprudencial sobre o tema da interpretação da omissão legislativa do direito de greve dos servidores públicos civis e em respeito aos ditames de segurança jurídica, fixa-se o prazo de 60 (sessenta) dias para que o Congresso Nacional legisle sobre a matéria. 6.7. Mandado de injunção conhecido e, no mérito, deferido para, nos termos acima especificados, determinar a aplicação das Leis ns. 7.701/1988 e 7.783/1989 aos conflitos e às ações judiciais que envolvam a interpretação do direito de greve dos servidores públicos civis" (MI 670, Rel. Min. Gilmar Mendes — grifos nossos).

Como se depreende da leitura dos julgados cuja autoridade alega-se desrespeitada, esta Corte reconheceu aos servidores públicos civis, nos âmbitos federal, estadual e municipal, a garantia constitucional de exercício do direito de greve, nos termos da *legislação que rege a matéria no âmbito do serviço privado, enquanto não editada a lei que regulamente a matéria no âmbito do serviço público.*

Naquela assentada, restou, ainda, expressamente consignado que a competência para o processamento e julgamento dos feitos que tratem da matéria atinente ao exercício do direito de greve de espectro nacional por servidores públicos federais é do Superior Tribunal de Justiça (por aplicação analógica do art. 2º, I, "a", da Lei n. 7.701/1988, que dispõe competir à seção especializada em dissídios coletivos do Tribunal Superior do Trabalho, ou seção normativa, conciliar e julgar os dissídios coletivos que excedam a jurisdição dos Tribunais Regionais do Trabalho e estender ou rever suas próprias sentenças normativas, nos casos previstos em lei).

O ato reclamado, por sua vez, foi proferido nos autos de ação civil pública ajuizada em razão da deflagração de greve, em âmbito nacional, pelos médicos peritos da Previdência Social, com o objetivo de tutelar os direitos do segurados do Regime Geral de Previdência Social que dependem de realização de perícia médica para a obtenção de benefícios previdenciários.

Verifica-se, pois, que a decisão reclamada, que deferiu a tutela antecipatória requerida pelo Parquet, para determinar a manutenção de 60% (sessenta por cento) dos médicos peritos em atividade para atendimento às perícias médicas das Agências da Previdência Social componentes da Gerência de Montes Claros, sob pena de multa diária de R$ 10.000,00 (dez mil reais), foi proferida por Juízo Federal de Primeira Instância, estando, assim, em desacordo com o que decidido pelo Supremo Tribunal Federal.

Nesse sentido já decidiu a Segunda Turma desta Corte, nos autos do AI 855.592/RS AgR, Rel. Min. Celso de Mello:

> *"AGRAVO DE INSTRUMENTO — DIREITO DE GREVE — PARALISAÇÃO DE ÂMBITO NACIONAL — SERVIDOR PÚBLICO FEDERAL — COMPETÊNCIA DO SUPERIOR TRIBUNAL DE JUSTIÇA PARA DIRIMIR A CONTROVÉRSIA — ORIENTAÇÃO QUE PREVALECE NO SUPREMO TRIBUNAL FEDERAL EM RAZÃO DO JULGAMENTO DO MI 670/ES — RECURSO DE AGRAVO IMPROVIDO".*

Ex positis, *com fulcro no art. 161, parágrafo único, do RISTF, julgo procedente esta reclamação para cassar a decisão proferida por juízo incompetente e determinar a remessa dos autos ao Superior Tribunal de Justiça.*

Publique-se.[12]

---

[12] Disponível em: <http://www.stf.jus.br/portal/processo/verProcessoAndamento.asp?incidente=4922990>. Acesso em: 2 dez. 2016.

3. NORMA COLETIVA. INVALIDADE. ART. 7º, XXVI, DA CONSTITUIÇÃO

A decisão do Min. Teori Zavascki, proferida no RE 895.759-PE[1], em 8.9.2016, sinalizou novos rumos no que respeita ao alcance do art. 7º, XXVI, da Constituição da República. Trata-se, ao cabo, do verdadeiro alcance da autonomia privada coletiva fazendo prevalecer o negociado pelas partes em relação à legislação trabalhista. O decisório é o seguinte:

> *1. Trata-se de recurso extraordinário interposto em reclamação trabalhista visando, no que importa ao presente recurso, à condenação da reclamada ao pagamento de 4 (quatro) horas* in itinere, *com os reflexos legais. O Tribunal Superior do Trabalho decidiu a controvérsia nos termos da seguinte ementa (fl. 1, doc. 29):*
>
> RECURSO DE EMBARGOS INTERPOSTO SOB A ÉGIDE DA LEI N. 11.496/2007. HORAS IN ITINERE. SUPRESSÃO. NORMA COLETIVA. INVALIDADE.
>
> *1. O princípio do reconhecimento das convenções e acordos coletivos de trabalho, consagrado no artigo 7º, XXVI, da Constituição da República, apenas guarda pertinência com aquelas hipóteses em que o conteúdo das normas pactuadas não se revela contrário a preceitos legais de caráter cogente.*
>
> *2. O pagamento das horas* in itinere *está assegurado pelo artigo 58, § 2º, da Consolidação das Leis do Trabalho, norma que se reveste do caráter de ordem pública. Sua supressão, mediante norma coletiva, ainda que mediante a concessão de outras vantagens aos empregados, afronta diretamente a referida disposição de lei, além de atentar contra os preceitos constitucionais assecuratórios de condições*

---

[1] RE 895.759 PE, de 8.9.2016 (Usina Central Olho D'Água S/A vs. Moisés Lourenço da Silva) Relator: Min. Teori Zavascki.

mínimas de proteção ao trabalho. Resulta evidente, daí, que tal avença não encontra respaldo no artigo 7º, XXVI, da Constituição da República. Precedentes da SBDI-I.

3. Recurso de embargos conhecido e não provido.

Os embargos de declaração opostos foram rejeitados.

No recurso extraordinário, a parte recorrente aponta, com base no art. 102, III, "a", da Constituição Federal, violação aos seguintes dispositivos constitucionais: (a) art. 7º, VI, XIII, XIV e XXVI, pois (I) "a Constituição Federal expressamente admitiu a negociação coletiva de questões afetas ao salário e à jornada de trabalho" (fl. 13, doc. 38); (II) "o art. 58, § 2º, da CLT não se qualifica como norma de ordem pública, tampouco envolve direito indisponível" (fl. 13, doc. 38); (III) houve "a outorga de diversos benefícios em troca da flexibilização do pagamento das horas in itinere, de modo que, como um todo, a norma coletiva se mostra extremamente favorável aos trabalhadores" (fl. 25, doc. 38); (b) art. 5º, LIV, porque o acórdão recorrido "desborda da razoabilidade, vulnerando a proporcionalidade", uma vez que desconsiderou "acordo coletivo, veiculando flexibilização salarial em prol dos obreiros (...), obrigando o custeio das horas in itinere, *e, concomitantemente" (fl. 27, doc. 38), manteve as demais vantagens compensatórias.*

Sem contrarrazões.

O recurso extraordinário foi admitido na origem, sendo determinada sua remessa a esta Corte como representativo da controvérsia, nos termos do art. 543-B, § 1º, do CPC/1973.

2. O Plenário do Supremo Tribunal Federal apreciou discussão semelhante à presente, sob o rito do art. 543-B do CPC/1973, no julgamento do RE 590.415 (Rel. Min. ROBERTO BARROSO, DJe de 29.5.2015, Tema 152), interposto contra acórdão do Tribunal Superior do Trabalho que negara a validade de quitação ampla do contrato de trabalho, constante de plano de dispensa incentivada, por considerá-la contrária ao art. 477, § 2º, da CLT. Ao analisar o recurso paradigma, o STF assentou a seguinte tese:

> *A transação extrajudicial que importa rescisão do contrato de trabalho, em razão de adesão voluntária do em-*

pregado a plano de dispensa incentivada, enseja quitação ampla e irrestrita de todas as parcelas objeto do contrato de emprego, caso essa condição tenha constado expressamente do acordo coletivo que aprovou o plano, bem como dos demais instrumentos celebrados com o empregado.

O voto condutor do acórdão, da lavra do Ministro Roberto Barroso, foi proferido com base nas seguintes razões: (a) "a Constituição reconheceu as convenções e os acordos coletivos como instrumentos legítimos de prevenção e de autocomposição de conflitos trabalhistas; tornou explícita a possibilidade de utilização desses instrumentos, inclusive para a redução de direitos trabalhistas; atribuiu ao sindicato a representação da categoria; impôs a participação dos sindicatos nas negociações coletivas; e assegurou, em alguma medida, a liberdade sindical (...)"; (b) "a Constituição de 1988 (...) prestigiou a autonomia coletiva da vontade como mecanismo pelo qual o trabalhador contribuirá para a formulação das normas que regerão a sua própria vida, inclusive no trabalho (art. 7º, XXVI, CF)"; (c) "no âmbito do direito coletivo, não se verifica (...) a mesma assimetria de poder presente nas relações individuais de trabalho. Por consequência, a autonomia coletiva da vontade não se encontra sujeita aos mesmos limites que a autonomia individual"; (d) "(...) não deve ser vista com bons olhos a sistemática invalidação dos acordos coletivos de trabalho com base em uma lógica de limitação da autonomia da vontade exclusivamente aplicável às relações individuais de trabalho".

3. No presente caso, a recorrente firmou acordo coletivo de trabalho com o sindicato da categoria à qual pertence a parte recorrida para que fosse suprimido o pagamento das horas in itinere *e, em contrapartida, fossem concedidas outras vantagens aos empregados, "tais como fornecimento de cesta básica durante a entressafra; seguro de vida e acidentes além do obrigatório e sem custo para o empregado; pagamento do abono anual aos trabalhadores com ganho mensal superior a dois salários-mínimos; pagamento do salário-família além do limite legal; fornecimento de repositor energético; adoção de tabela progressiva de produção além da prevista na Convenção Coletiva" (fl. 7, doc. 29).*

O Tribunal de origem entendeu, todavia, pela invalidade do acordo coletivo de trabalho, uma vez que o direito às horas in itinere seria indisponível em razão do que dispõe o art. 58, § 2º, da CLT:

> Art. 58 (...)
>
> § 2º O tempo despendido pelo empregado até o local de trabalho e para o seu retorno, por qualquer meio de transporte, não será computado na jornada de trabalho, salvo quando, tratando-se de local de difícil acesso ou não servido por transporte público, o empregador fornecer a condução.

O acórdão recorrido não se encontra em conformidade com a ratio *adotada no julgamento do RE 590.415, no qual esta Corte conferiu especial relevância ao princípio da autonomia da vontade no âmbito do direito coletivo do trabalho. Ainda que o acordo coletivo de trabalho tenha afastado direito assegurado aos trabalhadores pela CLT, concedeu-lhe outras vantagens com vistas a compensar essa supressão. Ademais, a validade da votação da Assembleia Geral que deliberou pela celebração do acordo coletivo de trabalho não foi rechaçada nesta demanda, razão pela qual se deve presumir legítima a manifestação de vontade proferida pela entidade sindical.*

Registre-se que a própria Constituição Federal admite que as normas coletivas de trabalho disponham sobre salário (art. 7º, VI) e jornada de trabalho (art. 7º, XIII e XIV), inclusive reduzindo temporariamente remuneração e fixando jornada diversa da constitucionalmente estabelecida. Não se constata, por outro lado, que o acordo coletivo em questão tenha extrapolado os limites da razoabilidade, uma vez que, embora tenha limitado direito legalmente previsto, concedeu outras vantagens em seu lugar, por meio de manifestação de vontade válida da entidade sindical.

4. Registre-se que o requisito da repercussão geral está atendido em face do que prescreve o art. 543-A, § 3º, do CPC/1973: "Haverá repercussão geral sempre que o recurso impugnar decisão contrária a súmula ou jurisprudência dominante do Tribunal".

5. Diante do exposto, com base no art. 557, § 1º-A, do CPC/1973, dou provimento ao recurso extraordinário para afastar a condenação da recorrente ao pagamento das horas in itinere *e dos respectivos reflexos salariais. Após o trânsito em julgado, oficie-se à Vice-Presidência do Tribunal Superior do Trabalho, encaminhando-lhe cópia desta decisão para as devidas providências, tendo em conta a indicação do presente apelo como representativo de controvérsia.*

Publique-se. Intime-se.[2]

---

[2] Disponível em: <http://www.stf.jus.br/portal/processo/verProcessoAndamento.asp?incidente=4794743>. Acesso em: 28 nov. 2016.

PARTE III
DIREITO PROCESSUAL

1. COMPETÊNCIA. JUSTIÇA FEDERAL. TRABALHO FORÇADO[1]

A ação penal por trabalho dito "escravo" ajuizada contra um deputado federal e outros réus, como praticantes do crime de redução à condição análoga à de escravo capitulado no artigo 149 do Código Penal, objeto da AP 635-GO[2], relatada pelo Min. Celso de Melo, é da Justiça Federal, conforme o art. 109, VI, da Constituição. Relativamente ao parlamentar, o decisório invalidou a denúncia no que refere ao seu foro privilegiado (art. 102, I, *b*, da Constituição). O despacho do relator é o seguinte:

> TRABALHO ESCRAVO (CP, ART. 149). DENÚNCIA OFE-RECIDA PELO MINISTÉRIO PÚBLICO ESTADUAL. PEÇA ACUSATÓRIA RECEBIDA PELO JUIZ DE DIREITO DA COMARCA. AUTORIDADES LOCAIS ABSOLUTAMENTE INCOMPETENTES. NULIDADE RADICAL DOS ATOS PROCESSUAIS POR ELAS PRATICADOS. AUSÊNCIA DE EFICÁCIA INTERRUPTIVA DA PRESCRIÇÃO PENAL EM VIRTUDE DE O RECEBIMENTO DA DENÚNCIA HAVER RESULTADO DE DELIBERAÇÃO PROFERIDA POR JUIZ INCOMPETENTE "RATIONE MATERIAE". NÃO INCIDÊNCIA DO ART. 117, N. I, DO CÓDIGO PENAL, QUANDO A DECISÃO QUE RECEBE A DENÚNCIA EMANA DE AUTORIDADE JUDICIÁRIA ABSOLUTAMENTE INCOMPETENTE. MAGISTÉRIO JURISPRUDENCIAL DO SUPREMO TRIBUNAL FEDERAL A ESSE RESPEITO. DOUTRINA. COMPETÊNCIA PENAL, NO CASO, DA JUSTIÇA FEDERAL (CF, ART. 109, VI). PRECEDENTES (STF). A IMPORTÂNCIA POLÍTICO-JURÍDICA DO PRINCÍPIO CONSTITUCIONAL DO JUIZ NATURAL (CF,

---

[1] Sobre trabalho forçado, v., nesta coletânea, v. 10, p. 40, v. 13, p. 51, v. 16, p. 57, v. 17, p. 74, e v. 19, p. 101.
[2] AP 635-GO, de 13.10.2016 (Ministério Público do Estado de Goiás vs. Paulo Roberto Gomes Mansur (Rel.: Min. Celso de Mello).

ART. 5º, LIII). DOUTRINA. PRECEDENTES. INVALIDAÇÃO DOS ATOS DE PERSECUÇÃO PENAL DESDE A DENÚNCIA, INCLUSIVE. CONSEQUENTE NULIDADE DO ATO DECISÓRIO QUE RECEBEU A DENÚNCIA. POSSIBILIDADE DE RENOVAÇÃO DOS ATOS PROCESSUAIS, DESTA VEZ PERANTE O STF, POR TRATAR-SE DE IMPUTADO COM PRERROGATIVA DE FORO (CF, ART. 102, n. I, "c"). INOCORRÊNCIA, NA ESPÉCIE, DE PRESCRIÇÃO PENAL. PEDIDO DEFERIDO EM PARTE.

DECISÃO: Trata-se de ação penal ajuizada contra o Deputado Federal Paulo Roberto Gomes Mansur, vulgo "Beto Mansur", e outros corréus, denunciados pela suposta prática de atos caracterizadores do crime tipificado no art. 149 do Código Penal (fls. 02/15, vol. 01).

Registre-se que a denúncia contra os acusados, formulada pelo Promotor de Justiça local, foi recebida pelo MM. Juiz de Direito da 1ª Vara da comarca de Porangatu/GO, em 27.09.2006 (fls. 393, vol. 02), quando o réu Paulo Roberto Gomes Mansur ainda não ostentava a condição de parlamentar federal, eis que a sua diplomação somente ocorreu em 19.12.2006 (fls. 506, vol. 03).

Cumpre destacar, por necessário, que, acolhendo a promoção do Ministério Público Federal, determinei, nos autos do Inq 2.496/GO (que se transformou na presente ação penal), o desmembramento desta causa em relação aos denunciados que não possuíam prerrogativa de foro (fls. 572/576) perante o STF, subsistindo a competência penal originária desta Suprema Corte unicamente quanto ao Deputado Federal "Beto Mansur".

Em manifestação nos presentes autos, o réu "Beto Mansur" requereu "(...) a nulidade dos atos processuais desde o oferecimento da denúncia", com a consequente extinção do procedimento penal contra ele instaurado, fazendo-o com apoio nas razões a seguir expostas (fls. 588/598):

> *"1.1. A acusação. Denúncia. Oferecimento pelo d. MPGO. Competência do MPF. Recebimento pela Justiça Goiana. Competência Federal. Nulidade.*
>
> *O ora requerido foi denunciado pela suposta prática do delito previsto no art. 149 do Código Penal Brasileiro, qualificado na forma do § 2º e em continuação.*

A sua citação para a demanda ocorreu em 2007, conforme fls. 51, por ordem do Juízo de Direito da comarca de Porangatu, Estado de Goiás, que houvera recebido a denúncia, oferecida pela Promotoria de Justiça dessa mesma localidade.

Sucede, todavia, que a competência, em casos de acusação de redução de trabalhador à condição análoga à de escravo, é da Justiça Federal, conforme decidido por este Excelso Colegiado:

....

Assim sendo, o ato de oferecimento e assim também o de recebimento da denúncia ocorreram em foro absolutamente incompetente, sendo inviável que surtam qualquer tipo de efeito.

A declaração de nulidade desse ato se impõe, nos termos da jurisprudência desta Suprema Corte:

....

Há, como mencionado nos julgados acima, precedente desta d. Relatoria sobre a matéria:

....

Por todas essas razões, (i) mostra-se nula a denúncia, pois emanada de sede incompetente, (ii) o seu recebimento, pela mesma razão, e (iii) a citação, também pelo mesmo motivo.

Esse quadro impõe, por via de consequência, que, em questão de ordem, (i) seja o feito anulado desde o oferecimento da exordial, o que importa em sua extinção, ou, pelo menos, (ii) notifique-se explicitamente a denúncia e renove-se a citação, a fim de que seja apresentada a resposta de que cuida o art. 4º da Lei n. 8.038/90, antes de se proceder ao recebimento da inicial acusatória." (grifei)

O Ministério Público Federal, em parecer elaborado pela ilustre Subprocuradora-Geral da República Dra. CLÁUDIA SAMPAIO MARQUES, aprovado pelo eminente Chefe da Instituição, manifestou-se pela rejeição da questão prévia suscitada pelo réu e pela "continuidade do trâmite processual, com a oitiva das testemunhas de acusação e defesa e o posterior interrogatório do acusado, na forma do art. 400 do Código de Processo Penal" (fls. 618/623).

Sendo esse o contexto, passo à apreciação da questão prévia, suscitada a fls. 588/596, pertinente à alegada incompetência absoluta da autoridade judiciária estadual que recebeu a denúncia oferecida pelo Ministério Público local (fls. 393), eis que — segundo sustenta o réu em questão — *"a competência, em casos de acusação de redução à condição análoga à de escravo, é da Justiça Federal"* (fls. 589, vol. 03).

Impõe-se definir determinadas premissas que reputo essenciais ao exame da questão prévia arguida pelo acusado, para efeito de adequada apreciação do tema pertinente à alegada falta de competência do Poder Judiciário estadual para processar e julgar o delito previsto no art. 149 do Código Penal.

O processo penal condenatório, como sabemos, delineia-se como estrutura jurídico-formal em cujo âmbito o Estado desempenha a sua atividade persecutória. Nele, antagonizam-se exigências contrastantes, que exprimem situação de tensão dialética configurada pelo conflito entre a pretensão punitiva deduzida pelo Estado e o desejo de preservação da liberdade individual manifestado pelo réu.

Essa relação de conflituosidade (ou de polaridade conflitante) que opõe o Estado ao indivíduo revela-se, por isso mesmo, nota essencial e típica das ações penais, públicas ou privadas, tendentes à obtenção de provimentos jurisdicionais de caráter condenatório.

O litígio penal já existe desde o momento da prática do ato infracional, não obstante ainda desvestido, nesse momento pré--processual, de estritas formas de ordem ritual. O exercício estatal da função persecutória — mesmo na fase administrativa de sua atuação — traduz situação dotada de potencialidade lesiva ao "status libertatis" do indivíduo, que é submetido, pelo poder do Estado, a investigação policial ou a processo judicial.

A persecução penal, cuja instauração é justificada pela prática de ato supostamente criminoso, não se projeta nem se exterioriza como manifestação de absolutismo estatal. De exercício *indeclinável, a "persecutio criminis" sofre os condicionamentos que lhe impõe o ordenamento jurídico. A tutela da liberdade, nesse contexto, representa insuperável limitação constitucional ao poder persecutório do Estado, mesmo porque — ninguém o ignora — o processo penal qualifica-se como instrumento de salvaguarda dos direitos e garantias fundamentais daquele que é submetido, por iniciativa do Estado, a atos de persecução penal cuja prática somente se legitima dentro de um círculo intransponível e predeterminado pelas restrições fixadas pela própria Constituição da República, tal como tem entendido a jurisprudência do Supremo Tribunal Federal:*

> *"O PROCESSO PENAL COMO INSTRUMENTO DE SALVAGUARDA DAS LIBERDADES INDIVIDUAIS*
>
> - *A submissão de uma pessoa à jurisdição penal do Estado coloca em evidência a relação de polaridade conflitante que se estabelece entre a pretensão punitiva do Poder Público e o resguardo à intangibilidade do 'jus libertatis' titularizado pelo réu.*
>
> *A persecução penal rege-se, enquanto atividade estatal juridicamente vinculada, por padrões normativos que, consagrados pela Constituição e pelas leis, traduzem limitações significativas ao poder do Estado. Por isso mesmo, o processo penal só pode ser concebido — e assim deve ser visto — como instrumento de salvaguarda da liberdade do réu.*
>
> *O processo penal condenatório não é um instrumento de arbítrio do Estado. Ele representa, antes, um poderoso meio de contenção e de delimitação dos poderes de que dispõem os órgãos incumbidos da persecução penal. Ao delinear um círculo de proteção em torno da pessoa do réu — que jamais se presume culpado, até que sobrevenha irrecorrível sentença condenatória —, o processo penal revela-se instrumento que inibe a opressão judicial e que, condicionado por parâmetros ético-jurídicos, impõe ao órgão acusador o ônus integral da prova, ao mesmo tempo em que faculta ao acusado, que jamais necessita demonstrar a sua inocência, o direito de defender-se e de questionar, criticamente, sob a égide do*

contraditório, todos os elementos probatórios produzidos pelo Ministério Público.

A própria exigência de processo judicial representa poderoso fator de inibição do arbítrio estatal e de restrição ao poder de coerção do Estado. A cláusula 'nulla poena sine judicio' exprime, no plano do processo penal condenatório, a fórmula de salvaguarda da liberdade individual." (HC 73.338/ RJ, Rel. Min. CELSO DE MELLO)

Insinua-se, bem por isso, neste ponto, a questão da competência na exata medida em que o respeito ao exercício legítimo das atribuições jurisdicionais condiciona a própria validade da relação processual penal. Na realidade, a competência inclui-se entre os pressupostos processuais objetivos. Constitui ela requisito mínimo para a válida instauração — e ulterior desenvolvimento — da relação processual penal, como assinala, com extrema propriedade, o eminente e saudoso Professor e Desembargador JOSÉ FREDERICO MARQUES em monografia clássica sobre a competência jurisdicional em matéria penal ("Da Competência em Matéria Penal", p. 306, 1953, Saraiva):

"A competência é um pressuposto processual para a validez da relação jurídica que existe no processo, incluindo- -se assim entre aqueles pressupostos que se referem às condições necessárias para que possa existir um pronunciamento jurisdicional sobre a procedência da acusação, ou sobre o mérito da causa penal deduzida em juízo. Isto quer dizer que, faltando ao juiz penal competência para decidir 'hic et nunc' uma lide penal, a relação processual, embora existente, é defeituosa ou nula, tornando desta forma inadmissível a apreciação final sobre o mérito da 'res in judicio deducta'. A incompetência, como lembra PONTES DE MIRANDA, não obsta à formação da relação jurídico-processual: esta existe; 'posto que seja nula'." (grifei)

O relevo jurídico-processual da competência, sob os aspectos referidos, mostra-se inquestionável, eis que a incompetência absoluta do órgão judiciário afeta e infirma a validade da própria relação processual penal.

A questão suscitada nestes autos concerne à definição dos órgãos competentes para o oferecimento e o recebimento da denúncia contra Paulo Roberto Gomes Mansur, Deputado Federal. Cuida-se, pois, de saber a quem pertence essa competência penal: se à Justiça estadual ou, como pretende o réu, à Justiça Federal.

Posta a questão nesses termos, entendo assistir plena razão ao réu, eis que o Plenário desta Suprema Corte, ao julgar o RE 398.041/PA, Rel. Min. JOAQUIM BARBOSA, firmou orientação que autoriza o acolhimento, na espécie, nos termos postulados pelo acusado (fls. 587/614), de sua pretensão de "nulidade dos atos processuais desde o oferecimento da denúncia", inclusive:

"DIREITO PENAL E PROCESSUAL PENAL. ART. 149 DO CÓDIGO PENAL. REDUÇÃO À CONDIÇÃO ANÁLOGA À DE ESCRAVO. TRABALHO ESCRAVO. DIGNIDADE DA PESSOA HUMANA. DIREITOS FUNDAMENTAIS. CRIME CONTRA A COLETIVIDADE DOS TRABALHADORES. ART. 109, VI, DA CONSTITUIÇÃO FEDERAL. COMPETÊNCIA. JUSTIÇA FEDERAL. RECURSO EXTRAORDINÁRIO PROVIDO.

A Constituição de 1988 traz um robusto conjunto normativo que visa à proteção e efetivação dos direitos fundamentais do ser humano.

A existência de trabalhadores a laborar sob escolta, alguns acorrentados, em situação de total violação da liberdade e da autodeterminação de cada um, configura crime contra a organização do trabalho.

Quaisquer condutas que possam ser tidas como violadoras não somente do sistema de órgãos e instituições com atribuições para proteger os direitos e deveres dos trabalhadores, mas também dos próprios trabalhadores, atingindo-os em esferas que lhes são mais caras, em que a Constituição lhes confere proteção máxima, são enquadráveis na categoria dos crimes contra a organização do trabalho, se praticadas no contexto das relações de trabalho.

Nesses casos, a prática do crime prevista no art. 149 do Código Penal (Redução à condição análoga à de escravo) se caracteriza como crime contra a organização do trabalho, de modo a atrair a competência da Justiça federal (art. 109, VI, da Constituição) para processá-lo e julgá-lo.

Recurso extraordinário conhecido e provido." (grifei)

Cumpre ressaltar, por necessário, que esse entendimento — que reconhece a competência penal da Justiça Federal para processar e julgar, com apoio no art. 109, inciso VI, da Constituição da República, o crime tipificado no art. 149 do CP — vem sendo observado em sucessivos julgamentos proferidos no âmbito desta Corte a propósito da mesma questão prévia suscitada nestes autos (ACO 1.869/PA, Rel. Min. ROBERTO BARROSO — ARE 696.763/TO, Rel. Min. CELSO DE MELLO — HC 91.959/TO, Rel. Min. EROS GRAU — RE 428.863-AgR/SC, Rel. Min. JOAQUIM BARBOSA — RE 466.428/PA, Rel. Min. GILMAR MENDES — RE 466.429/TO, Rel. Min. AYRES BRITTO — RE 480.139/PA, Rel. Min. GILMAR MENDES — RE 499.143/PA, Rel. Min. SEPÚLVEDA PERTENCE — RE 508.717/PA, Rel. Min. CÁRMEN LÚCIA — RE 538.541/PA, Rel. Min. EROS GRAU — RE 541.627/PA, Rel. Min. ELLEN GRACIE — RE 543.249/PA, Rel. Min. GILMAR MENDES — RE 555.565-AgR/PA, Rel. Min. MARCO AURÉLIO — RE 587.530-AgR/SC, Rel. Min. DIAS TOFFOLI, v. g.):

"*Recurso extraordinário. Constitucional. Penal. Processual Penal. Competência. Redução a condição análoga à de escravo. Conduta tipificada no art. 149 do Código Penal. Crime contra a organização do trabalho. Competência da Justiça Federal. Artigo 109, inciso VI, da Constituição Federal. Conhecimento e provimento do recurso.*

1. O bem jurídico objeto de tutela pelo art. 149 do Código Penal vai além da liberdade individual, já que a prática da conduta em questão acaba por vilipendiar outros bens jurídicos protegidos constitucionalmente como a dignidade da pessoa humana, os direitos trabalhistas e previdenciários, indistintamente considerados.

2. A referida conduta acaba por frustrar os direitos assegurados pela lei trabalhista, atingindo, sobremodo, a organização do trabalho, que visa exatamente a consubstanciar o sistema social trazido pela Constituição Federal em seus arts. 7º e 8º, em conjunto com os postulados do art. 5º, cujo escopo, evidentemente, é proteger o trabalhador em todos os sentidos, evitando a usurpação de sua força de trabalho de forma vil.

3. É dever do Estado ('lato sensu') proteger a atividade laboral do trabalhador por meio de sua organização social e trabalhista, bem como zelar pelo respeito à dignidade da pessoa humana (CF, art. 1º, inciso III)." (RE 459.510/MT, Red. p/ o acórdão Min. DIAS TOFFOLI — grifei)

"AGRAVO REGIMENTAL NO RECURSO EXTRAORDINÁRIO. CRIME CONTRA A ORGANIZAÇÃO DO TRABALHO. COMPETÊNCIA DA JUSTIÇA FEDERAL.

O Supremo Tribunal Federal firmou o entendimento de que a competência para julgar os crimes contra a organização do trabalho é da Justiça Federal.

Agravo regimental a que se nega provimento." (RE 511.849-AgR/PA, Rel. Min. ROBERTO BARROSO — grifei)

O exame da denúncia evidencia que, no caso ora em análise, 52 (cinquenta e dois) trabalhadores foram alegadamente submetidos a uma extensa, desgastante e exaustiva jornada de trabalho, exercendo, diariamente, de domingo a domingo, sem descanso semanal remunerado de 24 horas, as suas atividades, que se prolongavam das 07 às 17h00 (de segunda-feira a sábado) e das 07 às 15h00 (aos domingos).

Demais disso, a peça acusatória relata que as vítimas que não pudessem trabalhar por motivo de doença ou em razão de chuva forte "tinham que pagar a comida consumida ao preço de R$ 5,00 cada refeição", além do fato de que, em virtude de "autêntica servidão por débito", os trabalhadores tinham cerceada a sua liberdade de locomoção física em consequência do "sistema de endividamento do barracão".

Consta da denúncia, ainda, "que a situação degradante imposta pelos denunciados aos empregados existia tanto no local de trabalho, como nos dormitórios e na alimentação, sem as mínimas condições de higiene", *cabendo acentuar, de outro lado, nos termos da acusação penal, que não eram sequer fornecidos aos trabalhadores rurais equipamentos de proteção individual (EPI) nem água potável.*

Todos esses aspectos realçados na denúncia do Ministério Público põem em evidência a alegada transgressão não só aos valores estruturantes da organização do trabalho, mas, sobretudo, às normas de proteção individual dos 52 (cinquenta e dois) trabalhadores rurais arrolados como vítimas diretas da ação alegadamente predatória e criminosa imputada ao réu e aos demais acusados, o que torna legítima a incidência, na espécie, na linha do magistério jurisprudencial desta Suprema Corte, da regra de competência inscrita no art. 109, VI, da Constituição da República.

Tenho para mim, desse modo, presentes as circunstâncias narradas na peça acusatória e a orientação jurisprudencial prevalecente nesta Corte, que a denúncia oferecida pelo Promotor de Justiça, de um lado, e o seu recebimento pelo Juiz de Direito da comarca de Porangatu/GO, de outro, quanto a Paulo Roberto Gomes Mansur (que, então, ainda não havia sido diplomado Deputado Federal), emanaram de autoridades absolutamente incompetentes "ratione materiae", o que justifica, no caso, o reconhecimento da invalidade dos atos processuais que essas autoridades locais praticaram, vícios esses que se estendem, até mesmo, aos próprios efeitos jurídicos deles resultantes, pois, como se sabe, "O recebimento da denúncia, quando efetuado por órgão judiciário absolutamente incompetente, não se reveste de eficácia interruptiva da prescrição penal, eis que decisão nula não pode gerar a consequência jurídica a que se refere o art. 117, I, do Código Penal" (RTJ 180/846-847, Rel. Min. CELSO DE MELLO, Pleno).

Cumpre rememorar, nesse mesmo sentido, que o Plenário desta Suprema Corte, em recentíssima decisão, ao examinar recurso ordinário criminal que versava matéria assemelhada à ora debatida nesta sede processual (RC 1.472/MG), deu-lhe provimento, cabendo transcrever, no ponto, ante a pertinência de seu conteúdo, fragmento do voto que o eminente Ministro DIAS TOFFOLI, Relator, proferiu no julgamento em referência:

"Uma vez reconhecida a nulidade, seria o caso de determinar-se a remessa dos autos à Justiça Comum estadual.

Ocorre que, nulo, 'ab initio', o processo, diante da incompetência constitucional da Justiça Federal, o recebimento da denúncia não teve o condão de interromper o curso do prazo prescricional.

Como já decidido pelo Supremo Tribunal Federal,

'I. Competência: incompetência da Justiça Federal, declarada em apelação: consequente nulidade 'ex radice' do processo, desde a denúncia, inclusive.

Declarada em apelação a incompetência da Justiça Federal, por ser o caso de competência da Justiça Estadual, não se circunscreve a nulidade à sentença: cuidando-se da chamada competência de atribuições, de matriz constitucional, sua falta acarreta a nulidade 'ex radice' do processo, seja por carência absoluta de jurisdição do órgão judiciário que presidiu os atos instrutórios, seja pela decorrente ilegitimidade 'ad causam' do Ministério Público estadual.

A decisão do TFR, que se limitara a declarar anulada a sentença do Juiz Federal, não vinculou a Justiça Estadual, à qual se devolveu integralmente a competência para decidir o caso, inclusive no tocante à ilegitimidade da Procuradoria da República e consequente inaptidão da denúncia, sequer ratificada pelo Ministério Público local.

II. Prescrição: não a interromperam o recebimento da denúncia e a sentença condenatória da Justiça Federal, dada a sua incompetência, nem a sentença condenatória da Justiça Estadual, porque proferida em processo nulo 'ex radice', desde a denúncia, inclusive' (HC n. 68.269/DF, Primeira Turma, Relator o Ministro Sepúlveda Pertence, DJ de 9.8.91)." (grifei)

Se assim é, torna-se evidente que o recebimento da denúncia por parte de órgão judiciário absolutamente incompetente (como sucedeu no caso) não se reveste de validade jurídica, mostrando-se, em consequência, insuscetível de gerar o efeito interruptivo da prescrição penal a que refere o art. 117, I, do CP.

Como se sabe, a eficácia interruptiva da prescrição penal somente ocorre quando o ato de que deriva reveste-se de validade jurídica, consoante tem reconhecido a jurisprudência dos Tribunais em geral (RT 628/292 — RT 684/382, v.g.) e, notadamente, a do Supremo Tribunal Federal (RTJ 90/459, Rel. Min. LEITÃO DE ABREU — RTJ 95/1058, Rel. Min. THOMPSON FLORES — RTJ 117/1091, Rel. Min. DJACI FALCÃO — RTJ 124/403, Rel. Min. SYDNEY SANCHES — RTJ 141/192, Rel. Min. SEPÚLVEDA PERTENCE — RT 620/400, Rel. Min. CARLOS MADEIRA, v.g.).

Esse entendimento, por sua vez, encontra apoio no magistério da doutrina (CELSO DELMANTO/ROBERTO DELMANTO/ROBERTO DELMANTO JÚNIOR/FÁBIO M. DE ALMEIDA DELMANTO, "Código Penal Comentado", p. 419, 9ª ed., 2016, Saraiva; DAMÁSIO E. DE JESUS, "Código Penal Anotado", p. 464, 23ª ed., 2016, Saraiva; JÚLIO FABBRINI MIRABETE/RENATO N. FABBRINI, "Código Penal Interpretado", p. 639, item n. 117.2, 2011, Atlas; ÁLVARO MAYRINK DA COSTA, "Direito Penal — Parte Geral", vol. I, tomo III, p. 2.090, item n. 4, 6ª ed., 1998, Forense; RENATO BRASILEIRO DE LIMA, "Código de Processo Penal Comentado", p. 250, item n. 5.5.2., 2016, Jus Podivm; GUILHERME DE SOUZA NUCCI, "Código Penal Comentado", p. 674, item n. 64-B, 15ª ed., 2015, Forense; ROGÉRIO GRECO, "Código Penal Comentado", p. 318, 10ª ed., 2016, Impetus, v.g.).

Todas essas considerações revelam-se de indiscutível importância em face do caráter de fundamentalidade de que se reveste, em nosso sistema jurídico, o princípio do juiz natural.

Com efeito, o princípio da naturalidade do juízo representa uma das mais importantes matrizes político-ideológicas que conformam a própria atividade legislativa do Estado e que condicionam o desempenho, por parte do Poder Público, das funções de caráter penal-persecutório, notadamente quando exercidas em sede judicial.

Daí a advertência de JOSÉ FREDERICO MARQUES ("O Processo Penal na Atualidade", in "Processo Penal e Constituição Federal", p. 19, item n. 7, 1993, Ed. Acadêmica/Apamagis, São Paulo) no sentido de que ao rol de postulados básicos deve acrescer-se "aquele do Juiz natural, contido no item n. LIII do art. 5º, que declara que 'ninguém será processado nem sentenciado senão pela autoridade competente'. É que autoridade competente só será aquela que a Constituição tiver previsto, explícita ou implicitamente, pois, se assim não fosse, a lei poderia burlar as garantias derivadas do princípio do Juiz independente e imparcial, criando outros órgãos para o processo e julgamento de determinadas infrações" (grifei).

A essencialidade do princípio do juiz natural impõe ao Estado o dever de respeitar essa garantia básica que predetermina, em abstrato, os órgãos judiciários investidos de competência funcional para a apreciação dos litígios penais.

Na realidade, o princípio do juiz natural reveste-se, em sua projeção político-jurídica, de dupla função instrumental, pois, enquanto garantia indisponível, tem por titular qualquer pessoa exposta, em juízo criminal, à ação persecutória do Estado e, enquanto limitação insuperável, incide sobre os órgãos do poder incumbidos de promover, judicialmente, a repressão criminal.

Vê-se, desse modo, que o postulado da naturalidade do juízo, ao qualificar-se como prerrogativa individual ("ex parte subjecti"), tem por destinatário específico o réu, erigindo-se, em consequência, como direito público subjetivo inteiramente oponível ao próprio Estado. Esse mesmo princípio, contudo, se analisado em perspectiva diversa, "ex parte principis", atua como fator de inquestionável restrição ao poder de persecução penal, submetendo o Estado a múltiplas limitações inibitórias de suas prerrogativas institucionais.

Isso significa que o postulado do juiz natural deriva de cláusula constitucional tipicamente bifronte, pois, dirigindo-se a dois destinatários distintos, ora representa um direito do réu (eficácia positiva da garantia constitucional), ora traduz uma imposição ao Estado (eficácia negativa dessa mesma garantia constitucional).

É por essa razão que ADA PELLEGRINI GRINOVER — após destacar a importância histórica e político-jurídica do princípio do juiz natural — acentua, com apoio no magistério de JORGE FIGUEIREDO DIAS ("Direito Processual Penal", vol. 1/322-323, 1974, Coimbra), que esse postulado constitucional acha-se tutelado por garantias irredutíveis que se desdobram, "na verdade, em três conceitos: só são órgãos jurisdicionais os instituídos pela

Constituição; ninguém pode ser julgado por órgão constituído após a ocorrência do fato; entre os juízes pré-constituídos vigora uma ordem taxativa de competências, que exclui qualquer alternativa deferida à discricionariedade de quem quer que seja" ("O Processo em Sua Unidade — II", p. 39, item n. 6, 1984, Forense — grifei).

O fato irrecusável em nosso sistema de direito constitucional positivo — considerado o princípio do juiz natural — é que ninguém poderá ser privado de sua liberdade senão mediante julgamento pela autoridade judicial competente. Nenhuma pessoa, em consequência, poderá ser subtraída ao seu juiz natural. A Constituição do Brasil, ao proclamar as liberdades públicas — que representam limitações expressivas aos poderes do Estado –, consagrou, agora de modo explícito, o postulado fundamental do juiz natural. O art. 5º, LIII, da Carta Política prescreve que "ninguém será processado nem sentenciado senão pela autoridade competente".

A importância político-jurídica desse princípio essencial — que traduz uma das projeções concretizadoras da cláusula do "due process of law" — foi acentuada pelo autorizado magistério de eminentes autores, tais como ADA PELLEGRINI GRINOVER ("O Processo em sua unidade — II", p. 03/04, 1984, Forense), GIUSEPPE SABATINI ("Principii Costituzionali del Processo Penale", p. 93/131, 1976, Napoli), TAORMINA ("Giudice naturale e processo penale", p. 16, 1972, Roma), JOSÉ CIRILO DE VARGAS ("Processo Penal e Direitos Fundamentais", p. 223/232, 1992, Del Rey Editora), MARCELO FORTES BARBOSA ("Garantias Constitucionais de Direito Penal e de Processo Penal na Constituição de 1988", p. 80/81, 1993, Malheiros) e ROGÉRIO LAURIA TUCCI e JOSÉ ROGÉRIO CRUZ E TUCCI ("Constituição de 1988 e Processo", p. 30/32, item n. 10, 1989, Saraiva).

Foi por essa razão que o Plenário do Supremo Tribunal Federal, em situação assemelhada à que se registra nestes autos, nela reputou existente a ocorrência de ofensa "ao princípio do juiz natural", como o evidencia decisão consubstanciada em acórdão assim ementado:

> *"Inquérito. 2. Questão de ordem. 3. Requerimento de decretação de nulidade da denúncia recebida por juiz de*

*primeiro grau. 4. Comprovação de que, à época do recebimento da denúncia, um dos denunciados exercia o cargo de Secretário de Estado. 5. Incompetência absoluta do juízo. Nulidade da denúncia e do seu recebimento. Violação ao princípio do juiz natural (CF, art. 5º, LIII). Precedentes. (...)."
(Inq 2.051-QO/TO, Rel. Min. GILMAR MENDES — grifei)*

Sendo assim, em face das razões expostas, e considerando que o oferecimento da denúncia pelo Promotor de Justiça local (fls. 02/15) e a decisão que a recebeu proferida pelo MM. Juiz de Direito da comarca de Porangatu/GO (fls. 393) emanaram de autoridades absolutamente incompetentes para a prática de tais atos processuais, defiro, em parte, o pedido de fls. 613, em ordem a invalidar, a partir da denúncia, inclusive, a persecução penal instaurada em juízo contra o réu Paulo Roberto Gomes Mansur, vulgo "Beto Mansur", sem prejuízo de o Ministério Público Federal deduzir nova acusação penal perante o Supremo Tribunal Federal, em razão da prerrogativa de foro de que dispõe, constitucionalmente, o acusado em referência.

Intime-se, pessoalmente, o eminente Senhor Procurador-Geral da República.

Publique-se.[3]

---

[3] Disponível em: <http://www.stf.jus.br/portal/processo/verProcessoAndamento.asp?incidente=4131042>. Acesso em: 25 nov. 2016.

2. CORREÇÃO DE DÉBITOS TRABALHISTAS. APLICAÇÃO DA TR[1]

Tema sempre controvertido é o referente ao índice a ser aplicado para correção de débitos trabalhistas. O dilema está entre a aplicação da Taxa Referencial Diária (TRD) ou do Índice Nacional de Preços ao Consumidor (INPC). Apreciando liminar na RCL 24.445-RS[2], o Min. Dias Toffoli determinou a aplicação da TRD, com fundamento no art. 39 da Lei n. 8.177/91. Sua decisão é a seguinte:

> Vistos.
>
> Cuida-se de reclamação constitucional, com pedido liminar, ajuizada por BANCO SAFRA S/A em face do JUIZ DO TRABALHO DA 10ª VARA DO TRABALHO DE PORTO ALEGRE, cuja decisão teria usurpado a competência do Supremo Tribunal Federal e afrontado a eficácia do julgado nas Reclamações ns. 22.012/RS-MC e 23.035/RS-MC, bem como nas ADI ns. 4.357/DF e 4.425/DF.
>
> BANCO SAFRA S/A narra que:
>
> a) Nos autos da Reclamação Trabalhista n. 0000301-32.2010.5.04.0010, a autoridade reclamada determinou a aplicação do Índice Nacional de Preços ao Consumidor (INPC) para fins de correção monetária dos débitos trabalhistas, com fundamento na declaração de inconstitucionalidade "do uso da TR como fator de atualização monetária" pelo STF, na ADI n. 4.357/DF.

---

[1] Sobre a aplicação da TR como índice de correção afastando o INPC-A, v. nesta coletânea, v. 19, p. 48.
[2] RCL 24.445 RS, de 28.6.2016 (Banco Safra S/A vs. Juiz do Trabalho da 10ª Vara do Trabalho de Porto Alegre. Intdo.: Caio Koren Chiappini) Rel.: Min. Dias Toffoli.

b) O juízo reclamado homologou a liquidação de sentença e determinou a expedição de mandato de citação para que se efetuasse o pagamento de R$ 1.093.398,02 (um milhão e noventa e três mil e trezentos e noventa e oito reais e dois centavos), decisão contra a qual foi ofertada exceção de pré-executividade, que teve como um de seus fundamentos as decisões do STF indicadas como paradigmas.

c) Ao afirmar ser "infundado" o incidente de exceção de pré-executividade, a autoridade reclamada afastou a contrariedade à autoridade do STF.

A reclamante defende que

"*referido entendimento implica em erronia na aplicação do entendimento firmado nas ADI ns. 4.357/DF e 4.425/DF, como já reconhecido por este E. STF quando da análise das liminares nas RCL ns. 22.012/RS e 23.035/RS, oportunidade em que firmado o entendimento de que 'todas as Cortes Regionais e juízos de primeira instância da Justiça Especializada submetem-se à conclusão da decisão cautelar proferida na Rcl n. 12.012/RS, no sentido de afastar a aplicação do IPCA-E como índice de correção dos débitos trabalhistas.'*

Prosseguindo, a d. decisão deste E. STF indicou que 'por força da decisão na Rcl n. 22.012/RS, a atuação do Ministro Presidente do Conselho Superior da Justiça do Trabalho na elaboração da 'Tabela Única para a atualização e conversão de débitos trabalhistas — Sistema Único de Cálculo (SUCJT)' permanece orientada pelo disposto no art. 39 da Lei n. 8.177/91, que determina a aplicação da TR e do FACDT à atualização do débito trabalhista (...)"

Alega que as decisões cautelares proferidas nas Reclamações ns. 22.012/RS e 23.035/RS são de observância obrigatória pelo juízo reclamado, pois, ao balizar os limites da decisão nas ADI ns. 4.357/DF e 4.425/DF, orientam a atuação uniforme da Justiça do Trabalho.

Aduz que, ao afastar a incidência da Taxa Referencial (TR) como índice de correção monetária em hipótese diversa de execução contra a Fazenda Pública, a Justiça do Trabalho conferiu interpretação extensiva ao julgado na ADI n. 4.357/DF, usurpando a competência do STF para analisar, em sede abstrata, a constitucionalidade do art. 39 da Lei n. 8.177/91.

Requer que seja deferido o pedido liminar para suspender os efeitos da decisão que homologou os cálculos de liquidação na Reclamação Trabalhista n. 0000301-32.2010.5.04.0010 ou suspender a execução do julgado na parte que exorbita a regra do art. 39 da Lei n. 8.177/91, presente o periculum in mora *ante a iminência de sofrer atos do bloqueio do valor total homologado, pelo sistema Bacen Jud.*

No mérito, postula que seja julgada procedente a presente reclamação para cassar a decisão que homologou a incidência de INPC a título de correção monetária do débito constituído nos autos originários, determinando-se a a incidência do art. 39 da Lei n. 8.177/91 para fins de atualização dos débitos trabalhistas.

É o relatório. Decido.

No caso dos autos, a rejeição à impugnação do índice utilizado para correção monetária dos débitos trabalhistas está fundamentada em Orientação Jurisprudencial n. 49 da Seção Especializada em Execução do TRT-4, cuja redação transcrevo:

> *"A partir de 14 de março de 2013, o índice a ser utilizado para atualização monetária dos débitos trabalhistas deve ser o INPC, diante da declaração de inconstitucionalidade pelo Supremo Tribunal Federal, na ADI 4357, do uso da TR como fator de atualização monetária." (grifei).*

Ocorre que as ADI ns. 4.357/DF e 4.425/DF tiveram como objeto a sistemática de pagamento de precatórios introduzida pela EC n. 62/09, a qual foi parcialmente declarada inconstitucional por esta Suprema Corte, tendo o próprio Relator, Ministro Luiz Fux, reforçado o limite objetivo da declaração de inconstitucionalidade "por arrastamento" do art. 1º-F da Lei n. 9.494/97, com a redação dada pela Lei n. 11.960/09, ao "ao intervalo de tempo compreendido entre a inscrição do crédito em precatório e o efetivo pagamento" (RE n. 870.947/SE, DJe de 27.4.15).

Uma vez que o art. 39 da Lei n. 8.177/91 não está adstrito à regulamentação de débitos imputados à Fazenda Pública, quanto menos limitado "ao intervalo de tempo compreendido entre a inscrição do crédito em precatório e o efetivo pagamento" desses débitos, a norma nele exarada permanece vigente no ordenamento jurídico pátrio, não tendo sido alcançada pela declaração de inconstitucionalidade nas ADI ns. 4.357/DF e 4.425/DF, sequer se admitida, em tese, a declaração de inconstitucionalidade por arrastamento tácita.

Isso porque a declaração de inconstitucionalidade por arrastamento alcança dispositivo cuja eficácia normativa dependa da norma objeto da declaração de inconstitucionalidade — o que não é o caso do art. 39 da Lei n. 8.177/91, a qual é mesmo anterior à EC n. 62/2009 — e, portanto, se relaciona com os limites objetivos da coisa julgada (SARLET, Ingo Wolfgang; MARINONI, Luiz Guilherme; MITIDIERO, Daniel. Curso de Direito Constitucional. 2ª ed. rev. atual e ampl. São Paulo: Editora Revista dos Tribunais, 2013. p. 1130).

Nesse sentido, vide *precedente:*

"CONSTITUCIONAL. ADMINISTRATIVO. SERVIDOR PÚBLICO: REMUNERAÇÃO: VINCULAÇÃO OU EQUIPARAÇÃO. C.F., art. 37, XIII. Lei Complementar n. 7, de 1991, com a redação da Lei Complementar n. 23, de 2002, do Estado de Alagoas. I. — Objetivando impedir majorações de vencimentos em cadeia, a Constituição Federal, art. 37, XIII, veda a vinculação ou equiparação de vencimentos para o efeito de remuneração de pessoal do serviço público. II. — Inconstitucionalidade de parte da segunda parte do art. 74 da Lei Complementar n. 7, de 1991, com a redação da Lei Complementar n. 23, de 2002, ambas do Estado de Alagoas. III. — Não obstante de constitucionalidade duvidosa a primeira parte do mencionado artigo 74, ocorre, no caso, a impossibilidade de sua apreciação, em obséquio ao "princípio do pedido" e por não ocorrer, na hipótese, o fenômeno da inconstitucionalidade por 'arrastamento' ou 'atração', já que o citado dispositivo legal não é dependente da norma declarada inconstitucional. ADI 2.653/MT, Ministro Carlos

Velloso, "DJ" de 31.10.2003. IV. — ADI julgada procedente, em parte" (ADI n. 2.895/AL, Rel. Min Carlos Velloso, Tribuna Pleno, DJ de 20.5.05).

Reafirmo, assim, os fundamentos das decisões proferidas nas Rcl ns. 22.012/RS e 23.035/RS, no sentido de que:

a) Na Justiça do Trabalho, vige a Resolução n. 8/2005, que atribui ao Conselho Superior (CSJT) o poder de uniformizar os critérios de apuração do índice de atualização dos débitos trabalhistas nos órgãos da Justiça do Trabalho por meio da edição da "Tabela Única para atualização e conversão de débitos trabalhistas — Sistema Único de Cálculo (SUCJT)";

b) Estando suspensa a decisão do TST a que se pretendeu conferir caráter normativo geral ao determinar a retificação da tabela de atualização monetária da Justiça do Trabalho (tabela única) de acordo com novos índices, a atuação do Ministro Presidente do Conselho Superior da Justiça do Trabalho na edição da "tabela única" permanece orientada pelo art. 39 da Lei 8.177/91.

No caso, conforme prova dos autos, a decisão que rejeitou a impugnação ao cálculo de liquidação é datada de 15.3.2016, quando:

a) a OJ n. 49 do TRT-4 já havia sido cancelada pela Resolução n. 02/2015 do TRT4, publicada no DEJT de 17, 18 e 21.09.2015;

b) o TRT-4 havia editado a OJ n. 01 Transitória da SEEx do TRT-4 por meio da Resolução n. 03/2015 do TRT-4, publicada no DEJT de 25, 28 e 29/09/2015, a qual possui orientação idêntica à da decisão do TST cuja eficácia foi suspensa por decisão na Rcl n. 22.012/RS;

c) já havia decisão na Rcl n. 22.012/RS, no sentido de que o esvaziamento da força normativa do art. 39 da Lei n. 8.177/91 com fundamento na decisão proferida nas ADI ns. 4.357/DF e 4.425/DF — sem a limitação aos débitos oponíveis à Fazenda Pública e, nesse caso, tão somente no período compreendido entre a inscrição do crédito em precatório e o efetivo pagamento —, afronta a autoridade dessa Suprema Corte.

Assim, à semelhança do entendimento exarado no provimento cautelar da Rcl n. 23.035/RS (DJe de 16/3/2016), nesse juízo de estrita delibação, entendo que a aplicação de regra inscrita em Orientação Jurisprudencial editada para fins de orientar o índice de correção monetária de débitos trabalhistas no TRT-4, com critérios distintos do art. 39 Lei n. 8.177/91 e da "tabela única" editada em observância à decisão cautelar na Rcl n. 22.012/RS, configura subterfúgio à não submissão de órgão da Justiça especializada a provimento exarado por esta Suprema Corte.

Pelo exposto, defiro o pedido liminar para determinar ao JUIZ DO TRABALHO DA 10ª VARA DO TRABALHO DE PORTO ALEGRE que proceda à liquidação dos débitos trabalhistas constituídos na Reclamação Trabalhista n. 0000283-52.2011.5.04.0761 de acordo com o art. 39 Lei n. 8.177/91 e a "tabela única" editada pelo CSJT, observados os efeitos da decisão cautelar na Rcl n. 22.012/RS; ficando suspensa a execução no montante que exorbite esse valor.

Solicitem-se informações à autoridade reclamada.

Com ou sem informações, vista à douta Procuradoria-Geral da República para manifestação como custos legis.

Ad cautelam, tendo em vista a reiteração de decisões no âmbito do TRT-4 no sentido de determinar a incidência de índices de correção monetária diversos do art. 39 da Lei n. 8.177/91, com fundamento em Orientações Jurisprudenciais do Órgão e sem a instauração do devido processo legal para fins de eventual discussão da constitucionalidade do dispositivo legal, determino à Secretaria Judiciária desta Suprema Corte que oficie aos demais magistrados vinculados ao TRT-4 para que tenham ciência do teor desta decisão.

Publique-se. Int..[3]

---

[3] Disponível em: <http://www.stf.jus.br/portal/processo/verProcessoAndamento.asp?incidente=5006049>. Acesso em: 30 nov. 2016.

3. CPC. INSTRUÇÃO NORMATIVA N. 39-TST. INCONSTITUCIONALIDADE

O processo do trabalho tem, no processo civil, sua fonte subsidiária. É o que dispõe o art. 769 da CLT. Porém, faz muito tempo que o que era subsidiário passou a principal e todos os males do processo comum passaram a ser utilizados no do trabalho, enquanto as coisas boas deste é que foram copiadas pelo processo ordinário. Com a entrada em vigor do CPC, substituindo o antigo Código Buzaid, o novo diploma trouxe muitas mudanças e o TST editou a Instrução Normativa 39/2016, acerca da aplicação das novas regras do processo comum ao processo do trabalho. Contra essa instrução, a ANAMATRA ajuizou a ADIn 5.516-DF[1]. Seu atual relator é o Min. Ricardo Lewandovski, conforme o art. 38 do Regimento Interno do STF, substituindo a Min. Carmen Lúcia. Ainda não há decisão a respeito, mas o parecer do Procurador Geral da República, Dr. Rodrigo Janot Monteiro de Barros, de 13.9.2016, está assim ementado:

> *CONSTITUCIONAL, PROCESSUAL CIVIL E PROCESSUAL DO TRABALHO. AÇÃO DIRETA DE INCONSTITUCIONALIDADE. INSTRUÇÃO NORMATIVA 39/2016 DO TRIBUNAL SUPERIOR DO TRABALHO. NOVO CÓDIGO DE PROCESSO CIVIL. APLICAÇÃO SUBSIDIÁRIA AO PROCESSO DO TRABALHO. ATO NORMATIVO AUTÔNOMO. VIOLAÇÃO DE COMPETÊNCIA LEGISLATIVA PRIVATIVA DA UNIÃO. CONSTITUIÇÃO, ART. 22, I. PRINCÍPIO DA RESERVA LEGAL (ART. 5º, II). INDEPENDÊNCIA FUNCIONAL DA MAGISTRATURA JUDICIAL (ART. 95). SEGURANÇA JURÍDICA, ACESSO À JUSTIÇA E RAZOÁVEL DURAÇÃO DO PROCESSO (ART. 5º, XXXV, XXXVI E LXXVIII). INTERPRETAÇÃO CONFORME*

---

[1] ADIn 5.516-DF (Associação Nacional dos Magistrados da Justiça do Trabalho — ANAMATRA. Intdo. Tribunal Superior do Trabalho). Rel.: Min. Ricardo Lewandovski.

A CONSTITUIÇÃO. AUSÊNCIA DE EFICÁCIA NORMATIVA DA IN. EFEITO ORIENTADOR DA ATIVIDADE JUDICIAL.

1. Possui caráter normativo pretensamente primário e inovador da ordem jurídica a Instrução Normativa n. 39/2016, do Tribunal Superior do Trabalho, que busca definir as normas do novo Código de Processo Civil aplicáveis, inaplicáveis e aplicáveis em termos ao Processo do Trabalho. Ato com essas características é passível de ação direta de inconstitucionalidade. Precedentes.

2. Dotado de caráter vinculante, o ato impugnado invade espaço da legislação processual, de competência legislativa privativa da União (Constituição da República, art. 22, I) e viola as garantias constitucionais da reserva legal (art. 5º, II) e da independência funcional da magistratura (art. 95).

3. Formulação prévia de diretrizes interpretativas, pelo TST, sem efeito vinculante, acerca de temas processuais controvertidos busca assegurar aos jurisdicionados segurança jurídica, duração razoável dos processos e efetividade da prestação jurisdicional trabalhista, com vistas à garantia de direitos de natureza alimentar, em sintonia com o objetivo constitucional de proteção social do trabalho (CR, arts. 1º, IV, 170 e 193).

4. Cabe interpretação conforme a Constituição para a instrução normativa, sem redução de texto, com efeito ex nunc, *para que se lhe reconheça função exclusivamente orientadora, afastando-lhe eficácia normativa e suprimindo efeito vinculante da atividade jurisdicional.*

5. Parecer por concessão parcial de medida cautelar e procedência parcial do pedido.[2]

---

[2] Disponível em: <http://www.stf.jus.br/portal/processo/verProcessoAndamento.asp?incidente=4977107>. Acesso em: 4 jan. 2017.

**PARTE IV
SERVIÇO PÚBLICO**

1. ADVOGADO PÚBLICO. DIREITO A ADICIONAL POR ACUMULAÇÃO

Foi pedida liminar na ADIn 5.519-DF[1] acerca da inexistência de pagamento de adicional por trabalho extraordinário de advogados públicos, decorrente de acúmulo de atribuições. A providência requerida foi negada pelo relator, Min. Luís Roberto Barroso por meio da decisão abaixo, porque ausentes os pressupostos do *fumus boni juris* e do *periculum in mora*, considerando que dispositivo inquinado decorre de lei de 1997. Ei-la:

> *PROCESSO CONSTITUCIONAL. ADI. PRESSUPOSTOS PARA DEFERIMENTO DE MEDIDA CAUTELAR. ATOS NORMATIVOS IMPUGNADOS EM VIGOR HÁ MAIS DE DEZ ANOS. AUSÊNCIA DE PERIGO NA DEMORA.*
>
> *1. Os atos normativos impugnados foram incluídos na Lei n. 8.112/1990 pela Lei n. 9.527, de 10.12.1997. Portanto, estão todos em vigor há mais de dez anos. Não configuração de perigo na demora, requisito necessário ao deferimento de cautelar. Precedentes.*
>
> *2. Liminar indeferida.*
>
> *1. Trata-se de Ação Direta de Inconstitucionalidade, com pedido de medida cautelar, proposta pela Associação Nacional dos Advogados Públicos Federais — ANAFE, contra o art. 38, caput, e §§ 1º e 2º, da Lei n. 8.112, de 11.12.1990, incluído pela Lei n. 9.527, de 10.12.1997. Confira-se o teor dos atos normativos impugnados:*
>
> *"Art. 38. Os servidores investidos em cargo ou função de direção ou chefia e os ocupantes de cargo de Natureza*

---

[1] ADIn 5.519-DF, de 23.5.2016 (Associação Nacional dos Advogados Públicos — ANAFE. Intdos.: Presidente da República e Congresso Nacional) Rel.: Min. Luís Roberto Barroso.

Especial terão substitutos indicados no regimento interno ou, no caso de omissão, previamente designados pelo dirigente máximo do órgão ou entidade.

§ 1º O substituto assumirá automática e cumulativamente, sem prejuízo do cargo que ocupa, o exercício do cargo ou função de direção ou chefia e os de Natureza Especial, nos afastamentos, impedimentos legais ou regulamentares do titular e na vacância do cargo, hipóteses em que deverá optar pela remuneração de um deles durante o respectivo período.

§ 2º O substituto fará jus à retribuição pelo exercício do cargo ou função de direção ou chefia ou de cargo de Natureza Especial, nos casos dos afastamentos ou impedimentos legais do titular, superiores a trinta dias consecutivos, paga na proporção dos dias de efetiva substituição, que excederem o referido período.

2. Em síntese, alega que a previsão, constante do art. 38, caput, e §§ 1º e 2º, da Lei 8.112/1990, beneficia apenas um grupo de advogados públicos que acumulam atribuições, criando "uma situação anti-isonômica, desproporcional e permitindo o benefício da Administração Pública" quanto ao trabalho extraordinário prestado pelos demais advogados públicos, sem que estes recebam a devida contraprestação pelo esforço profissional. Aduz, então, que os atos normativos impugnados são inconstitucionais, por violarem o disposto no art. 29 do ADCT e nos art. 5º, I, §§ 1º e 2º, arts. 6º; 7º, XVI; 37, § 6º; 39, § 3º e 131, todos da Constituição Federal.

3. A requerente sustenta a presença dos requisitos do *fumus boni iuris* e do *periculum in mora, ambos necessários para a concessão da medida cautelar. É o relatório. Decido.*

4. Conforme jurisprudência pacífica desta Corte, o deferimento de medida liminar pressupõe a presença de dois pressupostos: i) a verossimilhança do direito alegado e ii) o perigo na demora em se obter provimento judicial (ADI 2.333 MC, Rel. Min. Marco Aurélio). Também de acordo com a jurisprudência desta Corte, o transcurso de longo prazo desde a vigência da norma atacada constitui indício relevante da inexistência do segundo requisito, a

justificar o indeferimento da liminar postulada (ADI 1.935, Rel. Min. Marco Aurélio). Confira-se também a ADI 5.236 de minha relatoria.

5. Ocorre justamente que os dispositivos impugnados foram incluídos na Lei n. 8.112/1990 pela Lei n. 9.527, de 10.12.1997, e que a presente ação direta foi ajuizada apenas este ano, quando os atos normativos já se encontravam em vigor, portanto, há mais de dez anos. Nestas circunstâncias, os argumentos apresentados pela requerente não se prestam a justificar o deferimento de cautelar.

6. Diante do exposto, indefiro a liminar.

Publique-se. Intimem-se.[2]

---

[2] Disponível em: <http://www.stf.jus.br/portal/processo/verProcessoAndamento.asp?incidente=4979478>. Acesso em: 2 dez. 2016.

**PARTE V
PREVIDÊNCIA SOCIAL**

1. ABONO DE PERMANÊNCIA[1]. POLICIAL CIVIL APOSENTADO

Todo servidor público que preencha os requisitos para se aposentar e permaneça em serviço tem direito a receber o abono de permanência. A regra se aplica inclusive aos casos de aposentadoria especial. Os policiais civis também possuem o mesmo direito. A decisão é do Min. Teori Zavasckin proferida no ARE 954.408-RS[2], reconhecida repercussão geral. Sua ementa é:

ADMINISTRATIVO E PREVIDENCIÁRIO. RECURSO EXTRAORDINÁRIO COM AGRAVO. SERVIDOR PÚBLICO EM ATIVIDADE APÓS O PREENCHIMENTO DOS REQUISITOS PARA A CONCESSÃO DE APOSENTADORIA VOLUNTÁRIA ESPECIAL. CONCESSÃO DO ABONO DE PERMANÊNCIA. LEGITIMIDADE.

1. É legítimo o pagamento do abono de permanência previsto no art. 40, § 19, da Constituição Federal ao servidor público que opte por permanecer em atividade após o preenchimento dos requisitos para a concessão da aposentadoria voluntária especial (art. 40, § 4º, da Carta Magna).

2. Agravo conhecido para negar provimento ao recurso extraordinário, com o reconhecimento da repercussão geral do tema e a reafirmação da jurisprudência sobre a matéria.[3]

---

[1] Sobre abono de permanência, v., nesta coletânea, v. 19, p. 109.
[2] ARE 954.408-RS, de 14.6.2016 (Estado do Rio Grande do Sul vs. Ubirassu Cernicchiaro Souto) Rel.: Min. Teori Zavascki.
[3] Disponível em: <http://www.stf.jus.br/portal/processo/verProcessoAndamento.asp?incidente=4943281>. Acesso em: 2 dez. 2016.

2. APOSENTADORIA

2.1. PROIBIÇÃO DE ACUMULAR

As aposentadorias obtidas cumulativamente em data anterior à Emenda Constitucional n. 20/1998, são legais. Foi o que decidiu o Min. Gilmar Mendes, apreciando o MS 25.151-DF[1], conforme consta a seguir:

> Trata-se de mandado de segurança, com pedido de liminar, impetrado por Nelson Gaggini em face de ato do Tribunal de Contas da União, consubstanciado na edição da Portaria n. 142/CGRH/DA/ABIN/GSIPR, de 2 de dezembro de 2004, que cancelou a percepção de benefício de aposentadoria do impetrante.
>
> O impetrante defende a legalidade na percepção acumulada de proventos de aposentadoria, uma vez que se aposentou primeiro quando vigia a permissão prevista no art. 99, § 4º, da EC 1/69 e a segunda aposentadoria foi concretizada antes da entrada em vigor da EC n. 20/98.
>
> A liminar foi deferida, às fls. 78/79, para suspender os efeitos do Acórdão n. 1.149/2004, proferido pela 1ª Câmara do Tribunal de Contas da União, do qual se extraiu a decisão de cassação dos proventos do impetrante que embasou a edição da Portaria inquinada neste mandamus.
>
> O impetrado prestou informações, em manifestação assim ementada:
>
> > "Mandado de Segurança, com pedido de liminar, contra os termos do Acórdão n. 1.149/2004-TCU-1ª Câmara, o qual considerou ilegal o ato de aposentadoria do Impetrante

---

[1] MS 25.151-DF, de 20.6.2016 (Nelson Gaggini vs. Presidente da 1ª Câmara do Tribunal de Contas da União e Coordenador-Geral de Recursos Humanos do Departamento de Administração da Agência Brasileira de Inteligência) Rel.: Min. Gilmar Mendes.

na Agência Brasileira de Inteligência — Abin — diante da impossibilidade de acumulação de aposentadorias relativas a cargos inacumuláveis na atividade, negando registro ao ato, determinando ao órgão de origem que suspendesse o pagamento dos proventos e dispensando a devolução dos valores recebidos de boa-fé.

1. Inexistência de direito do Impetrante de acumular as duas inativações enquanto Motorista da Polícia Civil do Estado de São Paulo e Motorista da Abin ante a proibição de acumulação de aposentadorias de cargos não acumuláveis na atividade, consoante entendimento consolidado do STF à época da aposentação (Recurso Extraordinário n. 163.204/6, DJ de 31.03.95, e MS n. 22.182-8), juntamente com a Súmula n. 359/STF, que consigna ser a inatividade regulada pela lei vigente ao tempo em que o servidor reuniu os requisitos necessários.

2. Impossibilidade dos ex-servidores da Abin de acumularem aposentadorias provenientes do exercício de dois cargos inacumuláveis na atividade, conforme recente manifestação monocrática da Ministra Ellen Gracie, nos autos do MS 25054, no qual indeferiu a liminar (DJ 26/10/2004, seção 1, p. 14) pleiteada pela Impetrante, também ex-servidora da Abin, por falta de amparo constitucional e legal.

3. De acordo com a Súmula n. 359/STF, a inatividade é regulada pela lei vigente ao tempo em que o servidor reuniu os requisitos necessários. No presente caso, a inatividade do Impetrante, datada de 1997, rege-se pela Constituição de 1988, não se aplicando ao caso as alterações feitas no Texto Magno por meio das Emendas Constitucionais posteriores.

4. Na atividade não se vislumbra a possibilidade de um Motorista da Polícia Civil do Estado de São Paulo acumular outro cargo de Motorista da Abin.

5. Inexistência de ofensa a direito adquirido em face de erro do órgão concedente em aposentar um servidor já inativo e também em face da natureza complexa do ato aposentatório.

6. Não-incidência da decadência administrativa em face da inaplicabilidade do art. 54 da Lei n. 9.784/99 aos processos por meio dos quais o TCU exerce a sua competência constitucional de controle externo, consoante asseverado, por unanimidade, pelo Plenário do STF no MS 24.859-DF.

7. Não-cabimento da liminar ante a ausência do fumus boni juris *e do* periculum in mora.

8. Denegação da segurança diante da proibição de acumulação das aposentadorias e da não-incidência da 2 Documento assinado digitalmente conforme MP n. 2.200-2/2001 de decadência administrativa". (Grifos originais. Fls. 97/98)

A Procuradoria-Geral da República se manifestou pela denegação da segurança em parecer assim ementado:

"MANDADO DE SEGURANÇA IMPETRADO CONTRA ACÓRDÃO DA 1ª CÂMARA, PROLATADO NOS AUTOS DO TC 007.523/2003-9.

- *Acumulação irregular de aposentadorias resultante de cargos não acumuláveis em atividade — art. 37, XVI, da Constituição Federal.*

— Impossibilidade de acumulação de proventos à teor do artigo 40, § 6º da Constituição.

— A proteção ao direito adquirido não acoberta a aquisição ilegítima de aposentadorias.

- *Ato de aposentação considerado complexo, de natureza composta, dependente de registro no TCU. Inaplicável à espécie, portanto, o art. 54 da Lei n. 9.784/99, que prescreve 5 anos para a Administração anular atos administrativos.*

- *Parecer pela denegação da segurança". (fl. 140)*

É o relatório.

Decido.

Esta Corte tem firmado jurisprudência no sentido da legalidade da acumulação de proventos para aposentadorias cujos requisitos foram preenchidos antes da entrada em vigor da Emenda Constitucional 20/98. Confiram-se as seguintes ementas:

"ADMINISTRATIVO. EMBARGOS DE DIVERGÊNCIA NO AGRAVO REGIMENTAL NO AGRAVO DE INSTRUMENTO. SERVIDOR PÚBLICO MILITAR REFORMADO SOB A ÉGIDE DA CONSTITUIÇÃO FEDERAL DE 1967. REINGRESSO NO SERVIÇO PÚBLICO ANTES DA VIGÊNCIA DA EC 20/98. APOSENTADORIA COMPULSÓRIA EM 2004. CUMULAÇÃO DE PROVENTOS CIVIS E MILITARES. LEGITIMIDADE. ART. 11 DA EC 20/98. 1. Segundo a pacífica jurisprudência do Supremo Tribunal Federal, é legítima a acumulação de proventos civis e militares quando a reforma se deu sob a égide da Constituição Federal de 1967 e a aposentadoria ocorreu antes da vigência da EC 20/98. 2. É irrelevante, entretanto, que a aposentadoria civil tenha acontecido na vigência da EC 20/98, bastando que o reingresso no serviço público tenha ocorrido antes do advento da alteração constitucional, de forma a ensejar a incidência da ressalva do art. 11 da EC 20/98, cuja aplicação se dá "(...) aos membros de poder e aos inativos, servidores e militares, que, até a publicação desta Emenda, tenham ingressado novamente no serviço público (...)". 3. Embargos de divergência a que se nega provimento". (AI-AgR-EDv 801.096, Rel. Min. TEORI ZAVASCKI, Tribunal Pleno, DJe 22.4.2015)

"DIREITO CONSTITUCIONAL E ADMINISTRATIVO. SERVIDOR PÚBLICO APOSENTADO. ACUMULAÇÃO DE PROVENTOS. APOSENTADORIA ANTERIOR À EMENDA CONSTITUCIONAL 20/98. POSSIBILIDADE. ALEGAÇÃO DE OFENSA AO ART. 5º, XXXV, LIV E LV, DA CONSTITUIÇÃO DA REPÚBLICA. CONTRADITÓRIO E AMPLA DEFESA. DEVIDO PROCESSO LEGAL. DEBATE DE ÂMBITO INFRACONSTITUCIONAL. EVENTUAL VIOLAÇÃO REFLEXA DA CONSTITUIÇÃO DA REPÚBLICA NÃO VIABILIZA O MANEJO DE RECURSO EXTRAORDINÁRIO. NEGATIVA DE PRESTAÇÃO JURISDICIONAL. ARTIGO 93, IX, DA CONS-

TITUIÇÃO DA REPÚBLICA. NULIDADE. INOCORRÊNCIA. RAZÕES DE DECIDIR EXPLICITADAS PELO ÓRGÃO JURISDICIONAL. ACÓRDÃO RECORRIDO PUBLICADO EM 16.9.2011. Registrado o enquadramento do agravado na ressalva do art. 11 da Emenda Constitucional 20/98, verifico em harmonia, o entendimento adotado no acórdão recorrido, com a jurisprudência firmada no âmbito deste Supremo Tribunal Federal, razão pela qual não se divisa a alegada violação do art. 37, XVI, da Lei Maior. Inexiste violação do artigo 93, IX, da Lei Maior. O Supremo Tribunal Federal entende que o referido dispositivo constitucional exige que o órgão jurisdicional explicite as razões do seu convencimento, dispensando o exame detalhado de cada argumento suscitado pelas partes. O exame da alegada ofensa ao art. 5º, XXXV, LIV e LV, da Constituição Federal, observada a estreita moldura com que devolvida a matéria à apreciação desta Suprema Corte dependeria de prévia análise da legislação infraconstitucional aplicada à espécie, o que refoge à competência jurisdicional extraordinária, prevista no art. 102 da Magna Carta. As razões do agravo regimental não se mostram aptas a infirmar os fundamentos que lastrearam a decisão agravada, mormente no que se refere à ausência de ofensa direta e literal a preceito da Constituição da República. Agravo regimental conhecido e não provido". (ARE-AgR 695.567, Rel. Min. ROSA WEBER, Primeira Turma, DJe 28.10.2014)

"SEGUNDO AGRAVO REGIMENTAL NO RECURSO EXTRAORDINÁRIO. ADMINISTRATIVO. SERVIDOR PÚBLICO. ACUMULAÇÃO DE PROVENTOS DE DOIS CARGOS PÚBLICOS CIVIS ANTES DA EMENDA CONSTITUCIONAL N. 20/98. POSSIBILIDADE. DECISÃO RECORRIDA EM HARMONIA COM O ENTENDIMENTO DESTA CORTE. SEGUNDO AGRAVO REGIMENTAL A QUE SE NEGA PROVIMENTO. 1. Esta Corte possui entendimento segundo o qual a "Constituição do Brasil de 1967, bem como a de 1988, esta na redação anterior à Emenda Constitucional n. 20/98, não obstavam o retorno ao serviço público e a posterior aposentadoria, acumulando os respectivos proventos" (MS n. 27.572, Relator o Ministro Eros Grau, DJe de 08/10/2008). 2. In casu,

a primeira aposentadoria se deu em 1987, na vigência da Carta de 1967; e a segunda ocorreu em 1997, logo, antes da publicação da Emenda Constitucional n. 20/98. 3. O artigo 11 da EC n. 20/98, ao vedar a acumulação de aposentadorias em cargos inacumuláveis na ativa, não pode retroagir para ferir o direito adquirido e o ato jurídico perfeito. Observância da boa--fé do servidor aliada ao princípio da proteção da confiança, dimensão subjetiva da segurança jurídica. 4. Segundo agravo regimental desprovido". (RE-AgR — segundo 635.011, Rel. Min. LUIZ FUX, Primeira Turma, DJe 4.10.2012)

O caso destes autos é similar ao objeto deste último julgado. O impetrante se aposentou no cargo de motorista da Polícia Civil do Estado de São Paulo em 24 de maio de 1983, quando ainda vigente o texto constitucional de 1967/69.

Em 11 de novembro de 1997, anterior à entrada em vigor da Emenda Constitucional 20/98, aposentou-se no cargo de motorista da Agência Brasileira de Inteligência (Abin). Assim, a vedação de acumulação de aposentadorias em cargos inacumuláveis na ativa não o atinge.

Ante o exposto, concedo a segurança para declarar a ilegalidade do ato coator, consubstanciado no Acórdão n. 1.149/2004, proferido pela 1ª Câmara do Tribunal de Contas da União, cuja decisão embasou a edição da Portaria n. 142/CGRH/DA/ABIN/GSIPR, de 2 de dezembro de 2004.

Publique-se.[2]

2.2. Compulsória. Cargo comissionado. Inaplicabilidade

Reconhecendo repercussão geral, o STF entendeu, por maioria, que aposentadoria compulsória é aplicável apenas a servidor público efetivo, não se estendendo àqueles que ocupam cargos comissionados. É o que consta do RE 786.540-DF[3], relatado pelo Min. Dias Toffoli,

---

[2] Disponível em: <http://www.stf.jus.br/portal/processo/verProcessoAndamento.asp?incidente=2260965>. Acesso em: 4 dez. 2016.

[3] RE 786.540-DF (Estado de Rondônia vs. João Teixeira de Souza). Rel.: Min. Dias Toffoli.

interpretando o art. 40 da Constituição. O voto do relator, que se encontra em revisão, é o seguinte:

> O assunto foi inscrito como o Tema n. 763 da Gestão da repercussão geral do portal do Supremo Tribunal Federal, com o seguinte título: "possibilidade de aplicação da aposentadoria compulsória ao servidor público ocupante exclusivamente de cargo em comissão, assim como a possibilidade de o servidor efetivo aposentado compulsoriamente vir a assumir cargos ou funções comissionadas".
>
> Precede o julgamento em testilha uma breve contextualização.
>
> Cuida-se, na origem, de mandado de segurança impetrado por João Teixeira de Souza contra ato por meio do qual o Presidente do Tribunal de Contas do Estado da Rondônia o exonerou do cargo em comissão de Assessor Técnico, nível TC/CDAS-5, do quadro daquele órgão em virtude de ter o impetrante atingido os 70 (setenta) anos de idade.
>
> Narrou o autor que, em razão de consulta realizada pela Prefeitura de Vilhena/RO acerca da interpretação das normas regentes da acumulação de função com cargo de servidor público, o Pleno do TCERO, entendendo que a questão deveria ser encarada sob o ponto de vista funcional e não previdenciário, decidiu, por maioria de votos, que o servidor com mais de 70 (setenta) anos se encontrava proibido de ocupar cargo comissionado. Exarou, então, aquele colegiado o Parecer Prévio n. 25/2010, por meio do qual ordenou que, no prazo de 90 (noventa) dias, se procedesse à exoneração de todos os servidores que, havendo excedido o limite etário, estivessem no exercício de cargos em comissão na administração pública estadual direta ou indireta.
>
> Aduziu o autor que, por esse motivo — na época estava com 78 (setenta e oito) anos de idade —, foi dispensado de suas atividades, o que entendia ser inconstitucional. Requereu, pois, a concessão da segurança, a fim de que o ato administrativo por meio do qual foi exonerado fosse anulado, em virtude de vício patente em sua motivação, pretendendo ser reconduzido ao cargo em questão.

O Órgão Pleno do Tribunal de Justiça do Estado de Rondônia houve por bem denegar a ordem postulada, assentando, em essência, que o ocupante de cargo comissionado, muito embora exerça função temporária e tenha assegurado o direito de aposentadoria nos moldes da lei geral da previdência social, sujeita-se às regras constitucionais previstas no art. 40, § 1º, inciso II, por ser espécie de servidor público.

Opostos embargos de declaração, foram eles rejeitados.

Irresignado, o ora recorrido aviou recurso ordinário constitucional junto ao Superior Tribunal de Justiça, logrando êxito naquela instância.

Na ocasião, a Segunda Turma do STJ entendeu que os preceitos do art. 40 da Carta Política não se aplicam aos servidores em geral, mas apenas aos titulares de cargo efetivo, o que ficaria evidenciado pela redação do parágrafo 13 desse mesmo artigo. Com arrimo no fundamento, concluiu que, na hipótese, por dever-se a demissão única e exclusivamente ao fato de o impetrante possuir mais de 70 (setenta) anos de idade — o que constituiria motivação inidônea — far-se-ia imperiosa a anulação do ato impugnado, por força da teoria dos motivos determinantes.

Contra essa decisão, o Estado de Rondônia opôs embargos declaratórios, os quais, todavia, não foram providos.

Verificou-se, na sequência, a interposição do presente recurso extraordinário, o qual, admitido pela instância a quo, *veio ao exame deste Supremo Tribunal Federal.*

Passo ao voto.

O inconformismo expresso não prospera.

De início, destaco que as interpretações literal e lógica dos textos constitucionais mencionados, também por estes se afigurarem intuitivos, mostram-se capazes de conduzirem à adequada resposta para a pretensão articulada. Vejamos o que diz a cabeça do art. 40 da Constituição da República:

> *"Art. 40. Aos servidores efetivos da União, dos Estados, do Distrito Federal e dos Municípios, incluídas suas autarquias e fundações, é assegurado regime de previdência de*

caráter contributivo e solidário, mediante contribuição do respectivo ente público, dos servidores ativos e inativos e dos pensionistas, observados critérios que preservem o equilíbrio financeiro e atuarial e o disposto neste artigo: (Redação dada pela Emenda Constitucional n. 41, 19.12.2003)."

Note-se a menção expressa aos servidores efetivos. Daí para a frente, descortina-se uma série de parágrafos, incisos e alíneas, sempre fazendo-se remissão ao caput. É o que se verifica, inclusive, no tangente ao parágrafo 1º, inciso II do dispositivo, o qual dispõe sobre a aposentadoria compulsória, onde se lê o seguinte:

"§ 1º Os servidores abrangidos pelo regime de previdência de que trata este artigo serão aposentados, calculados os seus proventos a partir dos valores fixados na forma dos §§ 3º e 17: (Redação dada pela Emenda Constitucional n. 41, 19.12.2003)

II — compulsoriamente, com proventos proporcionais ao tempo de contribuição, aos 70 (setenta) anos de idade, ou aos 75 (setenta e cinco) anos de idade, na forma da lei complementar (Redação dada pela Emenda Constitucional n. 88, de 2015)."

Neste ponto, relembro, por oportuno, a modificação ocorrida no marco etário para a inativação compulsória que se operou no ano de 2015 — quando da interposição do apelo extremo, ainda vigia a redação introduzida pela Emenda Constitucional n. 20/98 (a qual dispunha que a aposentação dar-se-ia "compulsoriamente, aos setenta anos de idade, com proventos proporcionais ao tempo de contribuição").

Prosseguindo na leitura do artigo, eis que o intérprete se depara, então, com o conteúdo do § 13 do art. 40:

"§ 13 — Ao servidor ocupante, exclusivamente, de cargo em comissão declarado em lei de livre nomeação e exoneração bem como de outro cargo temporário ou de emprego público, aplica-se o regime geral de previdência social." (incluído pela Emenda Constitucional n. 20, de 15.12.98).

Antes, porém, de partir para a análise combinada das normas, julgo recomendável resgatar alguns conceitos e tecer algumas considerações.

Não se ignora que o ocupante de cargo em comissão é também um servidor público (cf. Maria Silvia Zanella Di Pietro. Direito Administrativo. São Paulo: Atlas, 2012. p. 583). Dentre esses, temos a classe dos servidores estatutários, sujeitos ao regime estatutário e ocupantes de cargos públicos.

Por sua vez, dentro da classe dos servidores públicos estatutários encontra-se, ainda, uma outra subdivisão, a qual efetivamente interessa no momento. Trata-se das espécies "servidor público efetivo" e "servidor público comissionado".

Os cargos de provimento efetivo são aqueles

> *"destinados ao provimento em caráter definitivo. A permanência é que identifica a forma de ocupação. 'É o cargo ocupado por alguém sem transitoriedade ou adequado a uma ocupação permanente', no preciso dizer de Diogénes Gasparini. Eles devem ser exercidos, obrigatoriamente, por funcionários concursados e de forma permanente, ressalvada a titularidade provisória do funcionário ainda em período probatório" (OLIVEIRA, Regis Fernandes de. Servidores Públicos. 3. ed. rev. e ampl. São Paulo: Malheiros, 2015. p. 48)*

Os cargos de provimento em comissão, por sua vez, consubstanciam aqueles

> *"destinados a livre provimento e exoneração. O sentido literal de 'comissão' pode ser expresso como um encargo ou incumbência temporária oferecida pelo comitente. Nesse mesmo sentido, o cargo em comissão pode ser cargo isolado ou permanente, criado por lei, de ocupação transitória e livremente preenchido pelo Chefe do Executivo, segundo seu exclusivo critério de confiança. Transitória, portanto, é a permanência do servidor escolhido, não o cargo, que é criado por lei" (Idem. p. 38).*

Extrai-se, portanto, que, em que pese sejam efetivos e comissionados esses servidores públicos, não integram eles a mesma espécie. Muito pelo contrário: há diferenças significativas entre um grupamento e outro, daí por que não procede a afirmação de que as disposições relativas à previdência insculpidas no art. 40 da Lei Maior também se aplicariam aos ocupantes de cargos em comissão em virtude de esses últimos se classificarem como servidores públicos.

Tivesse o dispositivo em questão o intuito de referir-se aos servidores genericamente considerados, não traria a letra da norma a delimitação expressa que nela se vislumbra.

Note-se: não se lê no texto do art. 40, caput a expressão "aos servidores da União, dos Estados, do Distrito Federal e dos Municípios, incluídas suas autarquias e fundações, é assegurado regime de previdência de caráter contributivo e solidário...", mas sim aos servidores titulares de cargos efetivos "da União, dos Estados, do Distrito Federal e dos Municípios, incluídas suas autarquias e fundações, é assegurado regime de previdência de caráter contributivo e solidário (...)". O legislador, contudo, ao redigir o dispositivo, claramente pretendeu alcançar apenas uma dessas espécies.

O recorte é nítido, cristalino: o regramento previdenciário do art. 40 da Constituição Federal aplica-se, via de regra, aos servidores efetivos, os quais, embora tão servidores públicos quanto os comissionados, com eles não se confundem.

Houvesse lacuna quanto ao tratamento previdenciário a ser destinado aos primeiros, seria de se cogitar a extensão a eles do regramento destinado aos segundos. Não é esse, contudo, o caso, conforme se demonstrará mais adiante: a Carta Política cuidou, ainda que de forma lacônica, da passagem para a inatividade dos servidores comissionados, fixando, para eles, disciplina distinta.

Veja-se que a cabeça do art. 40 da Constituição Federal refere-se exclusivamente aos efetivos. Portanto, fica fácil concluir o sentido e o alcance de seu § 1º, inciso II — que é a disposição especificamente impugnada neste recurso.

Relembro a previsão ali colocada: os servidores abrangidos pelo regime de previdência de que trata este artigo serão apo-

sentados compulsoriamente, com proventos proporcionais ao tempo de contribuição, aos 70 (setenta) anos de idade, ou aos 75 (setenta e cinco) anos de idade, na forma da lei complementar. Mesmo conforme a redação anterior, conferida pela EC 20/98, não haveria alteração de sentido, visto que, então, se apregoava que a aposentação dar-se-ia, compulsoriamente, aos setenta anos de idade, com proventos proporcionais ao tempo de contribuição.

Isso posto, o que exsurge da apreciação combinada de uma disposição e outra é que a regra da aposentadoria compulsória aplica-se a um universo limitado de pessoas: o dos servidores abrangidos pelo regime de previdência de que trata o art. 40. E de quem trata tal regramento? Ora, unicamente daqueles no exercício de cargo efetivo, consoante já apontado. Atente-se para o fato de que, embora o art. 40, § 1º, inciso II, da CF trate apenas dos "servidores", a norma faz clara remissão ao caput, no qual, como exaustivamente ressaltado, é hialina a limitação aos servidores efetivos.

Persistisse, ainda, alguma dúvida quanto a isso, ela restaria dirimida pela redação impressa ao parágrafo 13 do art. 40, incluído no ordenamento pela EC 20/98, o qual, evidenciando o tratamento dissonante a ser conferido aos ocupantes de cargo em comissão, dispôs que "ao servidor ocupante, exclusivamente, de cargo em comissão declarado em lei de livre nomeação e exoneração [...] aplica-se o regime geral de previdência social".

Esse enunciado normativo acaba com qualquer controvérsia que possa haver acerca do tema. Afinal, por que razão o legislador, numa norma constitucional inteiramente voltada a disciplinar a aposentadoria do regime estatutário, estabeleceria uma série de regras para os servidores efetivos e, na sequência, incluiria um dispositivo com expressa menção aos servidores comissionados, dizendo que a eles aplicar-se-á regime distinto? Porque o tratamento, obviamente, não é o mesmo, e se não o é, é evidente que a inativação compulsória somente aplicar-se-á àqueles a quem o art. 40, § 1º, inciso II remete: os indivíduos empossados em cargo de provimento efetivo.

A previsão do art. 40, § 13 da Lei Maior proporciona, ainda, um outro fundamento em favor da tese da inexistência de obriga-

toriedade da aposentadoria compulsória para ocupantes exclusivamente de cargo em comissão.

Consoante fundamentação anterior, a Constituição dispõe que a eles se aplica o regime geral de previdência social. Disso decorre que sua passagem para a inatividade observará o art. 201 da Constituição da República e a Lei n. 8.213/90, que arrolam, como espécies de aposentadoria, a aposentadoria por invalidez, a aposentadoria por idade, a aposentadoria por tempo de serviço e a aposentadoria especial.

Inexiste, para os indivíduos vinculados ao Regime Geral de Previdência Social, qualquer previsão de compulsoriedade de aposentação, a qual será sempre facultativa. Esse dado, conjugado à constatação esboçada nos parágrafos anteriores, não conduz a outra conclusão se não a da não incidência do art. 40, § 1º, inciso II, da Lei Fundamental no que se refere aos ocupantes exclusivamente de cargo comissionado.

Também não se há de ignorar o decidido por esta Suprema Corte no relevante precedente da ADI n. 2.602/MG. Em que pese tenha sido analisado ali o regime jurídico aplicável a notários e registradores, as ponderações tecidas naquela ocasião certamente podem ser transplantadas para o presente caso. Naquela oportunidade, assentou o Colegiado o seguinte:

"O SENHOR MINISTRO CARLOS BRITTO

(...)

17. Certo é, contudo, que a jurisprudência deste STF tem os serviços notariais e de registro como espécie de serviço público. Atividade estatal, sim, porém da modalidade serviço público. Em desabono, portanto, da qualificação aqui empreendida. Nada obstante, quer sob a categorização de atividade estatal não-constitutiva de serviço público (este o nosso pessoal entendimento), que debaixo dessa outra categorização cognoscitiva (segundo os precedentes deste STF), é do meu pensar que não se sujeitam à aposentadoria compulsória os titulares dos serviços notariais e de registro, dado que esses particulares exercentes de atividade estatal não titularizam cargo público efetivo. Também não ocupam

emprego público, até porque são eles empregadores celetistas de quantos se vinculem à serventia por um trabalho contínuo ou não-eventual, sob dependência econômica e subordinação hierárquica.

(...)

O SENHOR MINISTRO JOAQUIM BARBOSA (Relator):

(...)

A questão central, a meu ver, é saber se essa categoria pode eternizar-se; se uma função manifestamente pública pode ser exercida de maneira vitalícia, sem previsão constitucional. Vitaliciedade não se presume; requer previsão constitucional.

O SENHOR MINISTRO NELSON JOBIM (Presidente): Mas não são titulares de cargo efetivo, não é?

O SENHOR MINISTRO JOAQUIM BARBOSA (Relator): Todavia, exercem uma função pública, que não pode ser exercida.

O SENHOR MINISTRO NELSON JOBIM (Presidente): Só gostaria de fazer uma observação: o Tribunal, ao examinar a questão, não examinou se era serviço público ou não; examinou a partir da Emenda Constitucional n. 41: somente os servidores titulares de cargos efetivos estão sujeitos à aposentadoria compulsórias aos 70 anos. É o que está no art. 40 da Constituição Federal, alterado pela Emenda Constitucional n. 41. Esse é o ponto.

O SENHOR MINISTRO JOAQUIM BARBOSA (Relator): Com esse entendimento que se vai cristalizando, vamos decidir que uma determinada categoria incumbida da prestação de um tipo de serviço público poderá prestá-lo eternamente, já que ela se submete apenas à aposentadoria facultativa, não é? Será o único caso de vitaliciedade nesta República.

O SENHOR MINISTRO NELSON JOBIM (Presidente): Decisão da Constituição Federal.

O SENHOR MINISTRO JOAQUIM BARBOSA (Relator): Não, decisão do Supremo Tribunal Federal. A Constituição não diz isso.

O SENHOR MINISTRO NELSON JOBIM (Presidente): É servidor público, cargo efetivo?

O SENHOR MINISTRO JOAQUIM BARBOSA (Relator): A Constituição estabelece que a função é exercida em regime privado, mas isso não significa que o titular pode exercê-la até a morte, ministro Nelson Jobim. É isso.

O SENHOR MINISTRO NELSON JOBIM (Presidente): Não, é o art. 40. A Constituição define desse jeito; não há nada a fazer.

O SENHOR MINISTRO JOAQUIM BARBOSA (Relator): Temos de extrair conclusões dos dispositivos constitucionais. O que estou dizendo é que nenhuma função pública pode ser exercida eternamente, e é a isso que vamos chegar com esta decisão.

O SENHOR MINISTRO NELSON JOBIM (Presidente): Foi a isso que chegou a Constituição.

(...)

O SENHOR MINISTRO NELSON JOBIM (Presidente): Ministro Carlos Britto, essa discussão já foi estabelecida quando da vigência do texto originário da Constituição. Vencidos ficaram o Ministro Marco Aurélio, o Ministro Sepúlveda Pertence e o Ministro Francisco Rezek, no sentido de que não se lhes aplicava a aposentadoria compulsória. Por quê? Porque a Constituição, no art. 40, da redação anterior, determinava o seguinte: 'O servidor será aposentado'. A maioria do Tribunal entendeu que a expressão 'servidor' abrangia também os notários, vencidos os Ministros Sepúlveda Pertence, Marco Aurélio e Francisco Rezek.

Depois da Emenda n. 20, foi alterado.

(...)

O SENHOR MINISTRO NELSON JOBIM (Presidente): O art. 40 foi alterado. Estabeleceu-se que os servidores titulares de cargo efetivo, etc., serão aposentados aos setenta anos.

Então, na linha anterior, já se discutia no Tribunal, por maioria, que a palavra 'servidor' abrangia os notários. Depois *veio esta restrição da Constituição dizendo que só estariam sujeitos os servidores que fossem titulares de cargo efetivo.*

O SENHOR MINISTRO JOAQUIM BARBOSA (Relator): Mas isso é um jogo de palavras, ministro Nelson Jobim. O que estamos discutindo é se uma função pública pode ser exercida de maneira ilimitada. Esse é o cerne da questão; não é saber se eles são servidores ou não.

O SENHOR MINISTRO NELSON JOBIM (Presidente): É o texto da Constituição. Vossa Excelência terá que entrar no Congresso Nacional para tentar alterar isso.

VOTO

O SENHOR MINISTRO CEZAR PELUSO — Sr. Presidente, também peço vênia ao Ministro-Relator para acompanhar a divergência e julgar procedente a ação.

A Constituição vincula a aposentadoria, a inatividade compulsória aos setenta anos, aos servidores titulares de cargos efetivos. Os notários e registradores não são senão delegatários de função pública ou de atividade pública, que a Constituição declara exercida em caráter estritamente privado.

O SENHOR MINISTRO JOAQUIM BARBOSA (RELATOR) — E eterno?

O SENHOR MINISTRO CEZAR PELUSO — O fato de não haver limitação sob o critério de idade para a cessação do exercício dessa função pública é mera conseqüência do regime jurídico diferenciado, ou seja, decorre de juízo de conveniência, de opção político-legislativa do Constituinte, que resolveu não estabelecer tal limitação, embora pudesse fazê-lo. Aliás, o voto do Ministro Marco Aurélio, num dos RE's, faz referência a uma Emenda do Senador Eduardo Suplicy, que tentou estabelecer limitação, mas a Emenda foi rejeitada. Isso prova que, perante o texto da Constituição e, por via de conseqüência, dessa diversidade de regimes jurídicos e da ausência de norma limitativa de igual conteúdo do art. 40, § 1º, II, os notários e registradores não estão sujeitos a limitação de idade.

VOTO

A Senhora Ministra Ellen Gracie: Sr. Presidente, também entendo que as dúvidas que pudessem persistir com relação a essa matéria, com base no texto original da Constituição, foram espancadas pela Emenda Constitucional n. 20, que, ao alterar o art. 40 e seus parágrafos da Constituição, limitou a aposentadoria segundo o regime previdenciário, dos servidores públicos aos titulares de cargos públicos efetivos. Esse é o entendimento já manifestado nessa Casa, inclusive por mim. Refiro expressamente a Petição n. 2.890.

Por isso, peço vênia ao eminente Ministro-Relator para acompanhar a divergência inaugurada pelo Ministro Eros Grau.

(...)

VOTO

O Sr. Ministro CARLOS VELLOSO — Sr. Presidente, a Constituição, no art. 40, alterado pela Emenda Constitucional 20, assegura a aposentadoria compulsória aos servidores titulares de cargos efetivos da União, dos Estados, do Distrito Federal e dos Municípios, incluídas suas autarquias e fundações ....

Anteriormente, a Constituição falava, simplesmente, em servidor: ao servidor é assegurado. Não tenho dúvida de que os notários se incluem na ampla classe dos agentes públicos. Por isso, são servidores públicos, na sua acepção mais larga.

O Sr. Ministro CARLOS BRITTO — Lato sensu, como dizem os administrativistas.

O Sr. Ministro CARLOS VELLOSO — Correto. Acontece que a Emenda Constitucional 20 alterou esse sistema, justamente para beneficiar a classe dos notários. Aliás, nem toda a classe, porque os notários das pequenas comarcas percebem uma remuneração escassa, muito pequena.

O Sr. Ministro MARCO AURÉLIO — Têm-se os extremos.

O Sr. Ministro CARLOS VELLOSO — Exatamente. Nas grandes cidades, nas capitais, a remuneração é altíssima. Já se falou até em mais de um milhão em São Paulo. Então, é fácil presumir porque esse tratamento privilegiado que a Emenda 12 em revisão RE 786540 / DF Constitucional 20 veio conceder a esse tipo de servidor público.

O Sr. Ministro MARCO AURÉLIO — *E no tocante ao serviço obrigatório para o cidadão, ele tem de lançar mão.*

O Sr. Ministro CARLOS VELLOSO — *Como mencionou o Ministro Nelson Jobim, o Congresso quis. Não vejo como possa o Supremo Tribunal, diante dos termos peremptórios da Constituição, com a EC 20, decidir de outra forma. Talvez, buscando inspiração nos princípios inscritos no art. 37 da Constituição, fosse possível construir a respeito do tema. A construção jurisprudencial, no ponto, seria salutar. Por ora, entretanto, meu voto acompanha o voto do Ministro Eros Grau.*

Sr. Presidente, concluindo, com a vênia do Ministro Joaquim Barbosa, que trouxe bons argumentos, por isso que uma função pública não pode e não deve ser exercida sem limitação temporal, porém legem habemus, *acompanho o voto do Sr. Ministro Eros Grau."*

A classe dos notários e registradores, é verdade, guarda enorme diferença com relação à dos servidores comissionados. Enquanto os primeiros são particulares em cooperação com o Estado e exercem função pública, os segundos são servidores estatutários e ocupam cargo público. Essas discrepâncias não tornam o julgado em questão, todavia, menos aplicável à presente hipótese.

Isso porque, conforme já naquela oportunidade havia sido destacado por este mesmo Colegiado, o que importa para a discussão acerca da aposentadoria compulsória é a condição de exercente ou não de cargo efetivo. Essa é, portanto, a jurisprudência do Supremo Tribunal Federal, a qual assentou que o problema aqui posto se resolve se atentando não para a natureza dos serviços prestados ou pela inserção no genérico grupo dos servidores públicos — até porque mesmo os titulares de ofícios de notas e registros poderiam ser alocados, de certa forma, nesse último —, mas pela natureza da forma de provimento no cargo, com foco na delimitação do art. 40, parágrafo 1º, inciso II.

Nesse ponto, releva notar que a tese da não submissão dos indivíduos ocupantes de cargo exclusivamente em comissão à aposentadoria compulsória não é exatamente nova no direito brasileiro, tendo existido, mesmo durante a vigência da redação originária do art. 40 da Lei Fundamental de 1988, fundada controvérsia quanto a sua aplicabilidade ou não aos trabalhadores em questão.

A demonstrar que o entendimento ora exposto não é desconhecido, vide, por exemplo, o seguinte julgado, exarado por esta Corte sob a égide da Constituição de 1946:

> *"A ação popular não se pode exercer através do mandado de segurança, pois o impetrante há de invocar um direito que lhe caiba. Mandado de segurança para afastar do cargo o diretor do Loid Brasileiro, sob a alegação de que ultrapassou a idade de aposentadoria compulsória. Inexistência da pretendida ilegalidade, uma vez que, em nosso direito, a aposentadoria compulsória não diz respeito aos cargos em comissão, os quais admite a lei expressamente, possam ser exercidos por funcionários aposentados" (MS n. 1.587/DF, Tribunal Pleno, Relator o Ministro Luiz Gallotti, DJ de 5.6.1952).*

A Carta de 1988, em seu texto original, conferiu ao art. 40 a seguinte dicção:

> *"Art. 40. O servidor será aposentado:*
> *II — compulsoriamente, aos setenta anos de idade, com proventos proporcionais ao tempo de serviço;*
> *(....)*
> *§ 2º A lei disporá sobre a aposentadoria em cargos ou empregos temporários."*

Como se vê, aquela redação, diferente da atual, tratava dos "servidores", de forma genérica, de modo que, estivesse a regra ainda em vigor, a pretensão do Estado recorrente seria acolhível — essa é, inclusive, minha reiterada posição pessoal nos casos que remetem à antiga letra do art. 40.

Não se pode ignorar, contudo, consoante bem relembrou o acórdão recorrido, que o parágrafo 2º, ao remeter a disciplina da aposentadoria dos cargos temporários à legislação infraconstitu-

cional, abria espaço para que respeitáveis correntes doutrinárias e jurisprudenciais defendessem tratar-se de limitação, já àquela época, afeitas apenas aos titulares de cargos de provimento efetivo. A lacuna gerava, então, significativa controvérsia.

Dirimindo o desacordo, veio a lume a EC n. 20/98, a qual restringiu expressamente o alcance do art. 40 ao alterar a expressão "servidores" para "servidores titulares de cargos efetivos". Desse modo, conforme vem reconhecendo esta Suprema Corte, a partir de tal emenda, é indene de dúvidas que o servidor obrigado a aposentar-se ao tornar-se septuagenário é apenas e tão somente aquele titular de cargo de provimento efetivo. Essa, também, é a compreensão de Ivan Barbosa Rigolin:

> "O fato é que a Carta de 1988 repetiu a regra da de 1969, e o efetivo aos setenta anos de idade não mais poderá permanecer no serviço público ativo. Vale isso apenas para o servidor efetivo, entretanto, pois que após a EC 20 o servidor que não seja efetivo não mais compartilha das mesmas regras constitucionais, como já deve ter ficado absolutamente claro. Assim, o celetista, ou o estatutário ocupante de cargo em comissão, não mais estará expulso do serviço público aos setenta anos, como estava até o advento da EC 20 — basta ler-se o caput do art. 40 constitucional, e a seguir os parágrafos e, de cada qual, os incisos e as alíneas respectivas" (A reforma previdenciária VIII: o art. 40 da Constituição, caput e § 1º. L & C: revista de direito e administração pública, v. 5, n. 54, dez. 2002, p. 16)

Registre-se que essa visão vem sendo corroborada por este Tribunal em julgados como o ARE n. 669.829/SP-AgR, Relatora a Ministra Rosa Weber, o AI n. 494.237/SP-AgR, de relatoria do Ministro Joaquim Barbosa, o RE n. 478.392/MG-AgR, Relator o Ministro Cezar Peluso, o RE n. 417.362/PE-AgR, Relator o Ministro Gilmar Mendes e o RE n. 556.504/SP-ED, de minha relatoria.

De fato, se o ocupante de cargo exclusivamente comissionado não está sujeito à expulsória e se inexiste, no regramento sobre ele incidente, qualquer limitação etária, é de se inferir que esse se encontra livre de restrições desse caráter. Quando se trata de *restrição de direitos, lembre-se, a interpretação jamais há de ser ampliativa.*

Anoto que o recorrente pretendeu a aplicação à hipótese da Súmula n. 36 do STF. Ocorre que o conteúdo de seu verbete, com a devida vênia, não ostenta qualquer ligação com a hipótese destes autos. Esta é sua dicção: "Servidor vitalício está sujeito a aposentadoria compulsória, em razão da idade." Ora, o servidor exclusivamente comissionado não é servidor vitalício. O fato de ser demissível ou exonerável ad nutum *afasta-o completamente de tal categoria. Esse entendimento somente seria cabível se se conferisse à Súmula n. 36 interpretação extensiva, o que foi cabalmente rejeitado nos parágrafos anteriores, pelos motivos expostos.*

As próprias premissas da expulsória — a presunção absoluta de incapacidade aos 75 anos e a renovação dos quadros de servidores da Administração — parecem-me formas veladas e abjetas de preconceito e discriminação, uma vez que trazem ínsita a ideia de que o idoso é alguém incapaz, indesejado, improdutivo, um óbice ao bom desempenho do serviço público, o que absolutamente não é verdade. Aparentemente, o legislador vem se dando conta disso e promovendo alterações no sentido de minorar os efeitos da aplicação dessa visão, como bem demonstra, por exemplo, a recente EC n. 88/2015, que elevou para 75 anos de vida a idade para a inativação obrigatória dos servidores públicos efetivos. A comprovar o que afirmo, a justificativa da Proposta de Emenda à Constituição n. 42 de 2003, a qual originou a emenda em comento:

"A expectativa de vida do brasileiro vem aumentando bastante, alterado significativamente o perfil populacional. Esse fato ganha consistência com a ampliação da urbanização e a formação de uma classe média que, tendo melhores condições educacionais, beneficiou-se do desenvolvimento econômico registrado no País nas últimas décadas.

A Constituição Federal, ainda não assimilou totalmente tais mudanças demográficas, pois proíbe que alguém com mais de setenta anos possa ser servidor público ou mesmo nomeado para cargos de magistrado e outros de semelhante relevância.

Esta proposta busca assim fazer essa atualização, haja vista a freqüência com que nos chegam notícias de casos de pessoas, com alto preparo intelectual e largo tirocínio profissional, afastadas compulsoriamente de suas atividades.

As três últimas Constituições brasileiras fixaram em setenta anos esse afastamento compulsório, ampliando, assim, em dois anos, a situação das Cartas imediatamente anteriores, as de 1934 e 1937.

Todavia, nos negócios privados e na atividade político-partidária o mesmo não ocorre. Empresários, intelectuais, juristas e políticos estão em pleno exercício de suas funções profissionais além dos setenta anos de idade, sem que isso se constitua qualquer problema para seus empreendimentos, representando, pelo contrário, credibilidade e segurança para a sociedade.

No entanto, onde a sociedade mais teria a ganhar se alargássemos o limite de ida de objeto desta proposta seria na Magistratura, pois nada mais apropriado à atividade jurisdicional que esta seja exercida por julgadores calejados e experimentados, pois sabemos que a letra inerme da lei nem sempre é suficiente para estabelecer uma decisão ou sentença justas.

Devemos acrescentar que a nossa proposta não atinge aqueles que podem requerer sua aposentadoria com base em seu tempo de serviço. Constitui-se apenas numa faculdade para aqueles que querem permanecer no serviço público por satisfação pessoal, da mesma forma que, atualmente, outros cidadãos com idade superior a setenta anos podem se submeter a árduas campanhas eleitorais para ocupar concorridos cargos eletivos.

Para nós é estranhável que renomados juristas com mais de setenta anos, que foram exemplares e eficientes servidores públicos, ou até mesmo ex-Ministros do Supremo Tribunal Federal, possam ser contratados para elaborar caríssimos pareceres jurídicos para a Administração Pública e sejam proibidos para atuar como integrante das instituições públicas.

Desta forma, esperamos contar com o apoio dos ilustres pares para a aprovação desta emenda constitucional, pois sua apresentação a esta Casa deve-se ao interesse que o tema desperta nos segmentos mais conspícuos da sociedade brasileira."

De fato, não parece razoável que os trabalhadores da iniciativa privada e os agentes políticos sejam livres para trabalhar até quando quiserem e os servidores públicos fiquem limitados, agora com o novo regramento constitucional, aos setenta e cinco anos de idade. A diferença de tratamento, quando comparados aos agentes políticos, chama ainda mais a atenção, visto que tanto uns como outros integram os quadros da Administração Pública: a mesma legislação que não vê problema algum em que alguém exerça cargo eletivo por anos e anos, com oitenta, noventa anos de idade, veda que um servidor continue a laborar após os setenta e cinco anos. Incoerência, no mínimo.

Ainda que se suscite o argumento da renovação dos quadros de pessoal, é de se salientar que a lógica que rege as nomeações para cargos comissionados é distinta daquela que rege as nomeações para os efetivos.

Os últimos ingressam no serviço público mediante concurso. Há, ademais, o adicional de, como salienta o Procurador-Geral da República, possuírem estabilidade e tenderem a manter com o Estado um longo e sólido vínculo, o que torna admissível a expulsória como forma de oxigenação e renovação.

Os primeiros, por sua vez, adentram a estrutura estatal para o desempenho de cargos de chefia, direção ou assessoramento, pressupondo-se, como substrato de sua designação, a existência de uma relação de confiança pessoal e de uma especialidade incomum. O comissionado adentra o serviço público, dentre outros motivos, para agregar a esse último uma habilidade não facilmente encontrada, uma formação técnica especializada — exerce, ao menos na teoria, atribuições diferenciadas, tanto do ponto de vista da rotina e das responsabilidades no local de trabalho como da própria atividade intelectual.

Ora, se o fundamento da nomeação é esse, não há razão para submeter o indivíduo à compulsória quando, além de persistirem a relação de confiança e a especialização técnica e intelectual, o servidor é exonerável a qualquer momento, independentemente, inclusive, de motivação.

Por derradeiro, não se pode desprezar o que apregoa a Constituição Federal em seus arts. 3º, inciso IV, e 7º, inciso XXX. Neste, ao dispor sobre os direitos dos trabalhadores urbanos e rurais, veda-se que se proceda a diferenciação de salários, de exercício de funções ou de critério de admissão por motivo, dentre outros, de idade; naquele, arrola-se, como objetivo fundamental da República Federativa do Brasil, a promoção do bem de todos, sem preconceito de idade, dentre outras formas de discriminação.

Parece-me, sem dúvida, após todo o exposto até aqui, que a imposição da inativação obrigatória aos ocupantes de cargo exclusivamente em comissão, sem que a própria Constituição Federal o tenha feito de forma inquestionável, vulnera flagrantemente os mencionados dispositivos.

Minha conclusão vai, então, no sentido de que a regra da aposentadoria compulsória insculpida no art. 40, § 1º, inciso II, da Lei Fundamental aplica-se unicamente aos servidores efetivos. Os servidores nomeados para o desempenho exclusivamente de cargo de provimento em comissão encontram-se livres da passagem involuntária para a inatividade aos setenta e cinco anos de idade — limite válido já para todos aqueles que alcançados pelo referido artigo, uma vez que a Lei Complementar n. 152/2015 veio a regulamentar a Emenda Constitucional n. 88/2015.

É evidente que essa lógica não se aplica às funções de confiança, que são aquelas exercidas exclusivamente por servidores ocupantes de cargo efetivo e a quem são conferidas determinadas atribuições, obrigações e responsabilidades. Nesse caso, a livre nomeação e exoneração se refere tão-somente à função e não relativamente ao cargo efetivo.

Seguindo a mesma linha de raciocínio, se não há idade limite para a inativação e se a legislação de regência não cuidou do tema, também não há idade limite para o ingresso em cargo comissionado. Os motivos que justificam a não incidência da *norma do art. 40, § 1º, inciso II, da Carta Política amparam também a impossibilidade de se proibir que o maior de 75 anos seja nomeado para o exercício de cargo de confiança na Administração Pública. Enquanto não houver alteração constitucional ou edição de lei estabelecendo uma idade máxima — justificada sempre pela natureza das atribuições do cargo, nos termos da jurisprudência deste Tribunal —, não há que se falar em observância do marco de 75 anos de idade ou de qualquer outro para fins de escolha e designação para a espécie de função em comento. Cumpre salientar, por último — porque a discussão desse ponto também importa, e muito, à Administração Pública — na possibilidade de o servidor efetivo aposentado compulsoriamente ser nomeado para cargo comissionado, não vislumbro, nessa designação, qualquer problema.*

Pois bem, o que se deve ter em vista aqui é que o servidor efetivo aposentado compulsoriamente, embora mantenha esse vínculo com a Administração mesmo após sua passagem para a inatividade, ao tomar posse em função de provimento em comissão, inaugura, com essa última, uma segunda e nova relação, agora relativa ao cargo comissionado.

Não se trata da criação de um segundo vínculo efetivo, o que é terminantemente vedado pelo texto constitucional, salvo nas exceções por ele próprio declinadas, mas da coexistência de um vínculo funcional efetivo e de um cargo em comissão sem vínculo efetivo, para o que não se vislumbra vedação, inclusive sob o ponto de vista previdenciário. Não se trata, também, por óbvio, de forma irregular de continuidade do vínculo efetivo, visto que, consoante dito no início do voto, comissionados e efetivos são espécies díspares do gênero servidor público.

Como obter dictum, *acentuo que nestes autos não foram discutidas em momento algum a questão relativamente à aplicação do teto de remuneração a esses agentes comissionados e, tampouco, sobre outros requisitos exigidos para a nomeação nesses cargos, inclusive no que tange à exigibilidade ou não de que o cargo em comissão deva ser ou não ser destinado exclusivamente aos membros integrantes da respectiva carreira.*

Feitas todas essas considerações, encontro-me convencido da improcedência da irresignação do recorrente, sendo de rigor, porque indefectível, a manutenção do acórdão prolatado pelo Superior Tribunal de Justiça. De fato, por tratar-se de posto de livre nomeação e exoneração, não se encontrava o Tribunal de Contas do Estado de Rondônia compelido a motivar a exoneração. Contudo, por força da teoria dos motivos determinantes, tendo-o feito, a validade do ato administrativo fica vinculada à regularidade do fundamento aventado. Reconhecida a inconstitucionalidade desse último, uma vez que, como se assentou, a aposentação compulsória não se aplica ao servidor ocupante de cargo exclusivamente comissionado, é flagrantemente nulo o ato que demitiu o recorrido dos quadros do TCE-RO, fazendo esse último jus à reintegração na função e a todas as demais consequências legais. Obviamente, uma vez que tenha retornado às atividade, não fica o órgão impedido de exonerá-lo por qualquer outra razão, desde que legal.

Proponho a fixação da seguinte tese de repercussão geral, subdividida em dois pontos:

1) Os servidores ocupantes de cargo exclusivamente em comissão não se submetem à regra da aposentadoria compulsória prevista no art. 40, § 1º, inciso II, da Constituição Federal, a qual atinge apenas os ocupantes de cargo de provimento efetivo, inexistindo, também, qualquer idade limite para fins de nomeação a cargo em comissão.

2) Ressalvados impedimentos de ordem infraconstitucional, inexiste óbice constitucional a que o servidor efetivo aposentado compulsoriamente permaneça no cargo comissionado que já desempenhava ou a que seja nomeado em outro cargo de livre nomeação e exoneração, uma vez que não se trata de continuidade ou criação de vínculo efetivo com a Administração.

Portanto, nego provimento ao extraordinário.[4]

---

[4] Disponível em: <http://www.stf.jus.br/arquivo/cms/noticiaNoticiaStf/anexo/RE786540.pdf>. Acesso em: 16 dez. 2016.

3. DESAPOSENTAÇÃO[1]. INVIABILIDADE

Este é um tema que atormenta a vida do brasileiro. Muito trabalhador aposenta-se e permanece trabalhando e contribuindo para a Previdência Social. Sonha, no futuro, desaposentar-se e, mediante a adição do tempo que continuou a contribuir, reaposentar-se com valor do provento mais elevado. A partir de outubro de 2016, essa perspectiva, que envolvia inclusive quase setenta mil processos que tramitavam na Justiça brasileira postulando esse direito, parece ter deixado de existir.

O STF entendeu ser inviável o recálculo do valor da aposentadoria por meio da desaposentação, fixando repercussão geral com a seguinte tese:

> *No âmbito do Regime Geral de Previdência Social (RGPS), somente lei pode criar benefícios e vantagens previdenciárias, não havendo, por ora, previsão legal do direito à "desaposentação", sendo constitucional a regra do artigo 18, parágrafo 2º, da Lei n. 8.213/1991.*[2]

Os Ministros do STF, antes, haviam julgado três recursos extraordinários (RE 381.367-RS[3], RE 661.256-SC[4] e RE 827.833-SC[5]), onde

---

[1] Sobre desaposentação, v., nesta coletânea, v. 15, p. 93, e v. 18, p. 145. Doutrinariamente, nosso entendimento encontra-se em nosso *Curso de Direito do Trabalho* cit., 2. ed., p. 235-236.

[2] Cf. <http://www.stf.jus.br/portal/cms/verNoticiaDetalhe.asp?idConteudo=328278>. Acesso em: 1 nov. 2016.

[3] RE 381367-RS, de 26.10.2016 (Lucia Costella e outro(a/s) vs. União e Confederação Brasileira de Aposentados e Pensionistas — COBAP). Rel.: Min. Marco Aurélio. Red. p/acordão: Min. Dias Toffoli.

[4] RE 661.256-SC, de 26.10.2016 (Instituto Nacional do Seguro Social — INSS vs. Valdemar Roncaglio. Am. Curiae. : Instituto Brasileiro de Direito Previdenciário — IBDP, União e Confederação Brasileira de Aposentados e Pensionistas — COBAP) Rel.: Min. Roberto Barroso. Red. p/acordão: Min. Dias Toffoli.

[5] RE 827.833-SC, de 2610.2016 (União vs. Rose Mari Bargen) Rel.: Min. Roberto Barroso. Red. p/acordão: Min. Dias Toffoli.

entenderam que apenas por meio de lei é possível fixar critérios para que os benefícios sejam recalculados com base em novas contribuições decorrentes da permanência ou volta do trabalhador ao mercado de trabalho após concessão da aposentadoria. A redação dos arestos tocou ao Min. Dias Toffolli, e todas as decisões foram tomadas por maioria. Ainda não foram assinados os acórdãos.

4. LICENÇA-MATERNIDADE. CRITÉRIOS DIFERENCIADOS. GESTANTE E ADOTANTE[1]

As servidoras públicas têm direito à licença-maternidade, conforme decidiu o STF no RE 778.889-PE[2], relatado pelo Min. Luís Roberto Barroso, declarando inclusive a inconstitucionalidade do art. 210 da Lei n. 8.112/1990, que previa que a licença seria de trinta a noventa dias. A ementa do julgado transcrevemos abaixo:

> DIREITO CONSTITUCIONAL. RECURSO EXTRAORDINÁRIO. REPERCUSSÃO GERAL. EQUIPARAÇÃO DO PRAZO DA LICENÇA-ADOTANTE AO PRAZO DE LICENÇA-GESTANTE.
>
> 1. A licença-maternidade prevista no artigo 7º, XVIII, da Constituição abrange tanto a licença gestante quanto a licença adotante, ambas asseguradas pelo prazo mínimo de 120 dias. Interpretação sistemática da Constituição à luz da dignidade da pessoa humana, da igualdade entre filhos biológicos e adotados, da doutrina da proteção integral, do princípio da prioridade e do interesse superior do menor.
>
> 2. As crianças adotadas constituem grupo vulnerável e fragilizado. Demandam esforço adicional da família para sua adaptação, para a criação de laços de afeto e para a superação de traumas. Impossibilidade de se lhes conferir proteção inferior àquela dispensada aos filhos biológicos, que se encontram em condição menos gravosa. Violação do princípio da proporcionalidade como vedação à proteção deficiente.
>
> 3. Quanto mais velha a criança e quanto maior o tempo de internação compulsória em instituições, maior tende a ser a dificul-

---

[1] Sobre mãe adotiva, v., nesta coletânea, v. 4, p. 32, v. 6, p. 32, e v. 18, p. 53.
[2] RE 778.889-PE, de 10.3.2016 (Mônica Correia de Araújo vs. União) Rel.: Min. Roberto Barroso.

dade de adaptação à família adotiva. Maior é, ainda, a dificuldade de viabilizar sua adoção, já que predomina no imaginário das famílias adotantes o desejo de reproduzir a paternidade biológica e adotar bebês. Impossibilidade de conferir proteção inferior às crianças mais velhas. Violação do princípio da proporcionalidade como vedação à proteção deficiente.

4. Tutela da dignidade e da autonomia da mulher para eleger seus projetos de vida. Dever reforçado do Estado de assegurar--lhe condições para compatibilizar maternidade e profissão, em especial quando a realização da maternidade ocorre pela via da adoção, possibilitando o resgate da convivência familiar em favor de menor carente. Dívida moral do Estado para com menores vítimas da inepta política estatal de institucionalização precoce. Ônus assumido pelas famílias adotantes, que devem ser encorajadas.

5. Mutação constitucional. Alteração da realidade social e nova compreensão do alcance dos direitos do menor adotado. Avanço do significado atribuído à licença parental e à igualdade entre filhos, previstas na Constituição. Superação de antigo entendimento do STF.

6. Declaração da inconstitucionalidade do art. 210 da Lei n. 8.112/1990 e dos parágrafos 1º e 2º do artigo 3º da Resolução CJF n. 30/2008.

7. Provimento do recurso extraordinário, de forma a deferir à recorrente prazo remanescente de licença parental, a fim de que o tempo total de fruição do benefício, computado o período já gozado, corresponda a 180 dias de afastamento remunerado, correspondentes aos 120 dias de licença previstos no art. 7º, XVIII, CF, acrescidos de 60 dias de prorrogação, tal como estabelecido pela legislação em favor da mãe gestante.

8. Tese da repercussão geral: "Os prazos da licença adotante não podem ser inferiores aos prazos da licença gestante, o mesmo valendo para as respectivas prorrogações. Em relação à licença adotante, não é possível fixar prazos diversos em função da idade da criança adotada".[3]

---

[3] Disponível em: <http://www.stf.jus.br/portal/processo/verProcessoAndamento.asp?incidente=4482209>. Acesso em: 5 jan. 2017.

**PARTE VI
OUTROS TEMAS**

1. SUSPEIÇÃO[1]. DESNECESSIDADE DE INFORMAÇÃO DAS RAZÕES. CNJ

Em 2009, o Conselho Nacional de Justiça adotou a Resolução n. 82, obrigando os magistrados brasileiros de 1º e 2º graus informarem à Corregedoria Nacional de Justiça as razões de foro íntimo em processos nos quais declararem sua suspeição. As associações de classe da magistratura brasileira ajuizaram o MS 34.316-DF[2], objetivando a suspensão dos efeitos de um ofício circular do CNJ que mandava fossem prestadas as ditas informações. Em sede liminar, em agosto de 2016, o Min. Teori Zavascki suspendeu os efeitos da providência do CNJ. Em setembro seguinte, o CNJ revogou a Resolução n. 82/2009, tendo sido pedida a desistência do mandado, que foi homologada a 9.9.2016. O despacho concessivo da liminar é seguinte:

1. Trata-se de mandado de segurança coletivo, com pedido de liminar, impetrado pela Associação dos Magistrados Brasileiros (AMB), pela Associação Nacional dos Magistrados da Justiça do Trabalho (ANAMATRA) e pela Associação dos Juízes Federais do Brasil (AJUFE) contra ato da Corregedora Nacional de Justiça "consubstanciado no Ofício Circular n. 22, de 3 de junho de 2016, que determinou a observância da Resolução n. 82 do CNJ" (fl. 1). Inicialmente, as impetrantes apresentam os seguintes fatos: (a) por meio da Resolução 82, havia o Conselho Nacional de Justiça criado norma exigindo dos magistrados que informassem às corregedorias a que estivessem vinculados as razões do "foro íntimo" invocado nos processos em que afirmassem suspeição; (b) essa resolução foi atacada por meio de ação direta de inconstitucionalidade (ADI 4.260), tendo, a Relatora, Min. Rosa Weber,

---

[1] Sobre exceção de suspeição, v., nesta coletânea, v. 7, p. 61.
[2] MS 34.316-DF, de 27.5.2016 (Associação dos Magistrados Brasileiros — AMB e outro(a/s) vs. Corregedor Nacional de Justiça) Rel.: Min. Teori Zavascki.

determinado a observância do rito do art. 12 da Lei 9.868/1999, o que inviabilizou a apreciação do pedido de medida cautelar; (c) assim, apresentaram Pedido de Providências perante o CNJ para suspender a eficácia dessa resolução, o qual não foi apreciado; (d) em seguida, impetraram mandado de segurança nesta Corte (MS 28.215), tendo o então Relator, Min. Ayres Britto, deferido o pedido de liminar; (e) em 2015, o mandado de segurança teve seu pedido negado com base na Súmula n. 266/STF, o que resultou na revogação da liminar; (f) intimados pela autoridade impetrada para que se manifestassem nos autos do referido Pedido de Providências, postularam a suspensão da eficácia da resolução ante a superveniência do novo código de processo civil (CPC/2015), o qual dispensa o magistrado de declarar as razões da declaração de suspeição por motivo de foro íntimo; (g) distribuídos os autos ao Conselheiro Arnaldo Hossepian Júnior, o pedido foi indeferido pelo fundamento de que a matéria fora judicializada na ADI 4.260; (h) em 3/6/2016, a autoridade impetrada expediu o Ofício Circular 22 determinando a observação da Resolução 82, sendo esse o ato atacado no presente mandado de segurança. Quanto ao mérito, sustentam as impetrantes que: (I) o CPC/15 (Lei n. 13.105/2015), indo além do CPC/73, deixa claro que, ao declarar a suspeição por motivo íntimo, o magistrado assim o fará sem necessidade de declarar suas razões; (II) nos termos do § 1º do art. 2º da Lei de Introdução às Normas do Direito Brasileiro, "a lei posterior revoga a anterior quando expressamente o declare, quando seja com ela incompatível ou quando regule inteiramente a matéria de que tratava a lei anterior"; (III) "o § 1º do art. 145 não apenas regulou inteiramente a matéria de que trata a Resolução n. 82, como também a nova redação da lei se mostra incompatível com o da Resolução n. 82"; (IV) também nos processos de natureza penal a norma aplicável sobre a suspeição por motivo íntimo era e continua sendo a do CPC (fl. 9). No mais, informam que (i) "há procedimento em curso perante o CNJ visando a obter o pronunciamento do seu Plenário sobre a ocorrência ou não da revogação da Resolução n. 82"; e (ii) o Grupo de Trabalho formado no CNJ para discutir o novo CPC sugere a revogação dessa resolução (fl. 7). Requerem a concessão de liminar para a suspensão dos efeitos do Ofício Circular 22/2016 até o final julgamento do mandado de segurança, invocando, a título de periculum in mora, *o conteúdo do ato impetrado, que reitera a exigência dos termos da Resolução 82 do CNJ. Pedem, ao final, seja concedida a ordem para "declarar inexigível aos magistrados as normas contidas na Resolução n. 82 do CNJ, uma vez que foi revogada pelo § 1º do art. 145 do Código de Processo Civil de 2015" (fl. 12).*

Atendendo a despacho da Presidência proferido em 25/7/2016, a autoridade impetrada prestou informações (doc. 31)

2. O deferimento de medidas liminares pressupõe presentes a relevância jurídica da pretensão, bem como a indispensabilidade da providência antecipada, como forma de garantir a efetividade de futuro e provável juízo de procedência. No caso, está configurada a relevância do direito afirmado pelas impetrantes, tendo em vista que o ato normativo que a autoridade coatora exige seja cumprido tornou-se, à primeira vista, incompatível com a superveniência do novo Código de Processo Civil (CPC/2015), segundo o qual "Poderá o juiz declarar-se suspeito por motivo de foro íntimo, sem necessidade de declarar suas razões" (art. 145, § 1º). Nessas circunstâncias, deve ser suspensa a eficácia do ato impetrado (Ofício Circular 22/2016, da Corregedora Nacional de Justiça), ressaltando-se, ademais, que não está o CNJ impedido de examinar, em procedimento próprio, o tema da revogação da Resolução 82 pelo CPC/2015.

3. Ante o exposto, defiro a liminar para suspender os efeitos do Ofício Circular 22/2016 da Corregedora Nacional de Justiça. Solicitem-se informações, procedendo-se aos demais atos previstos no art. 7º, I e II da Lei n. 12.016/09. Dê-se vista, oportunamente, ao Procurador-Geral da República.

Publique-se. Intime-se.[3]

---

[3] Disponível em: <http://www.stf.jus.br/portal/processo/verProcessoAndamento.asp?incidente=5023237>. Acesso em: 28 nov. 2016.

2. SÚMULAS VINCULANTES DO STF SOBRE MATÉRIA TRABALHISTA

Até final de 2015, haviam sido aprovadas pelo Excelso Pretório 53 Súmulas Vinculantes e as que tratam de matéria trabalhista estão abaixo transcritas, com a indicação da fonte de publicação, da legislação pertinente e dos respectivos precedentes.

Súmula Vinculante n. 4

Salvo nos casos previstos na Constituição, o salário mínimo não pode ser usado como indexador de base de cálculo de vantagem de servidor público ou de empregado, nem ser substituído por decisão judicial.

Fonte de Publicação
DJe n. 83/2008, p. 1, em 9.5.2008; DOU de 9.5.2008, p. 1.

Legislação
Constituição de 1988, art. 7º, IV e XXIII; art. 39, §§ 1º e 3º; art. 42, § 1º; art. 142, § 3º, X.

Precedentes
RE 236396, RE 208684, RE 217700, RE 221234, RE 338760, RE 439035, RE 565714

Súmula Vinculante n. 6

Não viola a Constituição o estabelecimento de remuneração inferior ao salário mínimo para as praças prestadoras de serviço militar inicial.

Fonte de Publicação
DJe n. 88/2008, p. 1, em 16.5.2008; DOU de 16.5.2008, p. 1.

Legislação
Constituição de 1988, art. 1º, III; art. 5º, *caput*; art. 7º, IV; art. 142, § 3º, VIII, (redação dada pela Emenda Constitucional n. 18/1998); art. 143, *caput*, §§ 1º e 2º.
Medida Provisória 2215/2001, art. 18, § 2º.

Precedentes
RE 570177; RE 551453; RE 551608; RE 558279; RE 557717; RE 557606; RE 556233; RE 556235; RE 555897; RE 551713; RE 551778; RE 557542

Súmula Vinculante n. 10

Viola a cláusula de reserva de plenário (CF, artigo 97) a decisão de órgão fracionário de tribunal que, embora não declare expressamente a inconstitucionalidade de lei ou ato normativo do poder público, afasta sua incidência, no todo ou em parte.

Fonte de Publicação
DJe n. 117/2008, p. 1, em 27.6.2008; DOU de 27.6.2008, p. 1.

Legislação
Constituição de 1988, art. 97.

Precedentes
RE 482090; RE 240096; RE 544246; RE 319181; AI 472897 AgR

Súmula Vinculante n. 13

A nomeação de cônjuge, companheiro ou parente em linha reta, colateral ou por afinidade, até o terceiro grau, inclusive, da autoridade nomeante ou de servidor da mesma pessoa jurídica investido em cargo de direção, chefia ou assessoramento, para o exercício de cargo em comissão ou de confiança ou, ainda, de função gratificada na administração pública direta e indireta em qualquer dos Poderes da União, dos Estados, do Distrito Federal e dos Municípios, compreendido o ajuste mediante designações recíprocas, viola a Constituição Federal.

Fonte de Publicação
DJe n. 162/2008, p. 1, em 29.8.2008; DOU de 29.8.2008, p. 1.

Legislação
Constituição de 1988, art. 37, *caput*

Precedentes
ADI 1521 MC; MS 23780; ADC 12 MC; ADC 12; RE 579951

Súmula Vinculante n. 15

O cálculo de gratificações e outras vantagens do servidor público não incide sobre o abono utilizado para se atingir o salário mínimo.

Fonte de Publicação
DJe n. 121/2009, p. 1, em 1.7.2009; DOU de 1º.7.2009, p. 1.

Legislação
Constituição de 1988, art. 7º, IV.

Precedentes
RE 439360 AgR; RE 518760 AgR; RE 548983 AgR; RE 512845 AgR; RE 490879 AgR; RE 474381 AgR; RE 436368 AgR; RE 572921 RG-QO

Súmula Vinculante n. 16

Os artigos 7º, IV, e 39, § 3º (redação da EC 19/98), da Constituição, referem-se ao total da remuneração percebida pelo servidor público.

Fonte de Publicação
DJe n. 121/2009, p. 1, em 1º.7.2009; DOU de 1º.7.2009, p. 1.

Legislação
Constituição de 1988, art. 7º, IV; art. 39, § 2º (redação anterior à Emenda Constitucional 19/1998); art. 39, § 3º (redação dada pela Emenda Constitucional 19/1998); Emenda Constitucional 19/1998.

Precedentes
RE 199098; RE 197072; RE 265129; AI 492967 AgR; AI 601522 AgR; RE 582019 RG-QO

Súmula Vinculante n. 17

Durante o período previsto no parágrafo 1º do artigo 100 da Constituição, não incidem juros de mora sobre os precatórios que nele sejam pagos.

Fonte de Publicação
DJe n. 210 de 10.11.2009, p. 1; DOU de 10.11.2009, p. 1.

Legislação
Constituição de 1988, art. 100, § 1º (redação dada pela Emenda Constitucional 30/2000) e § 5º (redação dada pela Emenda Constitucional n. 62/2009).

Precedentes
RE 591085 RG-QO; RE 298616; RE 305186; RE 372190 AgR; RE 393737 AgR; RE 589345; RE 571222 AgR; RE 583871

Súmula Vinculante n. 22
A Justiça do Trabalho é competente para processar e julgar as ações de indenização por danos morais e patrimoniais decorrentes de acidente de trabalho propostas por empregado contra empregador, inclusive aquelas que ainda não possuíam sentença de mérito em primeiro grau quando da promulgação da Emenda Constitucional n. 45/04.

Fonte de Publicação
DJe n. 232/2009, p. 1, em 11.12.2009; DOU de 11.12.2009, p. 1.

Legislação
Constituição de 1988, art. 7º, XXVIII; art. 109, I; art. 114.

Precedentes
CC 7204; AI 529763 AgR-ED; AI 540190 AgR; AC 822 MC

Súmula Vinculante n. 23
A Justiça do Trabalho é competente para processar e julgar ação possessória ajuizada em decorrência do exercício do direito de greve pelos trabalhadores da iniciativa privada.

Fonte de Publicação
DJe n. 232/2009, p. 1, em 11.12.2009; DOU de 11.12.2009, p. 1.

Legislação
Constituição de 1988, art. 114, II.

Precedentes
RE 579648; CJ 6959; RE 238737; AI 611670; AI 598457; RE 555075; RE 576803

Súmula Vinculante n. 25
É ilícita a prisão civil de depositário infiel, qualquer que seja a modalidade do depósito.

Fonte de Publicação
DJe n. 238 de 23.12.2009, p. 1; DOU de 23.12.2009, p. 1.

Legislação:
Constituição de 1988, artigo 5º, LXVII e § 2º; Convenção Americana sobre Direitos Humanos (Pacto de S. José da Costa Rica), artigo 7º, § 7º; Pacto Internacional sobre Direitos Civis e Políticos, artigo 11

Precedentes :
RE 562.051; RE 349.703; RE 466.343; HC 87.585; HC 95.967; HC 91.950; HC 93.435; HC 96.687 MC; HC 96.582; HC 90.172; HC 95.170 MC

Súmula Vinculante n. 37

Não cabe ao Poder Judiciário, que não tem função legislativa, aumentar vencimentos de servidores públicos sob o fundamento de isonomia.

Fonte de Publicação
DJe n. 210 de 24.10.2014, p. 2; DOU de 24.10.2014, p. 1.

Legislação
Constituição de 1988, art. 2º; art. 5º, "caput" e II; e art. 37, X; Súmula n. 339 do STF.

Precedentes
RE 592317; RE 173252; RMS 21662; RE 711344 AgR; RE 223452 AgR; RE 637136 AgR; ARE 762806 AgR; RE 402467 AgR

Súmula Vinculante n. 40

A contribuição confederativa de que trata o art. 8º, IV, da Constituição Federal, só é exigível dos filiados ao sindicato respectivo.

Fonte de publicação
DJe n. 55 de 20.03.2015, p. 1; DOU de 20.03.2015, p. 1

Legislação
Constituição de 1988, art. 8, IV.; Súmula n. 666 do STF.

Precedentes
E 495248 AgR; AI 731640 AgR; AI 706379 AgR; AI 654603 AgR; RE 176533 AgR; AI 672633 AgR; AI 657925 AgR; AI 612502 AgR; AI 609978 AgR; RE 461451 AgR; AI 476877 AgR; AI 499046 AgR; RE 224885 AgR; RE 175438 AgR; RE 302513 gR; AI 351764 AgR; AI 339060 AgR; AI 313887 AgR; RE 193174; RE 195885; RE 196110; RE 222331; RE 171905 AgR; RE 173869; RE 198092

Súmula Vinculante n. 53

A competência da Justiça do Trabalho prevista no art. 114, VIII, da Constituição Federal alcança a execução de ofício das contribuições previdenciárias relativas ao objeto da condenação constante das sentenças que proferir e acordos por ela homologados.

Fonte de Publicação
DJe n. 121 de 23.06.2015, p. 2; DOU de 23.06.2015, p. 2.

Referência Legislativa
Constituição de 1988, art. 114, VIII.

Precedente
RE 569056

Súmula Vinculante n. 55

O direito ao auxílio-alimentação não se estende aos servidores inativos.

Fonte de Publicação
DJe n. 54 de 28.03.2016, p. 1; DOU de 28.03.2016, p. 134.

Referência Legislativa
Constituição de 1988, art. 40, § 4º.

Precedentes
ARE 757614; RE 633746; ARE 762911; AI 747734; AI 738881; RE 563271; RE 332445; RE 318684; RE 301347; RE 263204 AgR; RE 231326; RE 229652; RE 231216; RE 236199; RE 227331; RE 236449; RE 228083; RE 231389; RE 220713; RE 220048

ÍNDICES

INDICES

ÍNDICE GERAL

SUMÁRIO	13
INTRODUÇÃO	15
PARTE I — DIREITOS INDIVIDUAIS	17
1. Cooperativas de trabalho. Contribuição ao PIS/PASEP	19
2. Motorista externo. Hora extra	21
3. Tatuagem. Concurso público. Permissão	28
PARTE II — DIREITOS COLETIVOS	59
1. Convenções e acordos coletivos. Ultratividade. Súmula n. 277 do TST	61
2. Greve	117
2.1. Acordo de compensação. Descontos	117
2.2. Peritos do INSS	148
3. Norma coletiva. Invalidade. Art. 7º, XXVI, da Constituição	156
PARTE III — DIREITO PROCESSUAL	161
1. Competência. Justiça Federal. Trabalho forçado	163
2. Correção de débitos trabalhistas. Aplicação da TR	178
3. CPC. Instrução Normativa n. 39-TST. Inconstitucionalidade	184
PARTE IV — SERVIÇO PÚBLICO	187
1. Advogado Público. Direito a adicional por acumulação	189
PARTE V — PREVIDÊNCIA SOCIAL	193
1. Abono de permanência. Policial Civil aposentado	195
2. Aposentadoria	196
2.1. Proibição de acumular	196
2.2. Compulsória. Cargo comissionado. Inaplicabilidade	201
3. Desaposentação. Inviabilidade	222
4. Licença-maternidade. Critérios diferenciados. Gestante e adotante	224

PARTE VI — OUTROS TEMAS.. 227
   1. Suspeição. Desnecessidade de informação das razões. CNJ 229
   2. Súmulas Vinculantes do STF sobre matéria trabalhista 232

Índices 239
Índice geral 241
Índice dos julgados publicados na coletânea 243
Índice dos Ministros do STF — prolatores dos julgados citados... 265
Índice temático 269

ÍNDICE DOS JULGADOS PUBLICADOS NA COLETÂNEA

VOLUMES 1 A 20

N. do Julgado	Volume	Página
AC 340-7-RJ	8	54
AC 3.433-PR	17	58
AC 9.690-SP	1	41
AC 9.696-3-SP	1	40
ACO 533-9-PI	2	23
ACO 709-SP	17	113
ACO 1.437-DF	17	129
ACO (AGRG) 524-0-SP	7	68
ADC 34-DF	18	95
ADC 36-DF	19	38
ADC 39-DF	19	46
ADIn 100-1-MG	8	88
ADIn 254-6-GO	7	48
ADIn 271-6-DF	5	35
ADIn 306-2-DF	4	85
ADIn 510-AM	18	88
ADIn 554-5-MG	1/10	102/59
ADIn 609-6-DF	6	197
ADIn 639-8-DF	9	17
ADIn 953-2-DF	7	176
ADIn 990-7-MG	7	45
ADIn 1.040-9-DF	6	170
ADIn 1.074-3-DF	11	123
ADIn 1.105-7-DF	10/14	141/75
ADIn 1.127-8-DF	10	141
ADIn 1.194-4-DF	9/13	154/98
ADIn 1.377-7-DF	10	139
ADIn 1.404-8-SC	4	167

N. do Julgado	Volume	Página
ADIn 1.439-1-DF	7	19
ADIn 1.458-7-DF	1	19
ADIn 1.480-3-DF	2/5	59/15
ADIn 1.484-6-DF	5	170
ADIn 1.625-DF	19	42
ADIn 1.661-1-PA	7	120
ADIn 1.662-7-DF	2/5	120/75
ADIn 1.675-1-DF	1	29
ADIn 1.696-0-SE	6	59
ADIn 1.721-3-DF	1/2/10	46/31/23
ADIn 1.749-5-DF	4	163
ADIn 1.753-2-DF	2	165
ADIn 1.770-4-DF	2	31
ADIn 1.797-0-PE	4	148
ADIn 1.849-0-DF	3	125
ADIn 1.878-0-DF	2/6/7	34/96/137
ADIn 1.880-4-DF	2	90
ADIn 1.912-3-RJ	3	35
ADIn 1.942-DF	13	67
ADIn 1.946-5-DF	7	132
ADIn 1.953-8-ES	4	59
ADIn 1.967-8-DF	4	163
ADIn 1.971-6-SP	5	163
ADIn 1.976-7-DF	11	65
ADIn 2.010-8-DF	6	200
ADIn 2.024-2-DF	4	164
ADIn 2.054-4-DF	7	182
ADIn 2.093-6-SC	8	103
ADIn 2.098-6-AL	5	127
ADIn 2.105-2-DF	4/5	146/187
ADIn 2.107-9-DF	5	127
ADIn 2.139-7-DF	11/13	49/83
ADIn 2.160-5-DF	4/13	105/83
ADIn 2.180-0-SP	5	163
ADIn 2.201-6-DF	7	93
ADIn 2.310-1-DF	5	95
ADIn 2.652-8-DF	7	174
ADIn 2.679-8-AL	6	49

N. do Julgado	Volume	Página
ADIn 2.687-9-PA	7	128
ADIn 2.931-2-RJ	9	78
ADIn 3.026-4-DF	10	143
ADIn 3.030-2-AP	9	79
ADIn 3.068-0-DF	9	11
ADIn 3.085-0-CE	9	93
ADIn 3.105-8-DF	8	121
ADIn 3.127-DF	19	66
ADIn 3.224-1-AP	8	91
ADIn 3.300-0-DF	10	186
ADIn 3.347-DF	16	57
ADIn 3.367-1-DF	9/10	83/115
ADIn 3.392-1-DF	11	35
ADIn 3.395-6-DF	9/10	94/95
ADIn 3.453-7-DF	11	63
ADIn 3.510-0-DF	12	121
ADIn 3.934-2-DF	11/13	23/33
ADIn 3.541-0-DF	18	67
ADIn 4.015-PA	12	89
ADIn 4.167-3-DF	12/15	21/35
ADIn 4.292-DF	13	59
ADIn 4.347-DF	13	70
ADIn 4.357-DF	17	107
ADIn 4.364-SC	15	55
ADIn 4.425-DF	17	107
ADIn 4.568-DF	15	37
ADIn 4.696-DF	15	83
ADIn 4.698-MA	15	83
ADIn 4.716-DF	16	77
ADIn 4.738-DF	16	63
ADIn 4.742-DF	16	77
ADIn 4.849-DF	16	34
ADIn 4.876-DF	18	127
ADIn 4.976-DF	18	31
ADIn 5.013-DF	17	38
ADIn 5.035-DF	17	53
ADIn 5.036-DF	17	53
ADIn 5.050-DF	17	43

N. do Julgado	Volume	Página
ADIn 5.051-DF	17	43
ADIn 5.090-DF	18	34
ADIn 5.123-MT	19	85
ADIn 5.213-DF	19	121
ADIn 5.230-DF	19	156
ADIn 5.232-DF	19	156
ADIn 5.234-DF	19	156
ADIn 5.246-SP	19	156
ADIn 5.326-DF	19	91
ADIn 5.329-DF	19	128
ADIn 5.340-DF	19	72
ADIn 5.367-DF	19	38
ADIn 5.516-DF	20	184
ADIn 5.519-DF	20	189
ADIn-MC 1.121-9-RS	1	50
ADIn-MC 1.567-2-DF	1	100
ADIn-MC 1.721-3-DF	7	22
ADIn-MC 2.111-7-DF	7	139
ADIn-MC 2.176-1-RJ	4	177
ADIn-MC 3.126-1-DF	8/9	92/92
ADIn-MC 3.472-3-DF	9	117
ADPF-47-5-PA	12	26
ADPF-MC 54-8-DF	8	155
ADPF-151-DF	14/15	38/45
ADPF-264-DF	18	99
ADPF-275-PB	17	137
ADPF-276-DF	17	90
ADPF-277-DF	17	90
ADPF-293-RJ	17	29
ADPF-323-DF	20	61
ADPF-355-DF	19	19
ADPF-361-DF	19	91/98
ADPF-363-DF	19	62
ADPF-367-DF	19	38
ADPF-381-DF	20	21
AG-AI 156.338-0-PR	1	60
AG-AI 214.076-8-RS	2	123
AG-AI 223.271-7-MG	3	13

N. do Julgado	Volume	Página
AGRAG 248.880-1-PE	4	109
AGRAG 324.304-7-SP	6	157
AG-RE 220.170-2-SP	2	64
AG-RE 227.899-9-MG	2	19
AG-RE 241.935-8-DF	4	49
AG(AGRG) 258.885-1-RJ	4	108
AG(AGRG) 316.458-1-SP	6	162
AGRG-ADIn 3.153-8-DF	9	25
AGRG-AI 171.020-9-CE	5	39
AGRG-AI 267.115-7-DF	4	137
AGRG-AI 238.385-6-PR	5	70
AGRG-AI 404.860-1-DF	10	103
AGRG-AI 410.330-0-SP	7	60
AGRG-AI 416.962-2-ES	7	17
AGRG-AI 442.897-6-ES	10	163
AGRG-AI 453.737-1-RJ	7	89
AGRG-AI 479.810-7-PR	10	151
AGRG-AI 528.138-0-MS	10	140
AGRG-AI 570.429-9-RS	12	115
AGRG-AI 582.921-1-MA	10	35
AGRG-AO 820-4-MG	7	116
AGRG-MI-774-DF	18	83
AGRG-MS 25.489-1-DF	9	122
AGRG-RE 222.368-4-PE	7	66
AGRG-RE 273.834-4-RS	5	192
AGRG-RE 281.901-8-SP	5	47
AGRG-RE 299.671-8-RS	6	160
AGRG-RE 347.334-7-MG	7	90
AGRG-RE 409.997-7-AL	10	154
AGRG-RE 507.861-2-SP	11	57
AGRG-RG 269.309-0-MG	5	58
AI 139.671-(AGRG)-DF	1	43
AI 153.148-8-PR	1	60
AI 208.496-9-ES	2	102
AI 210.106-0-RS	2	55
AI 210.466-6-SP	2	45
AI 212.299-0-SP	2	15
AI 212.918-1-DF	2	149

N. do Julgado	Volume	Página
AI 215.008-6-ES	2	36
AI 216.530-8-MG	2	132
AI 216.786-2-SP	2	81
AI 218.578-8-PR	2	125
AI 220.222-2-DF	2	85
AI 220.739-5-SP	2	106
AI 224.483-5-PB	4	44
AI 229.862-4-RS	3	15
AI 233.762-1-RS	3	105
AI 233.835-8-RS	3	90
AI 237.680-1-SP	3	50
AI 238.733-1-MG	3	56
AI 240.632-6-RS	3	121
AI 243.418-0-MG	3	101
AI 244.136-6-SP	3	20
AI 244.154-4-SP	3	71
AI 244.672-0-SP	3	40
AI 245.136-1-RS	3	94
AI 248.256-2-SP	3	43
AI 248.764-1-DF	3	26
AI 249.021-1-SP	3	46
AI 249.470-7-BA	4	96
AI 249.539-2-BA	8	87
AI 249.600-3-MG	3	30
AI 260.198-8-MG	4	124
AI 260.553-8-SP	4	91
AI 260.700-5-DF	4	28
AI 265.946-8-PR	4	73
AI 266.186-4-GO	4	15
AI 270.156-1-RS	5	42
AI 273.327-1-BA	4	173
AI 277.315-1-SC	4	87
AI 277.432-8-PB	4	41
AI 277.651-4-BA	4	47
AI 279.422-1-DF	4	139
AI 290.222-6-AM	5	64
AI 294.013-4-RS	5	79
AI 321.083-2-DF	5	82

N. do Julgado	Volume	Página
AI 321.503-9-MS	5	51
AI 329.165-6-RJ	5	128
AI 333.502-4-SP	10	35
AI 341.920-9-RS	5	143
AI 342.272-1-DF	5	125
AI 359.319-5-SP	5	54
AI 388.729-8-PE	6	117
AI 388.895-1-PB	6	115
AI 401.141-3-SP	10	108
AI 429.939-2-PE	7	88
AI 436.821-2-PE	7	85
AI 449.252-3-SP	7	103
AI 454.064-4-PA	10	64
AI 457.801-1-DF	8	58
AI 457.863-2-RS	8	28
AI 460.355-7-SP	7	118
AI 462.201-0-SP	7	81
AI 465.867-8-MG	8	75
AI 474.751-1-SP	8	68
AI 477.294-5-PI	7	26
AI 478.276-1-RJ	8	44
AI 498.062-2-SP	8	76
AI 500.356-5-RJ	8	44
AI 511.972-0-SP	8	85
AI 513.028-1-ES	8	69
AI 514.509-8-MG	8	26
AI 518.101-6-MG	8	75
AI 522.830-4-RJ	10	84
AI 523.628-8-PR	9	67
AI 525.295-8-BA	9	20
AI 525.434-3-MT	9	38
AI 526.389-1-SP	9	71
AI 529.694-1-RS	9	147
AI 531.237-0-RS	9	68
AI 533.705-2-DF	9	112
AI 534.587-1-SC	10	32
AI 535.068-3-SP	9	28
AI 538.917-7-AL	9	106

N. do Julgado	Volume	Página
AI 539.419-9-MG	9	80
AI 556.247-6-SP	9	142
AI 557.195-2-RJ	10	89
AI 561.126-1-RJ	10	90
AI 567.280-9-MG	10	98
AI 571.672-5-RS	10	171
AI 572.351-3-SP	10	102
AI 579.311-0-PR	10	19
AI 583.599-6-MG	10	37
AI 584.691-8-SP	10	110
AI 629.242-5-SP	11	19
AI 633.430-1-RS	11	21
AI 635.212-1-DF	11	61
AI 640.303-9-SP	11	32
AI 656.720-2-SP	11	40
AI 791.292-PE	14	69
AO 206-1-RN	7	61
AO 757-7-SC	7	110
AO 764-0-DF	7	113
AO 931-6-CE	7	108
AO 1.157-4-PI	10	118
AO 1.509-SP	17	149
AO 1.656-DF	18	126
AP 635-GO	20	163
AR 1.371-5-RS	5	135
AR 2.028-2-PE	12	108
AR-AI 134.687-GO	1	37
AR-AI 150.475-8-RJ	1	77
AR-AI 198.178-RJ	1	114
AR-AI 199.970-0-PE	3	88
AR-AI 218.323-0-SP	3	112
AR-AI 245.235-9-PE	3	113
AR-AI 437.347-3-RJ	8	43
ARE 637.607-RS	15	69
ARE 642.827-ES	15	73
ARE 646.000-MG	16	100
ARE 652.777-SP	19	141
ARE 654.432-GO	16	65

N. do Julgado	Volume	Página
ARE 661.383-GO	16	55
ARE 664.335-SC	18	137
ARE 665.969-SP	16	66
ARE 674.103-SC	16	27
ARE 679.137-RJ	19	83
ARE 709.212-DF	18	36
ARE 713.211-MG	18	70
ARE 774.137-BA	18	103
ARE 791.132-DF	18	76
ARE 808.107-PE	18	143
ARE 842.157-DF	19	173
ARE 906.491-DF	19	99
ARE 954.408-RS	20	195
ARE no MI 5.126-DF	17	158
CC 6.968-5-DF	1	80
CC 6.970-7-DF	1	79
CC 7.040-4-PE	6	95
CC 7.043-9-RO	6	91
CC 7.053-6-RS	6	102
CC 7.074-0-CE	6	109
CC 7.079-1-CE	8	51
CC 7.091-9-PE	5	56
CC 7.116-8-SP	6	119
CC 7.118-4-BA	6	114
CC 7.134-6-RS	7	58
CC 7.149-4-PR	7	56
CC 7.165-6-ES	8	45
CC 7.171-1-SP	8	48
CC 7.201-6-AM	12	63
CC 7.204-1-MG	9	54
CC 7.242-3-MG	12	101
CC 7.295-4-AM	10	92
CC 7.376-4-RS	10	60
CC 7.456-6-RS	12	84
CC 7.484-1-MG	11	52
CC 7.500-MG	13	78
CC 7.706-SP	19	89
CR 9.897-1-EUA	6	214

N. do Julgado	Volume	Página
ED-ED-RE 191.022-4-SP	2	96
ED-ED-RE 194.662-8-BA	7/9	40/26
ER-RE 190.384-8-GO	4	35
ED-RE 194.707-1-RO	3	86
ED-RE 348.364-1-RJ	8	22
HC 77.631-1-SC	7	183
HC 80.198-6-PA	4	78
HC 81.319-4-GO	6	212
HC 84.270-4-SP	8	41
HC 85.096-1-MG	9	58
HC 85.911-9-MG	9	70
HC 85.585-5-TO	11	127
HC 87.585-TO	12	131
HC 93.930-RJ	14	121
HC 98.237-SP	14	71
HC 98.873-8-SP	13	91
HC 115.046-MG	17	46
HC 119.645-SP	17	74
IF 607-2-GO	2	115
MC em AC 1.069-1-MT	10	104
MC em ADIn 2.135-4-9-DF	11	76
MC em ADIn 2.527-9-DF	11	68
MC em ADIn 3.395-6-DF	9	98
MC em ADIn 3.540-1-DF	10	182
MC em HC 90.354-1-RJ	11	129
MC em HC 92.257-1-SP	11	135
MC em MS 24.744-4-DF	8	110
MC em MS 25.027-5-DF	8	104
MC em MS 25.498-8-DF	9	130
MC em MS 25.503-0-DF	9	116
MC em MS 25.511-1-DF	9	132
MC em MS 25.849-1-DF	9	120
MC em Rcl. 2.363-0-PA	7	74
MC em Rcl. 2.653-1-SP	8	117
MC em Rcl. 2.670-1-PR	8	114
MC em Rcl. 2.684-1-PI	8	61
MC em Rcl. 2.772-4-DF	8	99
MC em Rcl. 2.804-6-PB	8	72

N. do Julgado	Volume	Página
MC em Rcl. 2.879-6-PA	8	65
MC em Rcl. 3.183-7-PA	9	98
MC em Rcl. 3.431-3-PA	9	102
MC em Rcl. 3.760-6-PA	9	35
MC em Rcl. 4.306-1-TO	10	96
MC em Rcl. 4.317-7-PA	10	99
MC em Rcl. 4.731-8-DF	10	129
MI 20-4-DF	1	86
MI 102-2-PE	6	133
MI 347-5-SC	1	85
MI 585-9-TO	6	59
MI 615-2-DF	9	45
MI 670-7-DF	7	41
MI 670-9-ES	11/12	80/42
MI 692-0-DF	7	23
MI 708-0-DF	11/12	81/42
MI 712-8-PA	11/12	80/50
MI 758-4-DF	12	30
MI 817-5-DF	12	40
MI 943-DF	17	35
MS 21.143-1-BA	2	93
MS 22.498-3-BA	2	34
MS 23.671-0-PE	4	80
MS 23.912-3-RJ	5	197
MS 24.008-3-DF	9	91
MS 24.414-3-DF	7	107
MS 24.875-1-DF	10	133
MS 24.913-7-DF	8	78
MS 25.151-DF	20	196
MS 25.191-3-DF	9	90
MS 25.326-6-DF	9	118
MS 25.496-3-DF	9	124
MS 25.763-6-DF	10	154
MS 25.938-8-DF	12	97
MS 25.979-5-DF	10	146
MS 26.117-0-MS	14	24
MS 28.133-DF	13	143
MS 28.137-DF	13	53

N. do Julgado	Volume	Página
MS 28.393-MG	17	157
MS 28.801-DF	14	83
MS 28.871-RS	14	101
MS 28.965-DF	15/19	96/28
MS 31.096-DF	16	112
MS 31.375-DF	17	153
MS 31.477-DF	19	151
MS 32.753-DF	19	130
MS 32.912-DF	18	20
MS 33.456-DF	19	109
MS 33.853-DF	19	136
MS 34.316-DF	20	229
MSMC 21.101-DF	1	38
MCMS 24.637-5-DF	7	98
Petição 1.984-9-RS	7	177
Petição 2.793-1-MG	6	226
Petição 2.933-0-ES	7	54
Petição 5.084-SP	19	70
QO-MI 712-8-PA	11	79
RE 109.085-9-DF	3	127
RE 109.450-8-RJ	3	75
RE 109.723-0-RS	10	71
RE 113.032-6-RN	6	70
RE 117.670-9-PB	2	160
RE 118.267-9-PR	1	76
RE 126.237-1-DF	4	110
RE 131.032-4-DF	1	80
RE 134.329-0-DF	3	82
RE 141.376-0-RJ	5	93
RE 144.984-5-SC	2	111
RE 146.361-9-SP	3	76
RE 146.822-0-DF	1	52
RE 150.455-2-MS	3	104
RE 157.057-1-PE	3	81
RE 158.007-1-SP	6	188
RE 158.007-1-SP	6	188
RE 158.448-3-MG	2	164
RE 159.288-5-RJ	1	52

N. do Julgado	Volume	Página
RE 165.304-3-MG	5	194
RE 172.293-2-RJ	2	92
RE 175.892-9-DF	4	132
RE 176.639-5-SP	1	68
RE 181.124-2-SP	2	163
RE 182.543-0-SP	1	62
RE 183.883-3-DF	3	24
RE 183.884-1-SP	3	115
RE 187.229-2-PA	3	114
RE 187.955-6-SP	3	114
RE 189.960-3-SP	5	44
RE 190.384-8-GO	4	36
RE 190.844-1-SP	4	60
RE 191.022-4-SP	1	68
RE 191.068-2-SP	11	44
RE 193.579-1-SP	7	47
RE 193.943-5-PA	2	130
RE 194.151-1-SP	2	109
RE 194.662-8-BA	5/6/19	37/69/104
RE 194.952-0-MS	5	117
RE 195.533-3-RS	2	33
RE 196.517-7-PR	5	57
RE 197.807-4-RS	4	32
RE 197.911-9-PE	1	74
RE 198.092-3-SP	1	66
RE 199.142-9-SP	4	57
RE 200.589-4-PR	3	64
RE 201.572-5-RS	5	157
RE 202.063-0-PR	1	59
RE 202.146-6-RS	3	130
RE 203.271.9-RS	2	95
RE 204.126-2-SP	6	187
RE 204.193-9-RS	5	156
RE 205.160-8-RS	3	77
RE 205.170-5-RS	2	48
RE 205.701-1-SP	1	36
RE 205.815-7-RS	1	27
RE 206.048-8-RS	5	195

N. do Julgado	Volume	Página
RE 206.220-1-MG	3	74
RE 207.374-1-SP	2	109
RE 207.858-1-SP	3	67
RE 209.174-0-ES	2	149
RE 210.029-1-RS	7	47
RE 210.069-2-PA	3	132
RE 210.638-1-SP	2	123
RE 212.118-5-SP	5	59
RE 213.015-0-DF	6	134
RE 213.111-3-SP	7	47
RE 213.244-6-SP	2	40
RE 213.792-1-RS	2	98
RE 214.668-1-ES	7/10	47/75
RE 215.411-3-SP	5	30
RE 215.624-8-MG	4	106
RE 216.214-1-ES	4	142
RE 216.613-8-SP	4	52
RE 217.162-2-DF	3	125
RE 217.328-8-RS	4	50
RE 217.335-5-MG	4	43
RE 219.434-0-DF	6	19
RE 220.613-1-SP	4	31
RE 222.334-2-BA	5	25
RE 222.368-4-PE	6	124
RE 222.560-2-RS	2/6	51/32
RE 224.667-9-MG	3	38
RE 225.016-1-DF	5	113
RE 225.488-1-PR	4	33
RE 225.872-5-SP	8	33
RE 226.204-6-DF	6	30
RE 226.855-7-RS	4	17
RE 227.410-9-SP	4	13
RE 227.899-8-MG	2	17
RE 228.035-7-SC	7	122
RE 230.055-1-MS	3	59
RE 231.466-5-SC	6	54
RE 232.787-0-MA	3	79
RE 233.664-9-DF	5	40

N. do Julgado	Volume	Página
RE 233.906-2-RS	9	86
RE 234.009-4-AM	3	110
RE 234.068-1-DF	8	109
RE 234.186-3-SP	5	23
RE 234.431-8-SC	10	68
RE 234.535-9-RS	5	60
RE 235.623-8-ES	9	75
RE 235.643-9-PA	4	36
RE 236.449-1-RS	3	131
RE 237.965-3-SP	4	34
RE 238.737-4-SP	2	44
RE 239.457-5-SP	6	22
RE 240.627-8-SP	3	53
RE 241.372-3-SC	5	142
RE 243.415-9-RS	4	178
RE 244.527-4-SP	3	129
RE 245.019-7-ES	3	65
RE 247.656-1-PR	5	29
RE 248.278-1-SC	10	151
RE 248.282-0-SC	5	123
RE 248.857-7-SP	6	167
RE 249.740-1-AM	3	75
RE 252.191-4-MG	5	158
RE 254.518-0-RS	4	171
RE 254.871-5-PR	5	29
RE 256.707-8-RJ	9	53
RE 257.063-0-RS	5	152
RE 257.836-3-MG	6	82
RE 259.713-9-PB	5	120
RE 260.168-3-DF	4	179
RE 261.344-4-DF	6	194
RE 263.381-0-ES	6	25
RE 264.299-1-RN	4	100
RE 264.434-MG	14	22
RE 265.129-0-RS	4	37
RE 273.347-4-RJ	4	46
RE 275.840-0-RS	5	122
RE 278.946-1-RJ	8	19

N. do Julgado	Volume	Página
RE 281.297-8-DF	5	26
RE 284.627-9-SP	6	18
RE 284.753-6-PA	6	183
RE 287.024-2-RS	8	35
RE 287.925-8-RS	8	20
RE 289.090-1-SP	5	44
RE 291.822-9-RS	10/15	76/53
RE 291.876-8-RJ	5	155
RE 292.160-2-RJ	5	77
RE 293.231-1-RS	5	78
RE 293.287-6-SP	6	85
RE 293.932-3-RJ	5	86
RE 299.075-5-SP	5	130
RE 305.513-9-DF	6	83
RE 308.107-1-SP	5	147
RE 311.025-0-SP	6	181
RE 318.106-8-RN	9	78
RE 329.336-2-SP	6	17
RE 330.834-3-MA	6	177
RE 333.236-8-RS	6	145
RE 333.697-5-CE	6	20
RE 340.005-3-DF	6	112
RE 340.431-8-ES	6	53
RE 341.857-2-RS	6	192
RE 343.183-8-ES	6	178
RE 343.144-7-RN	6	176
RE 344.450-6-DF	9	109
RE 345.874-4-DF	6	158
RE 347.946-6-RJ	6	198
RE 349.160-1-BA	7	87
RE 349.703-RS	12	131
RE 350.822-9-SC	7	131
RE 351.142-4-RN	9	81
RE 353.106-9-SP	6	67
RE 356.711-0-PR	9	62
RE 362.483-1-ES	8	17
RE 363.852-1-MG	9	146
RE 368.492-2-RS	7	134

N. do Julgado	Volume	Página
RE 369.779-0-ES	7	17
RE 369.968-7-SP	8	39
RE 370.834-MS	15	63
RE 371.866-5-MG	9	40
RE 372.436-3-SP	7	188
RE 378.569-9-SC	7	126
RE 381.367-RS	14/15/20	111/93/222
RE 382.994-7-MG	9	18
RE 383.074-1-RJ	8	164
RE 383.472-0-MG	7	39
RE 387.259-1-MG	7	57
RE 387.389-0-RS	7	71
RE 390.881-2-RS	7	136
RE 392.303-8-SP	6	26
RE 392.976-3-MG	8	85
RE 394.943-8-SP	9	55
RE 395.323-4-MG	6	38
RE 396.092-0-PR	7	28
RE 398.041-0-PA	10	40
RE 398.284-2-RJ	12	19
RE 403.832-3-MG	7	56
RE 405.031-5-AL	12	91
RE 414.426-SC	15	21
RE 415.563-0-SP	9	151
RE 419.327-2-PR	9	43
RE 420.839-DF (AgR)	16	97
RE 428.154-PR	19	84
RE 430.145-8-RS	10	136
RE 439.035-3-ES	12	17
RE 441.063-0-SC	9	60
RE 444.361-9-MG	9	56
RE 445.421-1-PE	10	167
RE 449.420-5-PR	9	192
RE 451.859-7-RN	11	73
RE 459.510-MT	13/19	81/101
RE 464.971-MG	15	81
RE 466.343-1-SP	11/12	134/131
RE 477.554-MG	15	98

N. do Julgado	Volume	Página
RE 478.410-SP	14	116
RE 485.913-3-PB	10	131
RE 503.415-5-SP	11	60
RE 505.816-6-SP	11	37
RE 507.351-3-GO	11	58
RE 519.968-1-RS	11	29
RE 545.733-8-SP	11	17
RE 548.272-3-PE	11	119
RE 553.159-DF	13	31
RE 555.271-3-AM	11	121
RE 556.664-1-RS	12	87
RE 563.965-RN	13	140
RE 569.056-3-PA	12	81
RE 569.815-7-SP	11	55
RE 570.177-8-MG	12	28
RE 570.908-RN	13	139
RE 572.052-RN	13	151
RE 578.543-MT	13/17	99/134
RE 579.648-5-MG	12	58
RE 583.050-RS	17	95
RE 586.453-SE	17	95
RE 590.415-SC	19	64
RE 593.068-SC	19	167
RE 595.315-RJ	16	110
RE 595.326-PE	15	88
RE 595.838-SP	18	29
RE 596.478-RR	16	24
RE 597.368-RE	13/17	99/134
RE 598.998-PI	17	41
RE 599.362-RS	20	19
RE 600.091-MG	13/15	77/59
RE 603.191-MT	15	90
RE 603.583-RS	15	105
RE 606.003-RS	16	81
RE 607.520-MG	15	62
RE 609.381-GO	18	133
RE 627.294-PE	16	107
RE 629.053-SP	15/16	17/28

N. do Julgado	Volume	Página
RE 630.137-RS	14	114
RE 630.501-RS	17	160
RE 631.240-MG	18	141
RE 632.853-CE	19	113
RE 634.093-DF	15	19
RE 635.023-DF	15	21
RE 635.739-AL	18	115
RE 636.553-RS	15	79
RE 638.483-PB	15	60
RE 643.978-DF	19	67
RE 650.898-RS	15	71
RE 652.229-DF	15	75
RE 656.860-MT	18	139
RE 657.989-RS	16	98
RE 658.312-SC	18	37
RE 661.256-SC	15	93
RE 666.256-SC	18/20	145/222
RE 675.978-SP	19	137
RE 693.456-RJ	20	117
RE 724.347-DF	19	137
RE 778.889-PE	18/20	53/224
RE 786.540-DF	20	XXX
RE 788.838-RS	18	105
RE 795.467-SP	18	19
RE 816.830-SC	19	40
RE 827.833-SC	20	222
RE 852.796-RS	19	169
RE 895.759-PE	20	156
RE 898.450-SP	19/20	138/28
RE (Edu) 146.942-1-SP	6	108
RCL. 743-3-ES	8	72
RCL. 1.728-1-DF	5	118
RCL. 1.786-8-SP	5	72
RCL. 1.979-9-RN	6	148
RCL. 2.135-1-CE	9	65
RCL. 2.155-6-RJ	6/8	148/71
RCL. 2.267-6-MA	8	67
RCL. 3.322-8-PB	9	111

N. do Julgado	Volume	Página
RCL. 3.900-5-MG	9	126
RCL. 4.012-7-MT	11	114
RCL. 4.303-7-SP	10	69
RCL. 4.351-PE	19	100
RCL. 4.464-GO	12	78
RCL. 4.489-1-PA	13	129
RCL. 5.381-4-AM	12	65
RCL. 5.381-ED-AM	12/13	109/131
RCL. 5.155-PB	13	29
RCL. 5.543-AgR-GO	13	35
RCL. 5.679-SC	18	118
RCL. 5.698-8-SP	12	35
RCL. 5.758-SP	13	133
RCL. 5.798-DF	12	54
RCL. 6.568-SP	12/13	68/63
RCL. 7.342-9-PA	12	87
RCL. 7.901-AM	14	41
RCL. 8.341-PB	15	86
RCL. 8.388-PE	13	19
RCL. 8.949-SP	13	154
RCL. 10.132-PR	18	70
RCL. 10.160-RN	18	89
RCL. 10.164-SP	14	17
RCL. 10.243-SP	14	56
RCL 10.411-SP	17	99
RCL. 10.466-GO	14	33
RCL. 10.580-DF	14	60
RCL. 10.634-SE	17	65
RCL. 10.776-PR	14	76
RCL. 10.798-RJ	14	51
RCL. 11.218-PR	16	118
RCL. 11.366-MG	15	47
RCL 11.920-SP	18	130
RCL. 11.954-RJ	16	39
RCL. 13.132-RN	16	90
RCL. 13.189-SP	16	19
RCL. 13.348-SP	17	19
RCL. 13.403-MG	16	45

N. do Julgado	Volume	Página
RCL. 13.410-SC	16	83
RCL. 13.477-SP	17	24
RCL. 13.714-AC	18	108
RCL. 14.671-RS	16	50
RCL. 14.996-MG	17	68
RCL. 15.024-RN	18	69
RCL. 15.106-MG	17	68
RCL. 15.342-PR	17	68
RCL. 15.644-MS	17	48
RCL. 15.820-RO	17	86
RCL. 16.535-RJ	17	87
RCL. 16.637-SP	18	55
RCL. 16.868-GO	17	85
RCL. 17.188-ES	18	81
RCL. 17.915-DF	19	122
RCL. 18.506-SP	18	84
RCL. 19.551-DF	19	123
RCL. 19.856-PR	19	114
RCL. 21.008-MG	19	153
RCL. 21.191-RS	19	74
RCL. 22.012-RS	19	48
RCL. 22.986-MG	20	148
RCL. 24.445-RS	20	178
RHC 81.859-5-MG	6	121
RMS 2.178-DF	1	72
RMS 23.566-1-DF	6	41
RMS 21.053-SP	14	49
RMS (EdAgR) 24.257-8-DF	6	211
RMS 28.546-DF	16	30
RMS 28.208-DF	18	123
RMS 32.732-DF	18	115
RO-MS 23.040-9-DF	3	103
RO-MS 24.309-4-DF	7	45
RO-MS 24.347-7-DF	7	105
SEC 5.778-0-EUA	9	156
SL 706-BA	17	81
SS 1.983-0-PE	7	94
SS 4.318-SP	14	100

N. do Julgado	Volume	Página
SÚMULAS DO STF	7	143
SÚMULAS VINCULANTES DO STF	12/18	135/149
TST-RE-AG-AI-RR 251.899/96.7	1	111
TST-RE-AG-E-RR 144.583/94.4	2	50
TST-RE-AG-E-RR 155.923/95.9	1	92
TST-RE-AG-E-RR 286.778/96.5	1	25
TST-RE-AG-RC 343.848/97.8	2	112
TST-RE-AI-RR 242.595/96.2	1	106
TST-RE-AI-RR 242.708/96.5	2	137
TST-RE-AI-RR 286.743/96.7	1	56
TST-RE-AI-RR 299.174/96.7	1	104
TST-RE-AI-RR 305.874/96.8	1	24
TST-RE-AR 210.413/95.3	2	69
TST-RE-AR 278.567/96.5	1	33
TST-RE-ED-AI-RR 272.401/96.3	2	52
TST-RE-ED-E-RR 81.445/93.0	2	155
TST-RE-ED-E-RR 117.453/94.7	1	95
TST-RE-ED-E-RR 140.458/94.8	2	71
TST-RE-ED-E-RR 651.200/00.9	6	35
TST-RE-ED-RO-AR 331.971/96.9	4	102
TST-RE-ED-RO-AR 396.114/97.7	4	122
TST-RE-ED-RO-AR 501.336/98.0	6	164
TST-RE-ED-RO-AR 671.550/2000.2	7	51
TST-RE-E-RR 118.023/94.4	2	153
TST.RE.E.RR 411.239/97.8	7	43
TST-RE-RMA 633.706/2000.6	4	84
TST-RE-RO-AA 385.141/97.6	2	74
TST-RE-RO-AR 209.240/95.6	1	97
TST-RE-RO-DC 284.833/96.1	1	69

ÍNDICE DOS MINISTROS DO STF
PROLATORES DOS JULGADOS CITADOS

VOLUMES 1 A 20
(O primeiro número [em negrito] corresponde ao volume,
e os demais correspondem às páginas iniciais dos julgados)

AYRES BRITTO 7/23; **8**/54; **9**/30, 35, 53, 78, 102; **10**/23, 39, 89, 99, 102, 131; **11**/29, 37; **12**/65, 11, 131; **13**/ 29, 78, 131; **14**/26, 70; **15**/93 **16**/57; **17**/107

CARLOS VELLOSO 1/27, 62, 66, 79, 102; **2**/17, 19, 101; **3**/39, 59, 125; **5**/26, 86, 152, 156; **6**/30, 32, 54, 83, 91, 117, 121, 158, 167, 171, 176, 178, 192, 226; **7**/17, 48, 54, 67, 109, 118, 122, 134, 136; **8**/103, 104, 110, 114; **9**/ 79, 120, 122, 126, 151; **10**/154; **14**/49

CÁRMEN LÚCIA 10/129; **11**/21, 32, 40, 61, 63, 135; **12**/58, 68, 78, 97; **13**/19, 98, 129, 133, 139, 140, 154; **14**/22, 33, 41; **15**/37, 65; **16**/112; **17**/29, 68, 85, 86, 153; **18**/88, 126; **19**/38, 74, 137

CÉLIO BORJA 1/37

CELSO DE MELLO 1/19, 38, 50, 86; **2**/60, 109, 115; **3**/36, 86; **4**/15, 146; **5**/15, 39, 70, 164, 170, 187, 192; **6**/26, 95, 102, 124, 145, 162, 183, 200, 212; **7**/19, 53, 66, 89, 116, 183, 188; **8**/39, 43, 61, 78; **9**/25, 40, 45, 68, 75, 112, 132, 156; **10**/64, 76, 90, 92, 140, 159, 171, 182, 186; **11**/83; **12**/89; **13**/91, 132; **14**/71, 83; **15**/19, 21, 98; **16**/90; **17**/113; **18**/55, 84, 115; **19**/62; **20**/163

CEZAR PELUSO 7/106; **8**/35, 58, 68, 99, 117, 121; **9**/19, 43, 56, 63, 83, 116; **10**/71, 95, 115, 136, 167; **11**/35, 55, 121, 129, 134; **12**/131; **13**/81; **14**/100; **15**/60, 69, 73; **17**/95

DIAS TOFFOLI 13/77; **14**/101; **15**/55, 59, 62; **16**/24, 39, 45, 77, 97; **17**/90, 99; **18**/29, 37, 67, 81, 99, 127; **19**/ 39, 48, 89, 100, 101, 130, 136, 151, 169, 173; **20**/19, 117, 178, 201, 222

ELLEN GRACIE 5/117, 157, 197; **6**/17, 18, 38, 119, 157, 170, 187, 211; **7**/57, 88, 108, 176; **8**/16, 19, 20, 88, 91, 121; **9**/53, 65, 78, 81, 90, 109; **10**/104, 151, 163; **11**/68, 76; **12**/26, 50, 54, 101; **13**/87, 99; **14**/76; **15**/21, 86, 90; **17**/134, 160

EROS ROBERTO GRAU 8/26, 45, 48; **9**/55, 60, 110, 111, 124; **10**/59, 143, 154; **11**/57, 58, 73, 79, 80, 123; **12**/101; **13**/63, 70; **14**/24, 116

GILMAR MENDES 6/148; **7**/58, 74, 120, 131; **8**/41, 65, 69, 71; **9**/26, 92, 147; **10**/98, 108, 118; **11**/19, 52, 80, 81, 101, 129; **12**/14, 42, 87, 107; **13**/31; **14**/17, 38, 51, 69, 121; **15**/45, 75, 79, 96; **16**/63, 118; **17**/19, 35, 58; **18**/36, 70, 83, 115, 118; **19**/ 19, 28, 98, 113, 123; 20/21, 62, 196

ILMAR GALVÃO 1/46, 60, 68, 76, 77; **2**/31, 34, 90; **3**/29; **4**/31, 37, 49, 59, 148, 175; **5**/29, 127, 142; **6**/20, 53, 60, 112, 160, 177, 181, 196, 198; **7**/22, 137

JOAQUIM BARBOSA 7/57; **8**/44, 51, 72, 85; **9**/17, 98, 130, 142; **10**/32, 35, 40, 75, 103, 151; **11**/44, 65; **12**/21; **13**/67, 143; **14**/114; **15**/35, 83; **16**/99, 110

LUÍS ROBERTO BARROSO 17/43, 65; **18**/34, 53, 141, 145; **19**/64, 84, 114, 137, 167; **20**/189, 224

LUIZ FUX 16/27, 66, 107; **17**/48, 74, 87, 107, 157, 158; **18**/20, 69, 70, 95, 123, 137; **19**/42, 46, 72, 85, 138, 156; **20**/28, 148

MARCO AURÉLIO 1/115; **2**/15, 23, 36, 40, 45, 48, 51, 64, 79, 81, 86, 92, 93, 96, 102, 106, 111, 125, 132, 139, 150, 164; **3**/15, 20, 26, 30, 35, 38, 40, 43, 46, 50, 56, 67, 71, 74, 81, 90, 94, 104, 105, 107, 110, 112, 114, 121, 125; **4**/28, 69, 74, 80, 87, 91, 96, 100, 106, 124, 129, 136, 139, 167, 173; **5**/37, 44, 51, 58, 59, 60, 64, 79, 82, 95, 122, 123, 143; **6**/69, 108, 133, 214; **7**/28, 40, 45, 71, 80, 94, 103, 113, 177; **8**/28, 44, 72, 76, 155, 164; **9**/18, 67, 70, 71, 118, 146; **10**/36, 69, 84; **11**/17, 60, 114, 119, 127; **12**/30, 91, 131; **13**/ 53, 83; **14**/111; **15**/17, 47, 53, 63, 71, 81, 88, 93, 105; **16**/28, 30, 81, 98, 100; **17**/53, 129, 160; **18**/108; **19**/70, 83, 91, 104, 109, 128, 153

MAURÍCIO CORRÊA 1/36; **2**/120; **3**/53, 63, 131, 132; **4**/43, 78, 109, 179; **5**/25, 72, 76, 78, 158; **6**/22, 67, 82, 114, 148, 197; **7**/34, 39, 41, 69, 90, 105, 126, 174, 181; **9**/154

MENEZES DIREITO 12/19, 81, 84

MOREIRA ALVES 2/32, 34, 123, 163; **3**/64, 76, 113; **4**/13, 17, 18, 19, 33, 34, 108; **5**/35, 125, 130, 153; **6**/19, 25, 41, 49

NELSON JOBIM 4/51, 52, 58, 60, 163; **5**/40, 58, 195; **7**/60, 61, 93, 128; **8**/22, 67, 92; **9**/94; **10**/139

NÉRI DA SILVEIRA 1/17, 41, 85; **2**/55, 109, 130, 160; **3**/24, 79, 82, 103, 117, 127; **4**/47, 72, 85, 132; **5**/30, 44, 47, 93, 118, 135, 147, 163; **6**/70, 86, 134, 189

OCTAVIO GALLOTTI 1/59, 74; **2**/33, 77, 95, 98; **3**/130; **4**/32, 35, 50, 105; **5**/194; **11**/49

PAULO BROSSARD 1/52

RICARDO LEWANDOWSKI 10/96, 141; **11**/23, 103; **12**/28, 35, 63, 115; **13**/33, 59, 151; **14**/56, 75; **15**/83; **16**/50, 65, 83; **17**/24, 38, 41, 46, 81, 90, 149; **18**/31, 89, 105; **19**/123; **20**/184

ROSA WEBER 16/34, **17**/95

SEPÚLVEDA PERTENCE 1/72, 80; **2**/24, 124, 149, 165; **3**/13, 18, 66, 75, 101, 114, 115; **4**/36, 46, 71, 110, 165, 170, 177; **5**/23, 54, 77, 120; **6**/59, 109, 115, 194; **7**/26, 56, 85, 87, 98, 182; **8**/33, 75, 85, 87, 109; **9**/20, 28, 38, 58, 75, 88, 91, 105, 106, 137; **10**/19, 60, 68, 110, 133, 146

SYDNEY SANCHES 1/40, 100; **3**/75, 77, 88, 129; **4**/44, 142, 171; **5**/42, 56, 113, 128; **7**/46, 132, 139

TEORI ZAVASCKI 16/55; **17**/134, 137; **18**/19, 76, 103, 130, 133, 139, 143; 19/66, 67, 99, 121, 141; **20**/156, 195, 229

ÍNDICE TEMÁTICO

VOLUMES 1 A 20
(O primeiro número corresponde ao volume, e o segundo,
à página inicial do julgado)

Abandono de emprego, 16/30

Abono
De permanência, 19/109
Salarial, 19/19

Ação civil pública, 3/74, 7/43, 8/65, 9/95

Ação coletiva. Órgão de jurisdição nacional, 6/41

Ação de cumprimento
Competência da Justiça do Trabalho. Contribuições, 1/79
Incompetência da Justiça do Trabalho. Litígio entre sindicato e empresa, anterior à Lei n. 8.984/95, 1/80

Ação penal, 18/123

Ação rescisória
Ação de cumprimento de sentença normativa, 7/51
Autenticação de peças, 9/38
Indeferimento de liminar para suspender execução, 4/69
Medida cautelar. Planos econômicos, 3/90
URP. Descabimento, 5/51

Acesso à Justiça
Celeridade, 9/45

Gratuidade, 10/89
Presunção de miserabilidade, 2/101

Acidente do trabalho
Competência, 7/56, 8/39, 9/40, 9/53, 9/55, 13/77, 15/59, 15/60
Responsabilidade do empregador, 6/187
Rurícola, 6/188
Seguro, 7/131

Acórdão, 14/69

Adicional de insalubridade
Aposentadoria. Tempo de serviço, 7/134, 11/17
Base de cálculo, 2/15, 3/13, 7/17, 10/19, 11/17, 12/17, 13/19, 14/17, 16/19, 17/19
Caracterização, 6/17
Vinculação ou não ao salário mínimo, 4/13, 6/18, 7/17, 12/17, 17/24

Adicional de periculosidade
Base de cálculo, 17/38
Eletricitário, 17/38
Fixação do *quantum*. Inexistência de matéria constitucional, 3/15
Percepção. Inexistência de matéria constitucional, 4/15

ADIn
Agências reguladoras. Pessoal celetista, 5/95
Aprovação em concurso público, 9/76
Ascensão funcional, 9/79
Associação. Ilegitimidade ativa, 5/163, 9/25
Auxílio-doença, 9/17
Comissão de Conciliação Prévia, 11/49
Confederação. Legitimidade, 3/35 5/163
Conselho Nacional de Justiça, 9/83
Conselho Superior do Ministério Público, 9/88
Depósito prévio. INSS, 11/123
Dissídio coletivo, 11/35
Efeito vinculante, 8/61
Emenda Constitucional, 4/163, 4/164, 9/83
Entidade de 3º grau. Comprovação, 6/49
Estatuto da Advocacia, 9/154

Federação. Legitimidade, 3/36
Férias coletivas, 9/93
Ilegitimidade, 19/85
Licença-maternidade. Valor, 7/132
Normas coletivas. Lei Estadual, 10/59
Omissão legislativa, 5/170
Parcela autônoma de equivalência, 5/187
Perda de objeto, 7/41
Precatórios, 11/63
Propositura, 3/35
Provimento n. 5/99 da CGJT. Juiz classista. Retroatividade, EC n. 24/99, 7/93
Reedição. Aditamento à inicial, 3/125
Recuperação de empresas, 11/23
Recurso administrativo, 11/65
Salário mínimo. Omissão parcial. Valor, 7/19
Servidor público, 9/94, 11/73
Sindicato, 19/85
Superveniência de novo texto constitucional, 4/167
Trabalho temporário, 9/111, 11/114
Transcendência, 11/67

Adolescente. Trabalho educativo, 2/21

ADPF, 8/155

Advocacia/Advogado, 7/174
Dativo, 15/62
Direito de defesa, 14/71
Estatuto da, 9/154
Público, 20/189
Revista pessoal, 8/41
Sustentação oral, 14/75

Agente fiscal de renda, 14/100

Agravo de Instrumento
Autenticação, 3/71, 8/43
Formação, 2/102, 8/43

Inviabilidade de recurso extraordinário, 5/54
Petição apócrifa, 8/42

Agravo Regimental, 7/53

Anencefalia, 8/155

Antecipação de tutela. Competência, 7/54

Aposentadoria, 1/46
  Acumulação, 20/196
  Adicional de insalubridade, 7/134
  Aluno-aprendiz, 19/151
  Anulação, 15/79
  Aposentadoria complementar, 19/89
  Aposentadoria compulsória, 20/201
  Aposentadoria especial, 19/153
  Aposentadoria voluntária, 8/114, 10/23, 13/154
  Auxílio-alimentação, 3/130, 5/143, 6/192
  Complementação, 10/98, 11/52, 12/109, 13/78, 16/118
  Congressistas, 16/112
  Continuidade da relação de emprego, 2/31, 7/22, 9/137, 9/142
  Contribuição para caixa de assistência, 15/81
  Contribuição previdenciária, 15/86
  Desaposentação, 14/111, 18/145, 20/222
  Décimo terceiro salário, 19/62
  Dispensa, 19/64
  Empregado público, 18/118
  Especial, 18/137
  Estágio probatório, 8/110
  Férias, 6/194
  Férias não gozadas. Indenização indevida, 3/127
  Férias proporcionais, 8/109
  Funrural, 9/146
  Gratificação de Natal, 5/135, 16/112
  Inativos, 8/121
  Invalidez, 18/139
  Isonomia, 14/33
  Juiz classista, 2/34, 6/196, 7/137

Magistrado, 9/90, 9/91
Notário, 12/1
Policial civil, 20/196
Por idade, 15/83
Proventos, 5/142, 16/107
Servidor de Embaixada do Brasil no exterior, 10/167
Tempo de serviço. Arredondamento, 6/197
Trabalhador rural, 2/33, 7/136, 9/146, 9/147
Uso de EPI, 18/137
Vale-alimentação, 5/143
Verbas rescisórias, 13/29
V. Benefícios previdenciários
V. Previdência social

Aprendiz, 19/28, 151

Arbitragem, 4/169

Artista, 17/29

Assinatura digitalizada, 6/211, 10/90

Assistência social, 5/147

Associação. Liberdade, 7/182, 15/53

Autenticação de peças, 2/104, 4/91

Auxílio-doença, 9/17

Aviso-prévio, 17/35

Avulso
Competência, 9/43
Contribuição previdenciária, 19/169
Horas extras, 19/74
Reintegração, 2/36

Benefícios previdenciários
Concessão via judicial, 18/141
Conversão, 5/152
Correção, 5/155

Mais vantajosos, 17/160
Marido. Igualdade, 5/156
Reajuste, 18/143
Vinculação ao salário mínimo, 6/198
V. Aposentadoria e contrato de trabalho
V. Previdência social

Biossegurança, 12/121

Camelôs, 13/70

Cartórios
Adicional por tempo de serviço, 9/75
Aposentadoria, 12/107
Concurso público, 9/75

Células-tronco, 12/121

Certidão Negativa de Débito Trabalhista, 16/77

C.N.J., 20/229

CIPA
Suplente. Estabilidade, 2/40, 11/19

Comissão de Conciliação Prévia, 13/83

Competência
Ação civil pública. Meio ambiente do trabalho, 3/74
Ação civil pública. Servidor público, 9/95
Acidente do trabalho, 7/56, 9/40, 9/53, 9/55, 11/57, 15/59, 15/60
Advogado dativo, 15/62
Aposentadoria, 12/107, 12/109, 19/89
Avulso, 9/56
Complementação de aposentadoria, 10/98, 11/52
Contribuição sindical rural, 11/55
Contribuição social, 11/29
Contribuições previdenciárias,15/86
Danos morais e materiais, 7/57, 9/53, 9/55, 9/56
Demissão, 9/105
Descontos indevidos, 3/75

Descontos previdenciários, 3/75, 5/57
Direitos trabalhistas. Doença profissional, 6/102
Duplicidade de ações, 8/48
Empregado público federal, 7/58
Falência, 6/119
Gatilho salarial. Servidor celetista, 6/108
Greve, 17/81
Greve de servidor público, 9/110, 13/63, 16/65
Greve. Fundação pública, 11/37
Habeas corpus, 6/121, 9/58
Indenização por acidente de trabalho, 5/58
Juiz de Direito investido de jurisdição trabalhista, 6/109, 8/51
Justiça do Trabalho, 2/108, 3/74, 4/71, 10/60, 10/98, 13/77, 19/99, 101
Justiça Estadual comum. Servidor estadual estatutário, 3/79, 13/63, 19/91, 100
Justiça Federal, 5/56, 19/89, 20/163
Legislativa. Direito do Trabalho, 3/81
Matéria trabalhista, 7/56
Mudança de regime, 6/112
Penalidades administrativas, 11/57
Pré-contratação, 18/103
Previdência complementar, 17/95
Relação jurídica regida pela CLT, 5/59
Representante comercial, 16/81
Residual, 5/56, 6/91
Revisão de enquadramento, 6/114
Segurança, higiene e saúde do trabalhador, 9/71
Sentença estrangeira, 9/156
Servidor com regime especial, 12/63
Servidor estadual celetista, 3/76, 4/71, 8/45
Servidor público. Emenda n. 45/2004, 9/94, 10/95
Servidor público federal. Anterioridade à Lei n. 8112/90, 4/72
Servidor temporário. Incompetência, 3/76, 11/114, 13/129, 16/100
Trabalho do menor, 19/91
Trabalho forçado, 19/101; 20/163
TST e Juiz estadual, 10/92

Concurso público
  Aprovação. Direito à nomeação, 9/78
  Ascensão funcional, 9/79
  Banca examinadora, 19/113
  Cartório, 9/75
  Cláusula de barreira, 18/115
  Direito à convocação, 3/103
  Edital, 9/78
  Emprego público, 4/129
  Escolaridade, 8/85
  Exigência de altura mínima, 3/104, 5/117
  Inexistência. Reconhecimento de vínculo, 3/104
  Investidura em serviço público, 4/131
  Isonomia, 9/81
  Limite de idade, 3/107, 9/80
  Necessidade para professor titular, 3/110
  Poder Judiciário. Não interferência, 19/113
  Portador de deficiência, 18/115
  Preterição, 5/118
  Professor, 18/127
  Sistema "S", 16/55
  Sociedade de economia mista. Acumulação de cargo público, 5/93
  Suspensão indeferida, 7/94
  Tatuagem, 20/28
  Triênio, 9/116, 9/118, 9/122, 9/124, 9/126, 9/130, 9/132
  V. Servidor público

Conselho Nacional de Justiça, 9/83, 14/83

Conselho Nacional do Ministério Público, 9/88, 14/101

Conselhos profissionais
  Exigência de concurso público, 18/20
  Ilegitimidade para propositura de ADC, 18/95
  Ilegitimidade para propositura de ADPF, 18/99
  Regime de contratação, 19/38
  SENAR, 19/40

Contadores, 15/53

Contribuição fiscal, 4/73

Contribuição social, 5/158, 6/200, 11/29, 11/119
PIS/PASEP, 20/19

Contribuições para sindicatos
V. Receita sindical

Contribuições previdenciárias, 4/73, 12/81, 14/114, 15/86, 15/88, 15/89, 16/110, 19/167, 169

Convenção n. 158/OIT, 1/31, 2/59, 5/15, 7/34, 8/17, 19/42
V. Tratados internacionais

Cooperativas de trabalho, 11/29, 13/67, 16/34, 16/110, 18/29; 20/19

Copa. Lei Geral, 18/31

Correção de débitos, 20/178

CPC, 20/184

Crédito previdenciário, 11/121

Crime de desobediência, 9/70

CTPS, anotação, 19/70

Dano moral, 2/44, 4/33
  Acidente do trabalho, 9/53, 15/59
  Base de cálculo, 9/18, 9/23, 11/19
  Competência. Justa causa, 9/53
  Competência Justiça do Trabalho, 9/53
  Competência. Justiça Estadual, 9/55
  Fixação do *quantum*, 10/32, 11/21
  Indenização. Descabimento, 3/20

Débitos trabalhistas, 19/48

Décimo terceiro salário, 19/62

Declaração de inconstitucionalidade
  Efeitos, 12/86
  Reserva de plenário, 13/87, 15/47

Deficiente
V. Portador de necessidades especiais

Depositário infiel, 4/77, 6/212, 11/29, 12/131, 13/91

Depósito prévio. Débito com INSS, 11/65

Desaposentação, 14/111, 15/93, 20/222

Detetive particular
Anotação na CTPS. Mandado de injunção. Descabimento, 7/23

Direito à saúde, 14/114

Direito à vida, 5/192

Direito processual, 2/99, 3/69, 4/67, 5/49, 6/89, 7/49, 8/37, 9/33, 10/87, 11/47, 12/61, 13/75, 14/67, 15/57, 16/75, 17/93, 18/93, 19/87, 20/161
Celeridade, 9/45
Prescrição. Períodos descontínuos, 3/88
Rescisória. Medida cautelar. Planos econômicos, 3/90

Direitos coletivos, 1/47, 2/67, 3/33, 4/39, 5/33, 6/39, 7/37, 8/31, 9/23, 10/57, 11/27, 12/33, 13/61, 14/47, 15/51, 16/61, 17/79, 18/79, 19/81, 20/59
Confederação. Desmembramento, 4/49
  Direito de associação, 15/51
Desmembramento de sindicato. Alcance do art. 8º, II, da CR/88, 3/64, 15/53
Desmembramento de sindicato. Condições, 3/65
Federação. Desmembramento, 4/50
Liberdade sindical, 1/49, 3/64, 4/49
Registro sindical, 1/49, 6/82
Sindicato. Desmembramento, 4/51, 15/53
Sindicato e associação. Unicidade sindical, 3/67
Superposição, 4/57
Unicidade sindical, 1,52, 2/92, 3/67

Direitos individuais, 1/15, 2/13, 3/11, 4/11, 5/13, 6/15, 7/15, 8/15, 9/15, 10/17, 11/15, 12/15, 13/17, 14/15, 15/15, 16/17, 17/17, 18/17, 19/17, 20/17

Dirigente sindical
Dirigentes de sindicatos de trabalhadores. Garantia de emprego, 4/41, 10/64
Estabilidade. Sindicato patronal, 4/43
Estabilidade sindical. Registro no MTE, 10/68
Garantia de emprego. Comunicação ao empregador, 3/38
Limitação de número, 3/38
Membro de Conselho Fiscal. Estabilidade, 7/26

Discriminação, 7/176

Dispensa, 14/22

Dissídio coletivo
Ação de cumprimento, 19/84
Autonomia privada coletiva. Representatividade, 4/44
Convenção coletiva. Política salarial, 7/40, 9/26
"De comum acordo", 11/35, 19/83
Desnecessidade de negociação. *Quorum*, 3/43
Dissídio coletivo de natureza jurídica. Admissibilidade, 3/40
Entidade de 3º grau. Necessidade de comprovação de possuir legitimidade para propositura de ADIn, 6/49
Extinção, 19/84
Legitimidade do Ministério Público, 3/46
Negociação coletiva. Reposição do poder aquisitivo, 6/69, 9/26
Negociação prévia. Indispensabilidade, 4/46
Policial civil, 13/63
Quorum real, 4/47

Dívida de jogo, 6/214

Embargos de declaração
Erro de julgamento, 19/104
Prequestionamento. Honorários, 3/86

Emenda Constitucional n. 45/2004, 9/43, 9/45, 9/53, 9/58, 9/83, 9/88, 9/93, 9/94, 9/98, 9/102, 9/116, 9/120, 9/122, 9/124, 9/126, 9/130, 9/132, 9/156, 10/60, 10/95, 10/115, 11/35, 11/37, 11/57, 11/127, 12/47, 12/67, 12/81, 12/84, 12/117, 12/131

Engenheiro
  Inexistência de acumulação, 6/19
  Piso salarial, 6/20, 17/48

Empregado público, 19/114

Entidade de classe. Legitimidade, 9/33

Estabilidade
  Alcance da Convenção n. 158/OIT. Decisão em liminar, 1/31, 2/59, 5/15
  Cargo de confiança. Art. 41, § 1º, da CR/88, e 19, do ADCT, 1/37, 6/54
  Dirigente de associação, 6/53
  Extinção do regime, 5/25
  Gestante, 4/28, 6/26, 8/19, 10/35, 15/17, 16/27, 16/28, 16/97
  Membro de Conselho Fiscal de Sindicato, 7/26
  Servidor de sociedade de economia mista. Art. 173, I, da CR/88, 1/37, 3/113, 10/35
  Servidor não concursado, 10/37
  Servidor público, 3/112, 7/126, 15/75
  Suplente de CIPA. Art. 10, II, a, do ADCT, 1/32, 2/40, 3/18, 11/19

Estagiário, 2/137

Exame de Ordem, 15/105

Exceção de suspeição, 7/61

Execução
  Custas executivas, 3/82
  Execução. Cédula industrial. Penhora. Despacho em RE, 1/104, 2/111
  Impenhorabilidade de bens da ECT. Necessidade de precatório. Despachos em recursos extraordinários, 1/106, 4/87, 5/60, 6/115, 7/60
  Ofensa indireta à Constituição. Descabimento de recurso extraordinário, 6/117, 8/76
  Prazo para embargos de ente público, 13/133, 16/90
  Prescrição, 14/76

Falência
  Crédito previdenciário, 11/21
  Execução trabalhista. Competência do TRF, 6/119

Falta grave
   Estabilidade. Opção pelo FGTS. Desnecessidade de apuração de falta greve para a dispensa, 3/24
   Garantia de emprego. Necessidade de apuração de falta grave, 3/26

Fax
   Recurso por *fax*, 1/114

Fazenda Pública, 11/61

Férias, 6/22, 9/93

FGTS
   Atualização de contas, 7/28, 18/34
   Contrato nulo, 16/24, 19/66
   Contribuição de 10%, 17/43
   Correção monetária. Planos econômicos, 4/17
   Legitimidade, 19/66
   Prescrição, 18/36

Fiador, 9/151

Gestante
   Controle por prazo determinado, 8/20, 16/27
   Desconhecimento do estado pelo empregador, 16/27
   Estabilidade, 15/17, 16/27
   V. Licença-maternidade

Gratificação
   de desempenho, 13/151
   de produtividade, 6/25
   direito à incorporação, 14/24
   especial, 15/69
   pós-férias, 10/39

Gratificação de Natal
   Incidência da contribuição previdenciária, 2/48

Gratuidade, 10/102

Greve
   Abusividade, 2/78, 3/50

Acordo de compensação, 20/117
Advogados públicos, 12/35
ADIn. Perda de objeto, 7/41
Atividade essencial. Ausência de negociação, 2/81
Competência, 17/99
Defensor Público, 18/81
Descontos, 20/117
Fundação pública, 11/37
Ofensa reflexa, 5/39
Peritos do INSS, 20/148
Mandado de injunção, 7/41
Médicos, 17/81
Multa, 2/84, 5/40
Polícia civil, 12/54, 13/63, 17/85, 18/83
Polícia militar, 19/122
Professor, 17/86, 17/87
Regulamentação, 19/121
Servidor Público, 2/90, 6/59, 7/41, 9/110, 10/69, 12/35, 12/39, 12/54, 14/51, 14/56, 14/60, 16/65, 18/84, 19/121

Guardador de carros, 17/46

Habeas corpus, 4/77, 6/121, 9/58

Habeas data, 5/194

Homossexual, 7/177, 10/186, 15/98

Honorários
Advocatícios, 13/98
Periciais, 18/108

Horas extras, 13/3, 18/37, 19/74, 20/21

Idoso, 11/60

Imunidade de jurisdição, 1/40, 6/123, 7/67, 8/58, 13/99, 17/113, 17/129, 17/134

Indenização, 14/22

Infraero, 8/22
    IPC de março/90. Incidência. Poupança, 5/195
    Julgamento. Paridade, 7/90

Instrução Normativa n. 39/TST, 20/184

Juiz classista, 7/93, 7/105, 7/137

Juros
    Taxa de 0,5%, 11/61
    Taxa de 12%, 3/121, 4/71, 9/60

Justiça Desportiva, 12/97

Justiça do Trabalho
    Competência, 2/108, 3/74, 4/71, 9/53, 9/58, 9/71, 15/62, 17/99
    Composição, 4/80
    Desmembramento, 4/85
    Estrutura, 4/80
    Lista de antiguidade, 7/106
    Presidente de TRT, 5/197
    Servidor estadual celetista, 19/99
    V. Poder normativo da Justiça do Trabalho

Legitimidade
    Central sindical, 5/35
    Confederação sindical, 4/59
    Entidade de classe, 9/25
    Sindicato. Legitimidade ativa, 4/60, 7/45

Liberdade sindical, 1/49
    Desmembramento de sindicato. Alcance do art. 8º, II, da CR/88, 3/64, 3/65, 4/49, 4/50, 4/51, 4/57, 6/67, 9/30, 11/44, 15/53
    V. Sindicato
    V. Unicidade sindical

Licença-maternidade, 2/50, 15/19, 16/97, 20/224
    Acordo coletivo, 5/23
    Contrato por prazo determinado, 16/27
    Fonte de custeio, 4/31

Gestante. Estabilidade. Ausência de conhecimento do estado gravídico. Comunicação, 4/28, 6/26, 8/19, 15/19, 16/27
   Horas extras, 6/30
   Mãe adotiva, 4/32, 6/32, 18/53, 20/224
   Valor, 7/132

Litigância de má-fé, 5/63

Magistrado
   Abono variável, 10/118
   Adicional por tempo de serviço, 7/108, 10/129, 17/149
   Afastamento eventual da Comarca, 8/89
   Aposentadoria. Penalidade, 9/90
   Aposentadoria. Tempo de serviço, 9/91
   Docente. Inexistência de acumulação, 8/90, 9/92
   Férias coletivas, 9/93
   Idade, 19/128
   Justiça desportiva, 12/97
   Parcela autônoma de equivalência, 7/109
   Promoção por merecimento, 8/99, 17/153
   Reajuste de vencimentos, 8/103
   Redução de proventos, 10/133
   Remoção, 18/126
   Responsabilidade civil, 7/122
   Tempo de serviço, 9/91, 17/149
   Triênio, 9/116, 9/118, 9/120, 9/122, 9/124, 9/126, 9/130, 9/132
   Vencimentos, 6/183

Mandado de injunção coletivo. Legitimidade, 6/133

Mandado de segurança coletivo, 8/77, 15/63

Médico
   Abandono de emprego, 16/10
   Jornada de trabalho, 8/104, 19/130
   Programa Mais Médicos, 17/53

Medidas provisórias
   ADIn. Reedição. Aditamento à inicial, 3/125

Reedição de Medida Provisória, 2/165
Relevância e urgência, 3/124

Meio ambiente, 10/182, 18/55

Menor, 19/91

Ministério Público
Anotação em CTPS, 19/70
Atuação no STF, 13/131, 13/132
Exercício da advocacia, 14/101
Filiação partidária, 10/139
Interesse coletivo, 6/134
Interesses individuais homogêneos, 7/43
Legitimidade. Ação coletiva, 10/103
Legitimidade. Contribuição assistencial, 8/33

Motorista, 20/21

Músicos, 15/21, 18/19

Negativa de prestação jurisdicional. Ausência, 5/70

Negociação coletiva
Governo Estadual. Inconstitucionalidade, 15/55
Reposição de poder aquisitivo, 6/69, 7/40, 9/26
Ultratividade, 20/61
V. Dissídio coletivo

Norma coletiva
Alcance, 2/69
Invalidade, 20/156
Não adesão ao contrato de trabalho, 11/40
Política salarial, 7/40
Prevalência sobre lei, 5/37
Reajuste, 3/53

Ordem dos Advogados, 10/141, 15/105

Organização internacional
Imunidade de execução, 10/104, 17/134
Imunidade de jurisdição, 13/99, 17/134

P.A.C., 17/137

Pacto de São José da Costa Rica, 7/183, 11/127, 11/129, 11/134, 12/131
V. Tratados internacionais

Participação nos lucros, 12/19

Pensão alimentícia, 19/173

P.D.V., 17/58

Planos econômicos
FGTS. Correção monetária, 4/17
Rescisória. Medida cautelar, 3/90
Violação ao art. 5º, II, da CR/88, 1/17

Poder normativo da Justiça do Trabalho, 6/70
Cláusulas exorbitantes, 10/71
Concessão de estabilidade, 1/76
Conquistas, 1/77
Limitações, 1/74
V. Justiça do Trabalho

Policial civil
Abono de permanência, 20/195

Policial militar
Advogado, 18/67
Greve, 19/122
Relação de emprego, 9/20

Portador de necessidades especiais, 6/35

Precatório, 1/106, 2/112, 4/87, 4/96, 5/60, 5/72, 6/145, 7/60, 7/169, 9/62, 11/63, 12/89
Art. 100, § 3º, da Constituição, 6/145, 11/63
Autarquia, 9/62

Correção de cálculos, 8/67
Crédito trabalhista. Impossibilidade de sequestro, 5/72
Instrução normativa n. 11/97-TST. ADIn, 5/75, 7/69
Juros de mora. Atualização, 8/68
Juros de mora. Não incidência, 7/80
Obrigação de pequeno valor. Desnecessidade de expedição, 5/77, 7/71, 9/63
Sequestro, 6/147, 6/148, 7/74, 8/69, 8/71, 8/72, 9/65

Prefeito e Vice-Prefeito
Férias, 13º salário, representação, 15/71

Preposto, 7/85

Prequestionamento, 2/123, 5/79, 6/157, 7/87

Prescrição
Efeitos, 7/88
Execução, 14/76
Extinção do contrato de trabalho, 6/158
Ministério Público. Arguição, 4/100
Mudança de regime, 4/136
Períodos descontínuos, 3/88
Regra geral, 6/160, 10/108
Trabalhador rural, 4/102

Prestação jurisdicional, 2/125

Previdência Complementar, 17/95

Previdência Social, 3/127, 4/173, 5/135, 6/185, 7/129, 9/135, 10/165, 11/117, 12/105, 13/149, 14/109, 15/77, 16/105, 18/135, 19/149, 20/193
Anulação de aposentadoria, 15/79
Aposentadoria. Complementação. Petrobras, 4/173
Aposentadoria. Férias não gozadas. Indenização indevida, 3/127
Aposentadoria voluntária, 8/114
Assistência social, 5/147
Auxílio-alimentação. Extensão a aposentados, 3/130, 5/143
Benefícios. Impossibilidade de revisão, 3/128, 4/175, 5/152
Benefícios mais vantajosos, 17/160

Cálculo de benefícios, 7/139
Contribuição. Aposentados e pensionistas, 4/177, 5/158, 8/121, 13/154, 15/81
Contribuição para caixa de assistência, 15/81
Direito adquirido. Aposentadoria. Valor dos proventos, 4/178
Gratificação de Natal, 5/135
Trabalhador rural. Pensão por morte, 3/130
União homoafetiva, 15/98
V. Aposentadoria e contrato de trabalho
V. Benefícios previdenciários

Prisão civil, 7/183
Agricultor, 11/127
Depositário infiel, 4/77, 6/212, 11/129, 12/131
Devedor fiduciante, 11/127, 12/131
Leiloeiro, 11/129

Procedimento sumaríssimo, 4/104

Procuração *apud acta*, 4/106

Professor
Aluno-aprendiz, 15/96
Greve, 19/123
Piso e jornada, 12/21, 15/35

Profissional liberal, 16/34

Programa *Mais Médicos*
Ver Médico

Providências exclusivas. Pedido esdrúxulo, 6/226

Radiologista, 14/38, 15/45

Reajuste salarial. Inexistência de direito adquirido, 3/29

Receita sindical
Cobrança de não filiados, 3/59, 6/82
Contribuição assistencial. Despacho em recurso extraordinário, 1/69, 3/56, 5/42, 5/44
Contribuição assistencial. Matéria infraconstitucional, 8/33

Contribuição assistencial. Não associados, 9/28
Contribuição assistencial patronal, 10/60
Contribuição confederativa aplicável para urbanos, 1/67
Contribuição confederativa. Autoaplicabilidade, 2/95, 2/96
Contribuição confederativa. Não associados, 7/39
Contribuição confederativa para associados, 1/66, 6/82
Contribuição confederativa programática para rurais, 1/68, 6/83
Contribuição sindical. Competência, 12/84
Contribuição sindical para servidores públicos, 1/72
Contribuição sindical patronal. Empresas escritas no *Simples*, 3/62
Contribuição sindical rural, 5/44, 6/85, 11/55
Contribuição social, 5/158

Reclamação criada em Regimento Interno, 12/91

Recuperação de empresas, 11/23, 13/33

Recurso administrativo em DRT. Multa, 3/132, 4/179, 15/65

Recurso de revista
Cabimento, 8/75
Pressupostos de admissibilidade, 5/86

Recurso extraordinário
Cabimento, 2/130, 4/108
Decisão de Tribunal Regional, 9/68
Decisão interlocutória, 9/67
Descabimento, 4/109, 6/162, 9/67, 9/68
Prequestionamento, 4/109
Violação do contraditório, 4/122

Recurso impróprio, 8/76

Redutor salarial, 14/100

Regime jurídico único, 12/101

Registro
Profissional, 15/61
Público, 9/70
Sindical, 1/49, 8/35, 14/49, 16/63

Reintegração, 19/114

Repouso semanal remunerado
Alcance do advérbio *preferentemente*. ADIn do art 6º da MP n. 1.539-35/97. Art. 7º, XV, da CR/88, 1/29

Responsabilidade do Estado, 8/164

Responsabilidade subsidiária, 7/89, 14/41, 16/39, 16/45, 16/50, 17/65

Salário-família, 16/98

Salário mínimo, 2/55, 3/11, 19/173
ADIn. Omissão parcial. Valor, 7/19
Dano moral. Indenização, 4/33
Engenheiro, 17/48
Fixação por decreto, 15/37
Multa administrativa. Vinculação, 4/34
Pensão especial. Vinculação, 4/35
Salário mínimo de referência, 5/29
Salário mínimo. Vinculação, 12/17, 19/173
Salário profissional. Vedação. Critério discricionário. Aplicação da LICC, 4/36
Radiologista, 14/38, 15/45
Vencimento, 5/130
Vencimento básico. Vinculação, 4/37

Segurança, higiene e saúde do trabalhador, 9/100

Segurança pública, 8/164

Seguro-Desemprego, 19/72

SENAR, 19/40

Sentença
Críticas à, 14/71
Estrangeira, 9/156

Serviço militar. Remuneração, 12/27

Serviço público
V. Servidor público
V. Concurso público

Servidor público
Abono de permanência, 19/109
Acumulação de vencimentos, 6/167, 10/151
Admissão antes da CR/88, 2/139
Admissão no serviço público. Art. 37, II da CR/88. Despachos em recursos extraordinários. ADIMC da Medida Provisória n. 1.554/96, 1/91
Admissão sem concurso, 9/35
Advogado público, 20/189
Agências reguladoras. Pessoal celetista. ADIn, 5/95
Anistia, 2/153, 2/155
Anuênio e Licença-Prêmio, 3/101
Art. 19 do ADCT, 2/163, 8/88
Ascensão funcional, 9/79
Cálculo de vencimentos, 13/140
Competência da Justiça do Trabalho, 4/71, 4/72
Competência da Justiça Federal, 9/94
Concurso Público, 2/148, 3/103, 6/170, 7/94, 8/85
Contraditório, 10/154
Contratação, 11/76
Contratações e dispensas simultâneas, 3/112
Contribuição social, 5/158
Demissão, 9/105
Desvio de função, 5/122, 9/106
Direitos trabalhistas, 16/100
Engenheiro florestal. Isonomia. Vencimento básico. Equivalência ao salário mínimo, 6/171
Estabilidade. Emprego público. Inexistência, 8/87
Estabilidade independentemente de opção pelo FGTS, 3/112, 3/113
Estabilidade. Matéria fática, 7/126
Estabilidade sindical, 5/123, 10/68
Exame psicotécnico. Exigência, 6/176
Exercício da advocacia, 14/101
Férias, 13/139

Gestante, 16/97
Gratificação, 9/109
Greve, 1/86, 2/90, 6/59, 7/41, 9/110, 11/78, 12/35, 14/51, 14/56, 14/60, 16/65
Idade, 9/80, 19/128
Inativos, 7/103,7/118
Incompetência da Justiça do Trabalho. Art. 114, da CR/88, 1/101, 7/156
Indenização, 19/137
Inexistência de efetividade no cargo, 3/114
Isonomia, 9/81
Jornada de trabalho, 13/143, 19/130
Limite de vencimento, 18/133
Mandato sindical, 18/88
Matrícula em universidade, 18/130
Médico, 8/104, 16/30, 19/130
Mudança de regime, 4/136, 5/125, 10/140
Nomeação, 9/78, 19/137
Ocupante de cargo em comissão, 3/115, 13/139
Oficial de Justiça, 13/143
P.I.P.Q., 7/118
Prestação de serviço. Administração Pública. Art. 19 do ADCT, 4/139
Promoção, 10/146
Quintos e décimos, 10/154
Reajuste de vencimentos de servidores públicos. Art. 39, § 1º, da CR/88, 1/85
Reajuste por ato administrativo, 7/120
Reajuste salarial, 10/159
Regime jurídico único, 12/101
Reintegração, 18/118, 19/114
Remuneração, 19/137
Reserva legal, 5/127, 9/112
Responsabilidade civil do Estado, 6/177
Salário-Família, 16/98
Serventuário de cartório, 4/142, 9/75
Servidor municipal celetista. Aplicação do art. 41 da CR/88, 3/115
Servidor temporário, 7/128, 9/111, 12/65,16/100

Sociedade de economia mista. Acumulação de cargo público, 4/144, 5/128
Tatuagem, 19/138, 20/28
Tempo de serviço, 6/178
Tempo de serviço. Adicional por tempo de serviço. Atividade privada, 2/160
Tempo de serviço rural, 7/136
Temporário, 9/111, 11/114, 13/129
Teto constitucional, 19/137
Transferência, 18/130
URV, 4/146
Vantagem *sexta-feira*, 6/181
Vencimentos de magistrados, 6/183
Vencimentos. Publicidade, 19/141
V. Concurso público

Sindicato
ADIN, 19/85
Associação sindical, 14/49
Cadastro sindical, 16/63
Desmembramento, 11/44
Legitimidade. Relação jurídica. Integração profissional, 7/45
Limite de servidores eleitos, 7/45
Representatividade, 9/30
Registro sindical, 18/89
Serviços a terceiros, 5/47
Verbetes do TST, 17/90
V. Liberdade sindical
V. Registro sindical
V. Unicidade sindical

Sistema "S", 16/55

Subsídios, 7/98

Substituição processual
Alcance, 1/55, 7/46, 10/75
Desnecessidade de autorização, 1/62
Empregados de empresa pública, 1/64

Legitimidade, 2/98, 7/46
Servidores do Banco Central do Brasil, 1/65

Suspeição
Declaração, 20/229
C.N.J., 20/229
Exceção, 7/61

Súmulas do STF, 7/143, 12/135, 13/159, 14/123, 15/137, 16/125, 17/163, 18/149, 19/174

Sustentação oral, 6/164, 7/53

T.R., 20/178

T.C.U., 19/109, 151

Tatuagem, 19/138, 20/28

Terceirização, 15/47, 16/39 16/45, 16/50, 17/65, 18/70

Testemunha litigante, 2/131, 3/94, 4/124

Trabalhador rural
Contribuição, 9/146
Funrural, 9/146
Menor de 14 anos, 9/147
Tempo de serviço, 9/147, 13/53

Trabalho artístico, 19/91

Trabalho forçado, 10/40, 13/51, 16/57, 17/74, 19/101, 20/163

Transcendência, 11/67

Tratados internacionais
Competência para denunciar, 7/34
Hierarquia, 2/59, 12/131
V. Convenção n. 158/OIT
V. Pacto de São José da Costa Rica

Tributação, 10/171

Triênio de atividade jurídica
Liminar concedida, 9/116
Liminar negada, 9/120

Turnos ininterruptos de revezamento
Intervalo. Art. 7º, XIV, da CR/88, 1/23, 2/64, 3/30, 5/30, 6/38, 8/26

Ultratividade, 20/61

Unicidade sindical, 1/52, 2/92, 3/67, 10/76, 10/84, 11/44
V. Liberdade sindical

URV, 4/146

Vale-refeição
Reajuste mensal, 8/28
V. Auxílio-alimentação
V. Previdência Social

Vale-transporte
Pagamento *in pecunia*, 14/116

Vigilantes, 13/59

Violação ao art. 5º, n. II, CR/88, 1/17